应用型会计人才培养规划教材

会计基础与实务

（第五版）

主　编　缪启军
副主编　丁　俊

立信会计出版社
LIXIN ACCOUNTING PUBLISHING HOUSE

图书在版编目(CIP)数据

会计基础与实务 / 缪启军主编. —5 版. —上海:
立信会计出版社,2019.3(2022.8 重印)
应用型会计人才培养“课证融通”规划教材
ISBN 978-7-5429-6114-3

Ⅰ. ①会… Ⅱ. ①缪… Ⅲ. ①会计学—教材 Ⅳ.
①F230

中国版本图书馆 CIP 数据核字(2019)第 051629 号

策划编辑　陈　旻
责任编辑　陈　旻

会计基础与实务(第五版)
KUAIJI JICHU YU SHIWU

出版发行　立信会计出版社
地　　址　上海市中山西路 2230 号　　邮政编码　200235
电　　话　(021)64411389　　传　　真　(021)64411325
网　　址　www.lixinaph.com　　电子邮箱　lixinaph2019@126.com
网上书店　http://lixin.jd.com　　http://lxkjcbs.tmall.com
经　　销　各地新华书店

印　　刷　苏州市古得堡数码印刷有限公司
开　　本　787 毫米×960 毫米　1/16
印　　张　22
字　　数　476 千字
版　　次　2019 年 3 月第 5 版
印　　次　2022 年 8 月第 4 次
书　　号　ISBN 978-7-5429-6114-3/F
定　　价　49.00 元

第五版前言

本书自第四版修订出版两年多来，会计行业与会计教育都发生了重大变化，作为经管(会计)类专业基础教材，如何更好地适应时代变化从而更好地服务于专业教学，成为一个极为重要的课题。

会计行业和会计教育的变化之一是取消了会计从业资格证书。多年来，会计从业资格考试标准曾是会计教学、会计教材的风向标，目标忽然消失了，基础会计教学该何去何从？去年年初，我曾就《后会计从业资格时代，会计基础课程的教学》这一主题和一些同仁进行了交流，我的理解是会计基础的课程教学需要处理好“职业人”与“社会人”的关系，每个学校都有超出社会需求的学生在学习会计，未来真正从事会计工作的毕业生其实是有限的，如何让我们的课程、教学对他们的未来发展真的有用，需要跳出狭义的会计课程教学的视角来看待会计基础课程的教学；取消会计证后，助理会计师成为会计行业公认的非强制性准入门槛，没有标准下的会计入门标准其实是提高了许多，如何根据助理会计师的考核内容来合理确定会计基础的教学内容与难度，需要每一个会计教学人员深入思考；信息技术对会计行业的影响无疑是巨大的，大数据、云计算、财务机器人、财务外包、共享财务已经渐渐融入会计工作中，信息时代的会计教育也需要顺应时代的发展、适应学习者的需要；学习的目的不完全因为就业，满足未来职业需求是一个回避不了的选项，近年来核算型会计向管理型会计转型的呼声一浪高过一浪，是不是未来很多单位都一定会设置管理会计机构并提供若干管理会计岗位的工作机会，可能未必尽然，企业需要的是更多业财融合的管理人，这些人可能会分散于企业的任何岗位，未来的会计岗位人员是否会越变越少，会计机构是否会消失，会计会不会消亡，这些都需要我们做前瞻性的思考，否则会计教育很难有未来。曾经对会计基础工作十分重要的记账凭证填制、账簿登记、报表编制等技能可能没有原来那么重要,也不再那么管用,会计基础课程教学的重点、难点及教学方式均面临重要的调整,仅从能力视角看,会计基础的课程教学将会面临三个重大的转变,即"技能—能力(由重低端可替代的操作技能转变为重会计核算知识的深度理解与应用)、核算—管理(由重会计核算能力转变为重财务管理能力)、专业—核心(由重会计专业能力转变为重以职业核算能力为基础的综合能力)"的再次蜕变!

会计行业和会计教育的变化之二是近两年会计准则与税收方面的政策发生了重大的调整。针对2018年1月1日起分阶段实施的新金融准则和新收入准则,以及企业会计准则实施中的有关情况,财政部于2018年6月26日发布了《关于修订印发2018年度一般企业财务报表格式的通知》,对一般企业财务报表格式进行了修订。尚未执行新金融准则和新收入准则的财务报表还比较好理解,而想要更好地掌握已执行新金融准则和新收入准则的财务报表,就要先学习、掌握"新金融准则"和"新收入准则",教材调整中需要适度体现行业最新的变化,同时兼顾初学者的学情。

会计行业和会计教育的变化之三是信息时代的教学对象、教学环境与教学模式发生的重大变化。据说乔布斯在去世之前,和比尔·盖茨有一段对话,乔布斯说:二十年来,IT几乎改变了所有领域,唯独对教育的影响小得令人吃惊,这是一个时代的难题啊!南京大学桑新民教授认为,"互联网+"时代需要用互联网创造一个新时空,用互联网的思维模式、行为模式来改变我们的教育的异化,需要调整现有落后的学习观念、教学观念、评价考试观念以及和这些观念相配合的一整套学校管理体制。哈佛大学资深教授、美国著名心理学家帕金斯认为:"我们需要以一种全新的视角来看待教育,在教育中既关注已知,也关注未知。我们需要一种更具有'未知智慧'的教育视角,在复杂而多变的世界努力培养人的好奇心、启发人的智慧、增进人的自主性和责任感,引导学生积极地、广泛地、有远见地追寻有意义的学习。"

针对以上变化,本次修订着重调整了相关税率变化导致的数据变化,重新编写了"第十章财务报表",替换了会计科目表,以期能更好地体现行业新变化,同时适应信息时代的教学需要，配套提供蓝墨云班课。会计行业总会产生新的变化与发展，国家税收政策与会计准则会继续调整并优化，教材内容永远是会有滞后的嫌疑，这就注定了会计人的学习是不可能一劳永逸的，会计内容的更新、会计教材的修订注定将永远在路上。

如果您是学生，您可以加入蓝墨云班课公开课程“会计基础实务”班课，班课号 181208；如果您是学校老师，使用云班课组织教学，请在上述班课中“私聊”，将“云班课账号”发送给我们，可为您提供课程包来组织教学，如果您对信息时代的教学尚需要进一步深入研讨，欢迎您加入“信息时代的教学”班课，班课号 143938。

感谢关心支持本书修订的各位读者、同仁，感谢蓝墨团队免费提供的优秀教学平台，感谢课程包中各位资源的原创者，感谢立信会计出版社一如既往的支持！衷心希望各位通过本教材完成一门对日常生活、对专业学习、对未来职业有价值的教学，欢迎扫码关注管理教育在线公众号，让我们一起共同努力！希望我们的尝试能够给您带来帮助，疏漏与不周之处欢迎您通过班课批评指正！

缪启军

2019 年 2 月 14 日

目　　录

第一章　总论

学习目标

表 1-1　本章学习目标

能力目标	1. 能够科学评价会计在经济中的重要地位； 2. 能够掌握正确的学习方法，完成本课程学习； 3. 能够描述会计工作的基本情况，能分析说明会计工作的基本任务、方法和要求
知识目标	1. 了解会计的概念，了解会计对象，了解会计目标，了解会计准则体系，了解会计的核算方法，了解收付实现制； 2. 熟悉会计的基本特征，熟悉会计的基本职能； 3. 掌握会计基本假设，掌握权责发生制，掌握会计信息质量要求

学习指导

关于内容⇨本章介绍会计基础的相关常识，主要包括会计概述、会计核算的基本前提、会计信息质量要求、会计核算（确认、计量、报告）基础、会计核算方法等内容。通过本章的学习，可为会计的正式学习做好准备，对会计工作、会计专业、会计学科、会计课程学习等有一个全面的认识。

关于方法⇨基础会计课程是一门难度较大的入门课程，初学时对一些问题难以理解。会计信息质量要求等内容可留待有一定基础后再学。学习中建议多联系现实生活，会计专业的读者学习结合自己人身职业规划多做思考，非会计专业的读者学习时重点关注经济工作中涉及的会计内容要求，多做思考，以便提高自己的学习兴趣和学习效果，明确学习目标。学完本章后，并不代表本部分学习已经结束，后续章节相关内容的学习要与本章相联系，进一步加强理解。

融会贯通⇨本章内容比较综合且琐碎，需要进行必要的记忆。学习中可围绕会计的概念、职能、对象和会计核算的具体内容、目标、会计基本假设、核算基础、会计信息质量要求、会计核算程序等主要问题，掌握其要点，辅以一定的练习。可围绕“1-2-4-5-7-8”展开，即一个概念（会计的概念）、两个核算基础（权责发生制与收付实现制）、四个基本假设（会计主体、持续经营、会计分期、货币计量）

和四个准则(企业会计准则、小企业会计准则、事业单位会计准则、政府会计准则)、五个特征(核心本质、具体内容、计量单位、基本职能、处理方式)与五个职能(核算、监督、预测、决策、控制评价)、七种方法(设置会计科目、复式记账、填制和审核会计凭证、登记账簿、成本计算、财产清查、编制会计报表)、八个信息质量要求(可靠性、相关性、可理解性、可比性、实质重于形式、重要性、谨慎性和及时性)。

本章导入

在我们正式学习会计之前,先来看一段关于会计含义的对话:

聚会时,四个好伙伴聊起了什么是会计这一话题。

甲:什么是会计?这还不简单,会计就是指一个人,比如,我们公司的刘会计,是我们公司的会计人员,会计自然是个人呢。

乙:不对,会计不是指人,会计是指一项工作,比如我们常常这样问一个人,你在公司做什么?他说,我在公司当会计,这里的会计当然是指会计工作了。

丙:会计不是指一项工作,也不是指一个人,而是指一个部门,一个机构,即会计机构,你们看,每个公司都有一个会计部,或者会计处什么的,这里的会计就是指会计部门,显然是一个机构。

丁:你们都错了,会计既不是一个人,也不是一项工作,更不是指一个机构,而是指一门学科,我弟弟就是在大学学会计的,所以会计是一门学科或专业。

四人各执一词,谁也说服不了谁!

思考:会计是什么?为什么要学习会计?

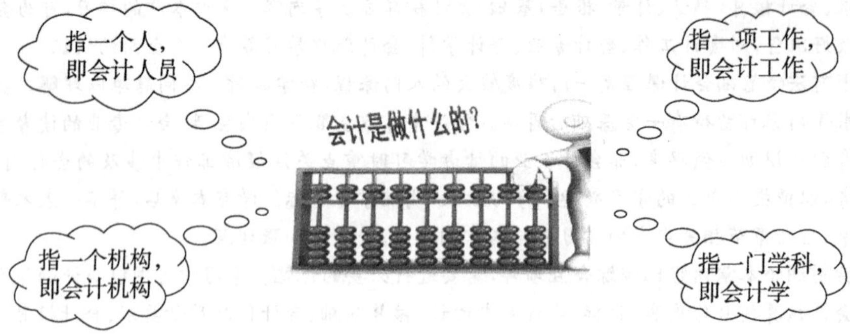

图 1-1　关于会计的对话

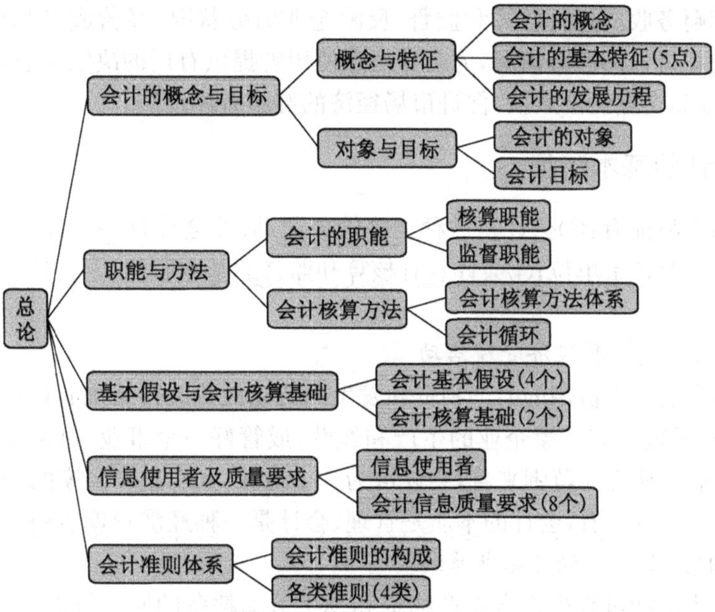

图 1-2　本章结构关系图

内容精讲

第一节　会计的概念与目标

什么是会计？通俗地说，会计就是记账、算账和报账。在我国，“会计”一词产生于西周，主要指对收支活动的记录、计算、考察和监督。清代学者焦循在《孟子正义》一书中，对“会”和“计”作过概括性的解释：“零星算为之计，总合算为之会”，说明会计既要进行连续的个别核算，又要把个别核算加以综合，进行系统、综合、全面的核算。

一、会计的概念与特征

（一）会计的概念

会计是以货币为主要计量单位，运用专门的方法，核算和监督一个单位经济活动的一种经济管理工作。

单位是国家机关、社会团体、公司、企业、事业单位和其他组织的统称。会计已经成为现代企业一项重要的管理工作。企业的会计工作主要是通过一系列的会计程序，对企业的经济活动和财务收支进行核算和监督，反映企业财务状况、经营成果和现金流量，反映企业管理层受托责任的履行情况，为会计信息使用者提供有用的决策信息，并积极参与经营管理决策，提高企业经济效益，促进市场经济的健康有序发展。

（二）会计的基本特征

会计的基本特征有：①会计是一种经济管理活动；②会计是一个经济信息系统；③会计以货币作为主要计量单位；④会计具有核算和监督的基本职能；⑤会计采用一系列专门的方法。

1. 核心本质：是一种经济管理活动

会计对经济活动中占用的财产物资和发生的劳动耗费进行系统的计量、记录、分析和检查，凭借这些手段管好一家企业的生产和经营，或管好一个事业、机关、团体的业务，以提高其经济效益。从更大范围来看，会计可为一个地区，甚至整个国家的经济管理提供必要的资料。从这一点来看，会计的本质是管理，会计是一种经济管理活动。

2. 具体内容：是一个经济信息系统

会计对经济活动过程中占有财产物资和发生劳动耗费的原始数据进行加工，产生信息，供人们了解和管理经济活动。信息是会计工作所产生的结果。从这一点来看，会计是一个信息系统，它旨在向利害攸关的对象提供一家组织或个体相关的经济信息。

3. 计量单位：以货币作为主要计量单位

会计使用货币作为主要计量单位对经济活动进行核算，以便加强管理，提高效益，除货币计量以外，还可运用实物计量（千克、吨、米、台、件等）和劳动计量（工作日、工时等）。但只有借助于统一的货币计量，才能取得经营管理上所必需的连续、系统而综合的会计资料。

4. 基本职能：核算和监督

会计一方面要按照会计法规制度的要求，对经济活动进行确认、计量和报告，另一方面要对业务活动的合法性、合理性进行审查，因此，会计核算是会计工作的基础（最基本职能），会计监督是会计工作质量的保证。会计核算和监督贯穿于会计工作的全过程，是会计工作最基本的职能，也是会计管理活动的重要表现形式。

【互动 1-1】 单选题·会计的基本职能包括（　　）。

A. 核算与监督　　B. 参与经济决策　　C. 预测经济前景　　D. 评价经营业绩

5. 处理方式：一系列专门方法

会计方法是指从事会计工作所使用的各种技术方法，一般包括会计核算方法、会计分析方法和会计检查方法。其中，会计核算方法是会计方法中最基本的方法，详细内容稍后介绍。

（三）会计的发展历程

会计随着人类社会生产的发展和经济管理的需要而产生、发展并不断得到完善。最早可追溯到原始社会的“结绳记事”和“刻契记事”等处于萌芽状态的会计行为。当时，只是在生产实践之外附带地把收入、支付日期和数量等信息记载下来，生产尚未社会化，独立的会计并未产生，会计是生产职能的附带部分。随着社会生产力的不断发展，会计逐渐从生产智能中分离出来，成为由专门人员从事的特殊的、独立的职能。会计逐渐成为一项记录、计算和考核收支的单独工作，并逐渐形成了专门从事这一项工作的专职人员。会计的发展可划分为古代会计、近代会计和现代会计三个阶段。

1. 古代会计阶段

在我国西周，国家设立“司会”一职，专管钱粮复赋税。西周王朝设司书、职内、职岁和职币四职分理会计业务，并建立了定期财务报表制度、专仓出纳制度、财务稽核制度等。这表明大约在西周前后，我国初步形成了会计工作系统，当时已形成“单式记账法”。

2. 近代会计阶段

近代会计以复式记账法的产生和“簿记论”的问世为标识。1494 年，意大利的卢卡帕·乔利（现代会计之父）所著《算术、几何比及比例概要》，标志着借贷复式记账理论产生。1853 年，英国在苏格兰成立了世界上第一个会计师专业团体——“爱丁堡会计师协会”。会计开始成为社会性专门职业和通用的商用语言。

3. 现代会计阶段

发生于 20 世纪 20 年代末 30 年代初美国的经济危机促成了《证券法》和《证券交易法》的颁布及会计准则系统的研究和制定。进入 20 世纪 50 年，在会计规范进一步深刻发展的同时，为适应现代管理科学的发展，形成了以全面提高企业经济效益为目的、以决策会计为主要内容的管理会计。1952 年，国际会计师联合会正式通过“管理会计”这一专业术语，标志着会计正式划分为财务会计和管理会计两大领域。

现代会计按服务对象不同，主要分为财务会计和管理会计。两者的主要差别，如表 1-2 所示。

表 1-2 财务会计和管理会计

区别内容	财务会计	管理会计
服务对象	其服务重心在于对外提供信息	其服务重心在于企业内部
提供信息的规范	主要受会计准则或统一会计制度的约束，而且往往具有强制性	主要受经营管理决策中的成本与效益关系的约束，具有相对灵活性

（续表）

区别内容	财务会计	管理会计
会计核算的过程	必须严格按照规定的会计程序和一整套处理财务信息的方法体系，以货币作为计量单位综合反映企业各种经济活动，定期提供有关企业过去和现在的经济活动情况及其结果的会计信息	在其核算过程中，其核算的时间跨度、核算程序以及核算方法一般都是比较灵活的，往往可以根据提供决策所需要信息的要求自由选择，没有统一的模式；而且从核算的对象来说，财务会计以提供历史信息为主，而管理会计则以提供未来和即时的信息为主
信息的报告	有规定的或公认的格式并且要定期编制	主要为管理者作出经营管理决策提供适时的信息，强调的是信息的有用性，并不注重信息报告的形式

拓展阅读

关于会计的理解

回想笔者多年前拿到大学录取通知书时，感觉很是失落，因为在笔者的观念中，会计就是打算盘的，难道算盘也要打4年？等到进入大学学习后才慢慢知道，会计不只是打算盘，不仅可以学4年，还可以继续学习，可以学习一辈子。当初会计属于经济学大类，大学毕业几年后，笔者因工作需要使用学位证书，可不小心找不到了，跑到母校补张证明，结果证明说取得的是管理学学位，原来会计学已经调整到管理学名下了。多年来，会计一直作为工商管理下的老大，许多专家呼吁会计成为一级学科，也许有一天真的会实现，谁让会计这么受欢迎！会计属于管理范畴，会计的本质是管理。

会计究竟是什么？从不同侧面考察，对会计认识也会有所区别，下面再介绍几种。

1. 会计是一种计量的技术

会计离不开计量，即会计需要计量经济过程中占用的财产物资和发生的劳动耗费，以货币数量来描述经济过程，评价经济上的得失。会计记录是数字和文字的结合，而文字说明寄托在数量的基础之上。从这一点来看，会计是一种计量的技术。

2. 会计是决策的依据

企业作为一个独立的经济实体，要通过自身的生产经营活动谋生存、求发展。因此，通过会计工作进行加工、处理并提供的信息，应当为企业管理者提供经营决策的依据，帮助决策者制订长期计划，指导和控制当期的经营活动，管好、用好企业的各项资金，合理配置和有效利用各种物质资源和人力资源，确保资本保全增值，以不断提高企业的获利能力和偿债能力，不断提高资产使用效率。将会计信息作为投资决策和经营决策的依据。2014年财政部发布了《关于全面推进管理会计体系建设的指导意见》(财会〔2014〕27号),提出要深入推进会计强国战略,全面提升会计工作总体水平,推动经济更有效率、更加公平、可持续发展,全面推进管理会计体系建设,会计作为决策的依据将更加得到重视。

3. 会计是国际通用的"商业语言"

人类的交往必须借助于语言。有了共同的语言,才能相互沟通。在企业的经营活动中,有一种特殊的语言,那就是会计。会计常常被称为"商业语言",处在经营世界里的人们——业主、管理者、银行家、股东、投资者,都在使用会计词汇和概念去配置资源并进行每一项经营活动。

随着经济全球化,会计作为"商业语言"的作用显得尤为重要。在会计处理过程中,只有遵循公认的会计准则,采用规范化的记账方法、会计程序和会计报表,才能使人们"看得懂"不同企业、不同地区甚至不同国家的会计信息。

二、会计的对象与目标

(一) 会计的对象

会计对象是指会计核算和监督的内容,具体是指社会再生产过程中能以货币表现的经济活动,即资金运动或价值运动。

凡是特定主体能够以货币表现的经济活动,都是会计对象。以货币表现的经济活动通常又称为资金运动。因此,会计核算和会计监督的内容即会计对象,就是资金运动,表现为资金投入(进入企业)、资金周转(资金运用)、资金退出三个过程,资金周转又称为资金循环,该过程资金从货币资金形态开始,依次经过储备资金、生产资金、成品资金、结算资金形态,又回到货币资金形态。

【互动 1-2】 单选题·下列不属于企业的资金运动表现的是(　　)。

A. 资金投入　　B. 资金运用　　C. 资金转移　　D. 资金退出

资金运动过程,如图 1-3 所示。

资金运动是对会计核算和监督的内容的最高概括,分为三个层次:第一层次——会计对象;第二层次——会计要素(是会计对象的具体化);第三层次——会计科目(根据会计要素进行划分)将在后面学习到。

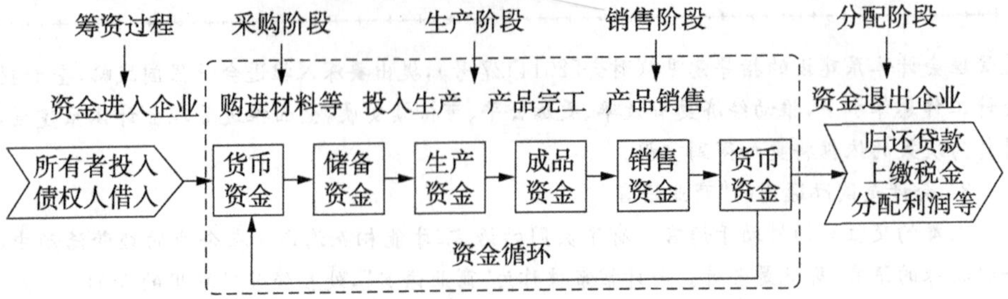

图 1-3　制造企业资金循环和周转图

(二) 会计目标

会计目标也称会计目的，是要求会计工作完成的任务或达到的标准，会计目标主要有两个方面，即：①向财务会计报告使用者提供与企业财务状况、经营成果和现金流量等有关的会计信息；②反映企业管理层受托责任的履行情况，有助于财务会计报告使用者作出经济决策。

拓展阅读

关于目标的理解

在《鲁豫有约大咖一日行》中，鲁豫深入万达集团，采访了万众期待的"重量级"嘉宾王健林。采访中，王健林提到他经常跟年轻人聊天，曾经在与学生见面会谈时，对方一上来就说"我的目标是当首富""我要做世界最大的公司"，而当王健林问对方想在哪方面做到最大，目标是几年，通过哪个领域实现时，对方却答不上来。所以，他在节目中给年轻人提出了一句忠告，"想做首富是对的，(这是)奋斗的方向，但是最好先定一个能达到的小目标，比方说我先挣它 1 个亿。你看看能不能用几年，能挣到 1 个亿。"王健林金句一出，网友纷纷开启刷屏模式。网友脑洞大开，"每天给自己定一个小目标""我先定一个小目标，先挣他一百块"……

姑且不论网友刷屏模式，也不论"一个亿"的目标是大还是小，其实会计如人生一样，人活着总需有方向，也要有点小目标、小梦想。肯尼迪说："综观人类历史长河，危急时刻有幸担当捍卫自由大任的人们并非多数。我不愿逃避责任——我乐于承担。我不相信谁能避开现实。

我们为事业所尽的力量、忠诚和奉献将照亮这个国家和所有为之服务的人们——其光芒也将照亮世界。所以，我亲爱的美国人，不要问你的国家能为你做什么，问你能为你的国家做什么。我亲爱的世界人民，不要问美国能为你做什么，问我们大家能为人类的自由做什么。"会计为什么会产生、为什么能够延续、会计会不会有一天会消失？会计存在的价值是什么？这是确定会计的小目标时需要思考的。

随着时间的推移，很多新产品变成了旧产品销声匿迹、许多行业退出了历史舞台，一件事物能够长期存在，必然是对社会有用的。会计是一个信息系统，为报告使用者提供一个特定主体的相关的信息，如果会计信息达不到标准，对报告使用者没有用，那就是废品；“受人之托、忠人之事”，现代公司制下企业两权分离，经理人于股东是委托代理关系，会计信息需要为两者沟通提供可信的证明。基于会计这一特殊的目标，派生出一系列质量标准就不难理解了。

☺ **测试 1.1(蓝墨云班课 182808，下同)**

第二节　会计的职能与方法

一、会计的职能

会计的职能是指会计在经济管理过程中所具有的功能。会计具有会计核算、会计监督两项基本职能和预测经济前景、参与经济决策、评价经营业绩等拓展职能。

表 1-3　会计的职能的内容及关系

职能类别	职能内容	职能含义	职能关系
基本职能	会计核算	会计核算职能，又称会计反映职能，是指会计以货币为主要计量单位，对特定主体的经济活动进行确认、计量和报告	1、会计核算职能是首要职能，会计核算是监督的基础，会计监督是会计核算质量的保障
	会计监督	会计监督职能，又称会计控制职能，是指对特定主体经济活动和相关会计核算的真实性、合法性和合理性进行监督检查	
拓展职能	会计预测	根据已有的会计信息和相关资料，对生产经营过程及其发展趋势进行判断、预计和估测，找到财务方面的预定目标，作为下一个会计期间经济活动的指标	2、随着经济的日益发展和人们对会计管理认识的深化，会计职能的内涵和外延也得到了不断地丰富扩展，使得传统的
	会计决策	指会计按照提供的预测信息和既定目标，在多个备选方案中，帮助主管人员选择最佳方案的过程	

（续表）

职能类别	职能内容	职 能 含 义	职能关系
拓展职能	控制评价	会计控制是通过会计反馈信息并利用信息对经济活动偏离目标的倾向进行调整、干预或施加影响，使其达到预定目标；会计评价是以会计核算资料为基础，结合其他相关资料，运用专门的方法，对经济活动的过程和结果进行分析，肯定成绩，找出薄弱环节和原因，提出改进措施，改善经营管理	职能得到不断充实，新的职能又不断派生

（一）会计核算职能

1. 会计核算的环节

会计核算包括会计确认、计量和报告等环节。

会计确认是运用特定的会计方法，以文字和金额同时描述某一交易或事项，使其金额反映在特定主体财务报表的合计数中的会计程序。会计确认解决的是定性问题，以判断发生的经济活动是否属于会计核算的内容、归属于哪类性质的业务，是作为资产、负债或其他会计要素等。会计确认分为初始确认和后续确认。

会计计量是指在会计确认的基础上确定具体金额。会计计量解决的是定量问题。

会计报告是确认和计量的结果，即通过报告，将确认、计量和记录的结果进行归纳和整理，以财务报告的形式提供给信息使用者。

> 会计确认、计量和报告是会计核算的重要环节，《企业会计准则》对此做出了严格规定。此外，会计记录是将经过确认、计量的经济事项通过一定方法记载下来的过程，《企业会计准则——应用指南》的附录部分，对会计记录进行了规范。

2. 会计核算的特点

现代会计的核算职能具有如下特点：

(1) 会计主要是利用货币计量，综合反映各单位的经济活动情况，为经济管理提供可靠的会计信息。

(2) 会计核算不仅是记录已发生的经济业务，还要面向未来，为各单位的经营决策和管理控制提供依据。

(3) 会计核算所产生的会计信息，应具有完整性、连续性和系统性。

完整性指对属于会计对象的全部经济活动内容都应予以记录。

连续性指对各种经济业务应按照其发生的时间顺序依次进行登记。

系统性指对会计提供的数据资料应当按照科学的方法进行分类，系统地加工、整理、汇总，以便为经济管理提供所需的各类会计信息。

3. 会计核算的内容

会计核算的内容指应当及时办理会计手续、进行会计核算的会计事项。《会计法》对会计核算的基本内容作出规定，对下列会计事项，必须及时办理会计手续、进行会计核算。

1）款项和有价证券的收付

款项是作为支付手段的货币资金，可以作为款项收付的货币资金，包括库存现金、银行存款和其他货币资金。其他货币资金包括外埠存款、银行汇票存款、银行本票存款、在途货币资金、信用证存款、保函押金和各种备用金等。

☞ 外埠存款是指企业到外地进行临时或零星采购时，汇往采购地银行开立采购专户的款项。

☞ 银行汇票存款是指企业为取得银行汇票按规定存入银行的款项。

☞ 银行本票存款是指企业为取得银行本票按规定存入银行的款项。

☞ 信用卡存款是指企业为取得信用卡按规定存入银行的款项。

☞ 信用证存款是信用证保证金存款的简称，是指企业为取得信用证按规定存入银行的保证金。

☞ 备用金是指企业财会部门为了便于日常零星开支（如差旅费、零星采购等）的需要，预付给企业内部各单位或职工个人备用的款项。

有价证券是具有一定财产拥有权利或者支配权利的票证，如股票、国库券、其他企业债券等。

有价证券有广义和狭义之分。广义有价证券包括商品证券、货币证券和资本证券三类。

商品证券是证明持券人有商品所有权或使用权的凭证，如提货单、运货单、仓库栈单（指列出投资者置于仓库中保存的货物名单的文件）等，取得该证券就是取得了该商品的所有权或使用权，这种权利受法律保护。

货币证券是指本身能使持券人或第三者取得货币索取权的有价证券，货币证券包括商业证券，如商业汇票、商业本票；银行证券，如银行汇票、银行本票、支票等两大类。

资本证券是指由金融投资或与金融投资有直接联系的活动而产生的证券。持券人对发行人有一定的收入要求权。资本证券有股票、债券及其衍生品种。

狭义有价证券仅指资本证券（本书使用狭义概念）。

📖款项的收付经常发生，有的单位其发生额还很大。有价证券收付的频繁程度在多数单位要低一些，但发生额一般都比较大。款项和有价证券收付的业务涉及较易受损的资产，绝大部分业务本身又直接造成一个单位货币资金的增减变化，影响单位的资金调度能力，所以通常要求进行严密、及时和准确地核算。目前，实际工作中这方面存在的突出问题是，有的单位款项收付未纳入单位的统一核算，而是转入了"小金库"；或者单位资金管理失控，被非法挪用，甚至发生贪污、抽逃等问题。因此，必须加强对款项、有价证券的管理，建立健全内部控制等管理制度。

【互动 1-3】单选题·以下说法不正确的是（　　）。

A. 财物是企业进行正常生产经营活动的经济资源

B. 财物必须具有实物形态

C. 包装物应作为固定资产

D. 财物包括原材料和固定资产等

2）财物的收发、增减和使用

财物是一个单位用来进行或维持经营管理活动的具有实物形态的经济资源，包括原材料、燃料、包装物、低值易耗品、在产品、自制半成品、产成品、商品等流动资产和机器、机械、设备、设施、运输工具、家具等固定资产。

📖财产物资在许多单位构成资产的主体，并在资产总额中占有很大比重。财物的收发、增减和使用业务，是会计核算中的经常性业务，有关的核算资料往往是单位内部进行业务成果考核，控制和降低成本费用的重要依据。此外，财物会计核算还对保证各种财产物资的安全、完整有重要作用。对企业、事业行政单位来说，这也是保护单位财产的一个重要关口，作为会计人员，应当加强对财产物资的核算和管理。

3）债权债务的发生和结算

债权是一个单位收取款项的权利，包括各种应收和预付的款项。

债务是一个单位需要以其货币资金等资产或者劳务清偿的义务，包括各项借款、应付和预收款项以及应交款项等。

债权和债务都是单位在经营活动中必然要发生的事项。对债权债务发生和结算的会计核算,涉及单位与其他单位以及单位与其他有关方面的经济利益,关系到单位自身的资金周转,同时,从法律上讲,债务还决定一个企业的生存问题,因而债权债务是会计核算的一项重要内容。会计基础工作薄弱的单位,往往不能正确、及时办理债权债务的会计核算,使单位的信誉和经济利益蒙受损失。也有的单位利用应收应付款项账目隐藏、转移资金、利润或费用,涉嫌违法乱纪。对此问题,会计人员必须进行制止和纠正。

4) 资本、基金的增减

资本 一般是企业单位的所有者对企业的净资产的所有权,因此,亦称所有者权益,具体包括实收资本、资本公积、盈余公积和未分配利润。

基金 主要是指机关、事业单位某些特定用途的资金,如事业发展基金、集体福利基金、后备基金等。

资本、基金的利益关系人比较明确,用途也基本定向。办理资本、基金增减的会计核算,政策性很强,一般都应以具有法律效力的合同、协议、董事会决议或政府部门的有关文件等为依据,切忌盲从单位领导个人或其他指示人未经法定程序认可或未办理法定手续的任何处置意见。

【互动 1-4】 判断题·资本是投资者为开展生产经营活动而投入的资金,会计上的资本既包括投入资本也包括借入资本。( )

5) 收支与成本费用的计算

收入 是一个单位在经营活动中由于销售产品、商品,提供劳务、服务或提供资产的使用权等取得的款项或收取款项的权利。

支出 从狭义上理解,仅指行政事业单位和社会团体在履行法定职能或发挥特定的功能时所发生的各项开支,以及企业和企业化的事业单位在正常经营活动以外的支出或损失;从广义上理解,支出是一个单位实际发生的各项开支或损失。

费用 指企业和企业化的事业单位因生产、经营和管理活动而发生的各项耗费和支出,其含义比支出窄,通常使用范围也小一些。

成本一般仅限于企业和企业化的事业单位在生产产品、购置商品和提供劳务或服务中所发生的各项直接耗费，如直接材料、直接工资、直接费用、商品进价以及燃料、动力等其他直接费用。

【互动1-5】单选题·费用中能予以对象化的部分构成(　　)。
A. 资产　B. 成本　C. 所有者权益　D. 期间费用

收入、支出、费用、成本都是重要的会计要素，是对一个单位的经营管理水平和效率从不同角度进行的度量，是计算一个单位经营成果及其盈亏情况的主要依据。对这些要素进行会计核算的特点，是连续、系统、全面和综合。在实际工作中，问题突出的有虚报收入(人为压低或拔高)、虚列支出和乱挤乱摊成本、费用等。这已成为严重影响会计信息质量的根源之一，会计人员有责任制止和纠正这种现象的继续发生。

6）财务成果的计算和处理

财务成果主要是企业和企业化的事业单位在一定的时期内通过从事经营活动而在财务上所取得的结果，具体表现为盈利或是亏损。

财务成果的计算和处理，包括利润的计算、所得税的计算和利润的分配(或亏损的弥补)等，这个环节上的会计核算主要涉及所有者和国家的利益。在实际工作中存在的问题，主要是“虚盈实亏”和“虚亏实盈”，一般视单位的所有制性质而异，呈典型的利益驱动倾向，其共同特点是损害国家或社会公众利益，是一种严重的违法行为。

【互动1-6】单选题·下列不属于财务成果计算、处理环节的是(　　)。
A. 利润的计算　B. 成本计算
C. 所得税的计算　D. 利润分配(或亏损弥补)

7）其他会计事项

其他会计事项是指在上述六项会计核算内容中未能包括的、按有关法律法规或会计制度的规定或根据单位的具体情况需要办理会计手续和进行会计核算的事项。单位有这类事项时，应当按照各有关法律、法规或者会计制度的规定，认真、严格地办理有关会计手续，进行会计核算。

（二）会计监督职能

1. 会计监督的内容

会计监督包括对真实性、合法性、合理性所实施的审查。

合法性审查是针对各项经济业务是否遵守国家有关法律制度、是否执行国家各项方针政策等情况的审查，以杜绝违反财经法纪的行为。

合理性审查是指对经济业务是否符合经济运行的客观规律和单位的内部管理要求、是否执行了单位的财务收支计划、是否有利于经营目标或预算目标的实现等进行的审查，为单位增收节支、提高经济和社会效益把关。

2. 会计监督的特点

会计监督具有以下特点。

1）监督方式：货币监督

会计监督主要是利用核算职能所提供的各种价值指标进行的货币监督。会计核算主要是通过货币计量，提供一系列综合反映企业经济活动的价值指标。

2）监督过程：全程监督

会计监督贯穿于会计管理活动的全过程，会计监督不仅体现在过去的经济业务上，还体现在业务发生过程之中和尚未发生之前，包括事前监督、事中监督和事后监督。

事前监督是在经济活动发生前进行的监督，主要是对未来经济活动是否符合法规政策的规定、在经济上是否可行进行分析判断，以及为未来经济活动制定定额、编制预算等。

事中监督是指对正在发生的经济活动过程及其核算资料进行审查，并据以纠正经济活动过程中的偏差和失误，使其按预定计划进行。

事后监督是对已经发生的经济活动及其核算资料进行审查。

3. 会计监督的分类

《会计法》确立了单位内部监督、社会监督、政府监督三位一体的会计监督体系，为会计监督的具体内涵及其实现方式赋予了新的内容。

拓展阅读

潘序伦的会计职业道德观

会计职业的特点，决定了会计职业的道德规范。它规定会计人员在履行职责中应以什么样的思想、情操、态度和作风去待人接物，去完成本职工作，为社会尽职尽责。

中国著名的会计学家潘序伦(1893—1985)认为,会计人员的工作要真实可信,绝不能弄虚作假。他提出:"从事会计工作的人,必须在立志、守身、处事、待人等方面建立信用,人无信不立,信是立身之本。"他以精粹的语言阐发了立信会计学校的校训"信以立志,信以守身,信以处事,信以待人,毋忘立信,当必有成。"潘先生把会计职业道德归纳为:"一日公正,二日诚信,三日廉洁,四日勤奋。"潘序伦先生指出:"会计的职业道德应以品德、责任、业务技术三方面合为一体。品德应做到遵纪守法,以身作则,坚持原则,廉洁奉公;责任应做到按政策、原则、制度办事;业务技术应做到精通熟练。"他认为,勤俭节约是每个会计人员的美德。浪费可耻,会计人员在节约开支方面应以身作则。

二、会计核算方法

会计核算方法是指对会计对象进行连续、系统、全面、综合的确认、计量和报告所采用的各种方法。

(一) 会计核算方法体系

会计核算方法体系由填制和审核会计凭证、设置会计科目和账户、复式记账、登记会计账簿、成本计算、财产清查、编制财务会计报告等专门方法构成。它们相互联系、紧密结合,确保会计工作有序进行。

表 1-4 会计核算方法

会计核算方法	具 体 介 绍
设置会计科目	根据会计对象的具体内容和组织管理要求,事先规定分类核算的项目,并在账簿中据以开设账户,以便取得所需要的核算指标
复式记账	对每一项经济业务都以相等的金额同时在两个或两个以上的相互联系的账户中进行记录的一种方法
填制和审核会计凭证	以会计凭证作为记账的依据,保证会计记录真实、完整、可靠,审查经济活动是否合理、合法的一种专门方法
登记账簿	根据审核无误的会计凭证,在账簿上进行全面、连续、系统记录的方法
成本计算	对生产经营过程中所发生的各种费用,按照一定对象和标准进行收集和分配,以计算确定各对象的总成本和单位成本的方法

（续表）

会计核算方法	具体介绍
财产清查	盘点实物、核对账目、查明各项财产物资和资金的实有数据的方法
编制会计报表	对日常会计核算的总结，就是将账簿记录的内容定期地加以分类、整理和汇总，提供为经济管理所需要的会计核算指标的方法

为了方便掌握各种方法及要点，有人编写了会计方法之歌：

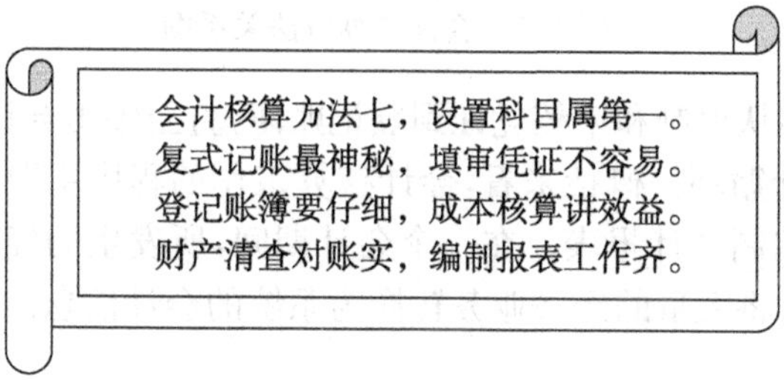

图 1-4　会计方法之歌

（二）会计循环

会计循环是指按照一定的步骤反复运行的会计程序。从会计工作流程看，会计循环由确认、计量和报告等环节组成；从会计核算的具体内容看，会计循环由填制和审核会计凭证、设置会计科目和账户、复式记账、登记会计账簿、成本计算、财产清查、编制财务会计报告等组成。填制和审核会计凭证是会计核算的起点。

一个完整的会计循环的基本程序是：

① 经济业务发生后，取得原始凭证并填制记账凭证；

② 按会计科目对经济业务进行分类核算，并运用复式记账法在有关会计账簿中进行登记；

③ 对生产经营过程中各种费用进行成本计算；

④ 对账簿记录通过财产清查加以核实，保证账实相符；

⑤ 期末，根据账簿记录资料和其他资料，进行必要的加工计算，编制会计报表。

完整的会计核算工作程序，如图 1-5 所示。

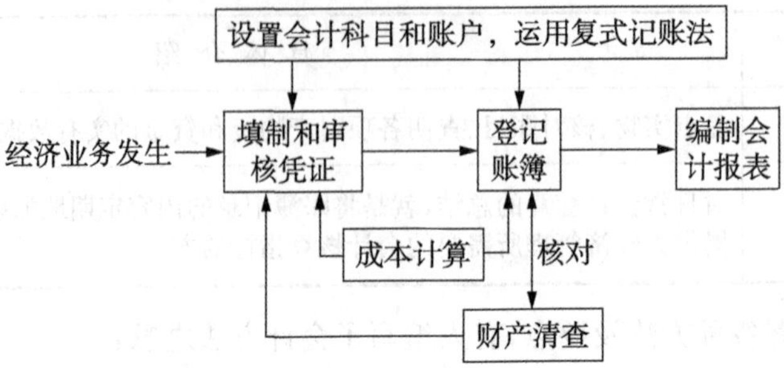

图 1-5　会计核算方法关系图

这个转换过程,即从填制和审核凭证到登记账簿,直至编出会计报表周而复始的变化过程,就是所谓的会计循环。概括来看,会计核算工作的程序主要有三个环节:填制和审核凭证、登记账簿和编制会计报表。在一个会计期间,所发生的经济业务,都要通过这三个环节进行会计处理,将大量的经济业务转换为系统的会计信息。会计核算工作程序,如图 1-6 所示。

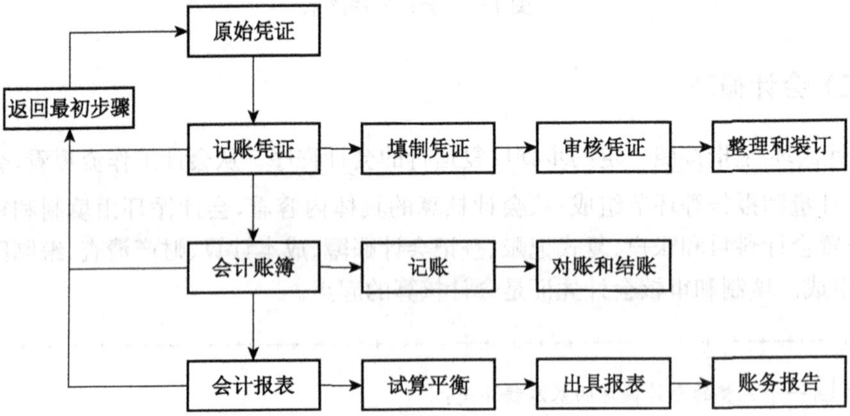

图 1-6　会计核算工作程序

【互动 1-7】多选题 · 下列各项中属于企业会计核算方法的有(　　)。

A. 复式记账　　B. 填制会计凭证

C. 登记账簿　　D. 编制会计报表

☺ 测试 1.2

第三节 会计基本假设与会计核算基础

一、会计基本假设

会计基本假设是企业会计确认、计量和报告的前提，是对会计核算所处时间、空间环境等所作的合理假定。会计基本假设包括会计主体、持续经营、会计分期和货币计量。

(一) 会计主体

会计主体是指企业会计确认、计量和报告的空间范围，即会计核算和监督的特定单位或组织。

1. 会计主体的认定

尽管现代企业归投资者所有，但企业的会计核算不包括该企业投资者或债权人的经济活动，或其他单位的经营活动。明确会计主体就要区分本企业与其他企业的业务、区分企业与投资者个人、企业员工个人的经济业务，会计只核算本企业而不能够核算其他企业及投资者个人、企业员工个人的经济业务。

> 📖假设甲、乙、丙三人准备成立A公司，这家特定的A公司就成了一个会计核算的主体，只有以A公司的名义发生的有关活动，如购进原材料、支出生产工人的工资、销售产品等，才是A公司会计核算的范围，而作为该A公司投资者的甲、乙、丙三人的有关经济活动则不是A公司会计核算的内容，向A公司提供材料的另一些公司的经济活动，也不是A公司的核算范围，还有借钱给A公司的银行的财务活动也不是A公司的核算范围。这样，作为A公司的会计，核算的空间范围就界定为A公司，即只核算以A公司名义发生的各项经济活动，从而就严格地把A公司与A公司的投资者、借钱给A公司的银行以及与A公司发生或未发生经济往来的其他公司区别开来。另外的公司就是另外一个会计主体了。

一般地，经济上独立或相对独立的企业、公司、事业单位等都是会计主体。甚至只要有必要，任何一个组织都可以成为一个会计主体，典型的会计主体是经营性企业。

【互动 1-8】多选题·下列项目中，可以作为一个会计主体进行核算的有(　　)。

A. 母公司　　B. 子公司

C. 母公司和子公司组织的企业集团　　D. 销售部门

2. 会计主体与法律主体

应注意，会计主体与法律主体(法人)并非是对等的概念。

一般来说，法律主体可以作为会计主体。例如，一个企业作为一个法律主体，应当建立财务会计系统，独立反映其财务状况、经营成果和现金流量。

但会计主体不一定是法律主体。例如，在企业集团的情况下，一个母公司拥有若干子公司，母子公司虽然是不同的法律主体但是母公司对于子公司拥有控制权，为了全面反映企业集团的财务状况、经营成果和现金流量，就有必要将企业集团作为一个会计主体，编制合并财务报表。

(二) 持续经营

持续经营是指在可以预见的未来，企业将会按当前的规模和状态继续经营下去，不会停业，也不会大规模削减业务。即在可预见的未来，该会计主体不会破产清算，所持有的资产将正常营运，所负有的债务将正常偿还。

【互动 1-9】单选题·企业在生产经营过程中将按照既定的用途使用资产和既定的合约条件清偿债务，会计人员在此基础之上选择会计原则和方法，是基于(　　)假设。

A. 会计主体　　B. 货币计量　　C. 持续经营　　D. 会计分期

这虽然是一假设，但基本符合人们的思维习惯，也有利于企业组织会计核算工作。可以想象，如果没有这样的假定，不仅会计核算无法保持其稳定性，企业生产经营活动也无法正常进行。

某企业以 15 万元购进了一台设备，预计可用 5 年，每年可为企业带来收入 4 万元。按持续经营假设，企业正常的生产经营活动能长期进行下去，即在可以预见的 5 年内不会破产。

因此，这投入的 15 万元可分 5 年收回，每年承担 3 万元，因而，该设备每年可为企业带来收入 1 万元。但如果没有这样的假设，则会计核算就无法正常进行了。如设想企业可能 4 年后破产，则该设备必须在 4 年内收回，每年需承担 3.75 万元。这样，每年就只有 0.25 万元的利润了；而企业也可能只能正常经营 3 年，则每年要承担 5 万元，这样，每年亏损 1 万元。注意，这里没有考虑企业破产后设备还能变卖的价值。

可见，如果没有持续经营这一假设，会计就没有确定的时间范围，就无法进行核算。同样，也就无法组织生产经营活动，如采购材料，产品的各项投资等都不能正常进行。持续经营假设，为会计核算明确了时间范围，从而使会计核算有一个稳定的基础。应当指出，如果企业真的破产了，即假定不存在了，我们可用破产会计方法对其进行核算，这已不是正常的财务会计核算的内容了。

（三）会计分期

会计分期是指将一个企业持续经营的经济活动划分为一个个连续的、长短相同的期间，以便分期结算账目和编制财务会计报告。按持续经营假设，企业的正常生产将无限期地进行下去，要绝对正确地核算盈亏，理论上应当从企业成立，开始经营起，到企业终止，结束经营止，将企业存续期间全部收支相抵才能确定盈亏，如果真的这样，会计信息就没有什么价值了。会计分期的目的，在于通过会计期间的划分，据以结算账目、编制会计报表、反映企业的经营成果和财务状况及其变动情况，及时向有关方面提供会计信息。可见，会计分期假设是持续经营假定的一个必要补充，它同样是对会计核算时间范围的规定。

会计期间通常以“年”来计量，称为会计年度，《企业会计准则》规定了我国以日历年度为企业会计年度，即从公历元月 1 日起到 12 月 31 日止。此外，还可进一步分为季度与月度、半年度，称为会计中期。有了会计期间假定，才有了企业“某年盈利多少”“某年亏损多少”等说法。

会计期间的划分对会计核算有着重要的影响。由于有了会计期间，才产生了本期与非本期的区别，从而出现权责发生制和收付实现制的区别，进而又需要在会计的处理方法上运用预收、预付、应收、应付等一些特殊的会计方法。

【互动 1-10】 单选题 · 基于会计分期假设运用的特殊会计方法包括应收、应付和(　　)等。

A. 收入、支出　　B. 预收、预付

C. 投入、产出　　D. 购入、售出

(四) 货币计量

货币计量是指会计主体在会计确认、计量和报告时以货币作为计量尺度,反映会计主体的经济活动。

> 货币计量进一步明确了会计核算的内容,即会计主要核算企业生产经营活动中能用货币计量的那一部分,而不是企业生产经营活动的全部,如采购原材料花了1万元,支付职工工资2万元,出售商品取得收入3万元等,都是会计核算的内容。但公司召开科技攻关会议、产品销售工作会、签订购销合同等这些很重要的经营活动,因其不能以货币客观地计量,因而不是会计核算的范围。

记账本位币是指用于日常登记账簿和编制财务会计报告时用以表示计量的货币。《企业会计准则》中规定:我国的会计核算应以人民币作为记账本位币。考虑到外商投资企业等业务收支以人民币以外的货币为主的企业,根据会计核算的实际需要,可以选定某种外币作为记账本位币进行会计核算,但这些企业对外提供报表时,应该折合成人民币,提供以人民币表示的财务报表。在境外设定的中国企业向国内报送的财务会计报告,应当折算为人民币。

上述会计核算的四项基本前提,具有相互依存、相互补充的关系。没有会计主体,就不会有持续经营,没有持续经营,就不会有会计分期,没有货币计量就不会有现代会计。

拓展阅读

会计人眼中的爱情假设

真正的爱情,如同会计。会计人眼中的爱情假设与会计假设一般,即爱情主体、持续经营、爱情分期和货币计量。如果不能同时具备这四个前提,就不能算是爱情,至少不是我们希望看到的"爱情"。

一、爱情主体:就是要明确谁是爱情的主体。会计主体是某个特定的经济单位,而爱情主体必须是人,且必须是发生在两个人之间。否则,即使有了爱慕之情,也不能算是真正的爱情,单相思不叫爱情,三角恋同样不值得提倡。

二、持续经营:真正的爱情,要求爱情的主体双方都必须以持续经营为目的。作为爱情的主体,在主观上要有对爱情持之以恒、细心经营,让爱情之花永葆盛开的期望,在客观上要有为之努力奋斗的行为。反之,那些只为一时之快、只为填补一时空虚等短期目标的交往算不上爱情。

三、爱情分期:这是持续经营爱情的保证,爱情主体在经营爱情的过程中,要将爱情的发展过程人为地分成若干个不同的阶段,以及时总结过去和构思未来。同时,针对不同阶段的爱情特点,选择和采取不同的经营方式,以确保爱情事业持续、稳定、健康地发展。否则,主观上的爱情也会因为客观上的经营不善而过早地走向终结。

四、货币计量:爱情是发生在人与人之间的,是社会属性和自然属性的统一,这是爱情的二重性。因此,爱情的生存与发展也必须是基于一定的物质基础之上的。毕竟,没有牛奶和面包支持的爱情,或许只有上了天堂才能找到。

二、会计核算基础

(一) 会计核算基础的概念和种类

会计核算基础是指企业会计的确认、计量和报告的基础。

由于会计分期假设,产生了本期与非本期的区别。某期间,企业销售一批产品,可能会遇到以下两种情况:其一,在售出产品的当期取得了现金收入;其二,尚未取得现金收入,但随着产品的出售,已取得向购货方收取货款的权力。由于会计核算是分期进行的,那么该批售出的产品是否应作为当期的收入呢?同样,对于费用的发生,还有实际支出现金和暂未支出待以后支出两种情况。此时,也有一个是否在当期确认费用的问题。如何确认收入或费用,一般可能有两种标准:一种是以是否收到或支出现金为标准。这就是所谓的收付实现制或现金制。另一种是收入或费用以应归属期为标准,我们称之为权责发生制或应计制。

会计核算基础包括权责发生制和收付实现制。

(二) 收付实现制

收付实现制,也称现金制,是以收到或支付现金作为确认收入和费用的标准,是与权责发生制相对应的一种会计基础。

【互动 1-11】 计算题 · 某企业 6 月份销售甲产品一批,取得银行承兑汇票一张,价款 20 000 元,销售乙产品一批,取得转账支票一张,价款 80 000 元,收到 5 月份欠货款 70 000 元。试按照收付实现制确定该企业 6 月份销售收入。

(三) 权责发生制

权责发生制,也称应计制,是指收入、费用的确认应当以收入和费用的实际发生作为确认的标准,合理确认当期损益的一种会计基础。《企业会计准则——基本准则》规定,企业应当以权责发生制为基础进行确认、计量和报告。

权责发生制要求凡是当期已经实现的收入、已经发生和应当负担的费用,不论款项是否收付,都应当作为当期的收入、费用;凡是不属于当期的收入、费用,即使款项已经在当期收付了,也不应当作为当期的收入、费用。

权责发生制主要是从时间上规定会计确认的基础,其核心是根据权、责关系的实际发生期间来确认收入和费用。根据权责发生制进行收入与成本、费用的核算,最大的优点是:能更加准确地反映特定期间真实的财务状况及经营成果。

由于权责发生制能比较真实、合理地反映企业的财务状况和经营成果,故广泛用于经营性企业,而收付实现制处理方法相对简单,显然对各期收益的确定不够合理,主要用于不需明确收益的行政事业单位。

《企业会计准则——基本准则》,企业应当以权责发生制为基础进行会计确认、计量和报告。事业单位会计核算一般采用收付实现制;事业单位部分经济业务或者事项,以及部分行业事业单位的会计核算采用权责发生制核算的,由财政部在相关会计制度中具体规定。

《政府会计准则——基本准则》规定,政府会计由预算会计和财务会计构成。预算会计实行收付实现制(国务院另有规定的,依照其规定),财务会计实行权责发生制。

表 1-5 权责发生制与收付实现制的比较

比较项目		权责发生制	收付实现制
基本原则		以收入或费用的归属期为标准	以是否收到或支出现金为标准
费用处理	支付前期费用	不作为当期费用(前期已作费用处理)	作为当期费用(前期未作费用处理)
	支付当期费用	作为当期费用	作为当期费用
	预付后期费用	不作为当期费用(作后期费用)	作为当期费用
	本期费用暂欠	作为当期费用	不作为当期费用(支付时作为费用)
收入处理	收到前期销售收入	不作为当期收入(已作前期收入)	作为当期费用(前期没有作为收入)
	收到本期销售收入	作为当期收入	作为当期收入
	本期销售收入暂欠	作为当期收入	不作为当期收入(以后收到作收入)
	预收销售收入	不作为当期收入(提供商品、劳务时确认收入)	作为当期收入

【互动 1-12】计算题·某企业 3 月份预付第二季度财产保险费 1 800 元(上年度已支付本季度财产保险费 1 800 元),支付本季度借款利息共 3 900 元(其中 1 月份 1 300 元,2 月份 1 300 元),用银行存款支付本月广告费 30 000 元。试按照权责发生制确定该企业 3 月份的费用。

拓展阅读

生命中的权责发生制

"等你上了大学就轻松了"这句话我们再熟悉不过了,于是有些人到了大学就开始"混"了,曾经幻想有天工作了能够"睡觉睡到自然醒,数钱数得手抽筋",只可惜却面临毕业就失业的困境,甚至有些人便成了"混混"。《步步高》歌词中说"孤独与喝彩其实都需要,成败得失谁能预料,热血注定要燃烧,世间自有公道付出总有回报,说到不如做到要做就做最好……"也许有人买彩票一夜暴富,但那只是个案。命运要用权责发生制,现实世界里付出不一定会立即得到回报,但得失其实是平衡的,今天的付出,回报可能是在明天、在后天。

曾经与毕业生共勉"耐得住寂寞才能守得住繁华,不要在该奋斗的时间选择了安逸"。学习上,许多同学盲目地希望学点立即能够挣大钱、快钱的技术。

贾少华在《大学生,你不失业谁失业》中写道:"上课的时候,清醒没有发呆多,发呆没有睡觉多,睡觉没有玩手机多;下课的时候,自修没有吃零食多,吃零食没有看连续剧多,看连续剧没有游戏多。如此这般,就业时的失败怎能不比成功多?

不给范围就不会考试,给了范围也只是复印同学准备的答案。你自己是老板的话,会雇用你自己吗?

付了钱得不到商品是谁都不肯的,而你交了学费却对那些不给你知识的老师心存感激。基本的买卖都不会,你还配做什么?

上大学填报志愿不知道自己的兴趣特长,大学毕业找工作了同样不知道自己的兴趣特长。自己都不认识自己,还有谁能认识你?

学技术不肯动手,学理论不肯动脑。等待你的除了失业还能是什么?"

工作上,许多同学考虑的主要因素无非就是稳定,钱多事少离家近,20 来岁提前支配完了安逸和清闲,那等到 60 岁以后我们的人生报表是会亏空的。洛克在《论法的精神》早就阐述过权责对等的道理,今日之奋斗,明日必定被支付。今天付出的点点滴滴,其实就是你明天可以支取的支票,否则你只能开空头支票!

☺ 测试 1.3

第四节　会计信息的使用者及其质量要求

一、会计信息的使用者

会计信息是从会计视角所揭示的经济活动情况，包括企业的财务状况、经营业绩和现金流量等。会计通过信息的提供与使用来反应过去的经济活动，控制目前的经济活动，预测未来的经济活动。会计信息的使用者主要包括投资者、债权人、企业管理者、政府及其相关部门和社会公众等。其中，企业管理者是会计信息的内部使用人，投资者、债权人、政府及其相关部门和社会公众等构成会计信息的外部使用人。

不同的会计信息使用者的关注重点不同，投资者重点关注企业的盈利能力和发展能力，债权人（包括供应商）通常关注企业的偿债能力和财务风险，管理者较关注企业的资金、资产周转、利润等内容，政府较关注企业信息的真实可靠、税收完成状况，社会公众较关注企业的社会责任履行、可持续发展等情况。

二、会计信息的质量要求

会计信息质量要求是对企业财务会计报告中所提供的高质量会计信息的基本规范，是使财务会计报告中所提供的会计信息对投资者等使用者决策有用应具备的基本特征，主要包括可靠性、相关性、可理解性、可比性、实质重于形式、重要性、谨慎性和及时性等。

（一）可靠性

可靠性要求企业应当以实际发生的交易或者事项为依据进行确认、计量和报告，如实反映符合确认和计量要求的各项会计要素及其他相关信息，保证会计信息真实可靠、内容完整。企业的会计信息要满足会计信息使用者的决策需要，就必须内容真实，数字准确，资料可靠；而为了确保真实，会计信息应经得起验证。

内容真实，指会计反映的结果应当同企业实际的财务状况和经营状况相一致；资料可靠，指对经济业务的记录和报告，应当做到不偏不倚，内容完整，以客观的事实为依据，而不能受主观意志的左右，力求会计信息的可靠；可验证，指有可靠的依据以复查数据的来源及信息的提供过程。

如果企业的会计核算不是以实际发生的交易或事项为依据，没有如实反映企业的财务状况、经营成果和现金流量，是不可靠的，会误导会计信息使用者的决策，会计工作也就失去了存在的意义。

（二）相关性

相关性要求企业提供的会计信息应当与财务报告使用者的经济决策需要相关，有助于财务报告使用者对企业过去、现在或者未来的情况作出评价或者预测。会计信息是否有用、是否有价值，在于其是否与会计信息使用者的决策需要相关联，是否有助于决策或者提高决策水平。

一般认为，具备相关性的会计信息应当在保证及时性的前提下，具备反馈价值和预测价值，即能够有助于信息使用者评价企业过去的决策，证实或者修正过去的有关预测，并根据会计信息预测企业未来的财务状况、经营成果和现金流量。

相关性应以可靠性为基础，即会计信息应在可靠性的前提下，尽可能地做到相关性，以满足投资者等财务报告使用者的决策需要。具备相关性的会计信息应当在保证及时性的前提下，具备反馈价值的预测价值。此外，对于特定用途的会计信息，不一定都通过财务会计报告提供，也可以采用其他的形式。

（三）可理解性

可理解性要求企业的会计信息应当清晰明了，便于财务报告使用者理解和使用。可理解性要求会计记录和财务会计报告必须清晰明了、简明扼要，数据记录和文字说明一目了然地反映出经济活动的来龙去脉。

会计信息从产生到报表无疑要经过专业会计人员的加工处理，但处理结果即会计报表应当是通俗易懂的，该原则要求基本不懂会计的人都要能理解会计信息，即要使会计信息简明易懂，能清晰地反映企业经济活动的来龙去脉。所以我们在会计报表中大量使用“库存现金”“银行存款”“原材料”等通俗易懂的名词，而尽量避免过分专业而难于理解的名词。

当然，另一方面，信息使用者必须具备一定与企业经营活动相关的会计知识，并愿意付出努力去研究这些信息。

（四）可比性

可比性要求企业提供的会计信息应当具有可比性。具体包括下列两层含义。

1. 纵向可比

纵向可比指同一企业不同时期发生的相同或者相似的交易或者事项，应当采用一致的会计政策，不得随意变更。确需变更的，应当在附注中说明。

企业发生的交易或事项具有复杂性和多样性，对于某些交易或事项可以有多种会计核算方法。例如，存货的领用和发出，可以采用先进先出法、加权平均法、移动平均法、个别计价法等确定其实际成本；固定资产折旧方法可以采用年限平均法、工作量法、年数总和法、双倍余额递减法等。纵向可比是使会计信息的使用者能利用以前会计期间的会计信息考核、评价本期的财务状况和经营成果，并借以进行正确的预测和决策。如果企业在不同的会计期间采用不同的会计核算方法，将不利于会计信息使用者对会计信息的理解，不利于会计信息作用的发挥，甚至引起分析、判断的错误。

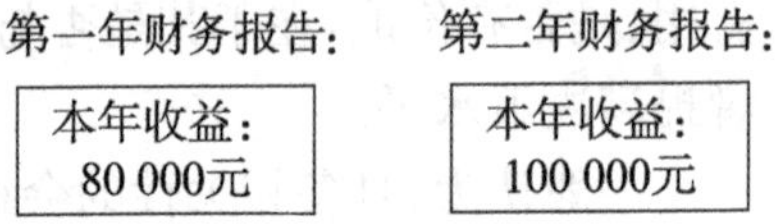

图 1-7　纵向可比的应用

思考：你认为图 1-7 中哪一年的经济效益更好？为什么？

【互动 1-13】单选题 · 企业不同时期的固定资产采用相同的方法计提折旧，遵循的是会计信息质量要求的（　　）。

A. 谨慎性　　B. 可靠性　　C. 相关性　　D. 可比性

2. 横向可比

横向可比 指不同企业发生的相同或者相似的交易或者事项，应当采用规定的会计政策，确保会计信息口径一致、相互可比。

不同的企业可能处于不同行业、不同地区，经济业务发生于不同地点，为了保证会计信息能够满足决策的需要，便于比较不同企业的财务状况、经营成果和现金流量，只要是相同的交易或事项，就应当采用相同的会计处理方法。

可比性使来自各企业的会计信息能统一汇总，为国民经济的宏观调控提供有用的信息。

思考：你认为图 1-8 中甲企业乙企业经济效益一样吗？为什么？

（五）实质重于形式

实质重于形式 要求企业应当按照交易或事项的经济实质进行会计确认、计量和报告，不应仅以交易或者事项的法律形式为依据。

在具体会计实务中，交易或事项的经济实质往往存在着与其法律形式明显不一致的情形，如果会计核算仅仅按照交易或事项的法律形式进行，而其法律形式又没有反映其经济实质，那么，其最终结果将会误导会计信息使用者的决策。所以，这就要求会计信息不能仅仅根据它们的法律形式进行反映。

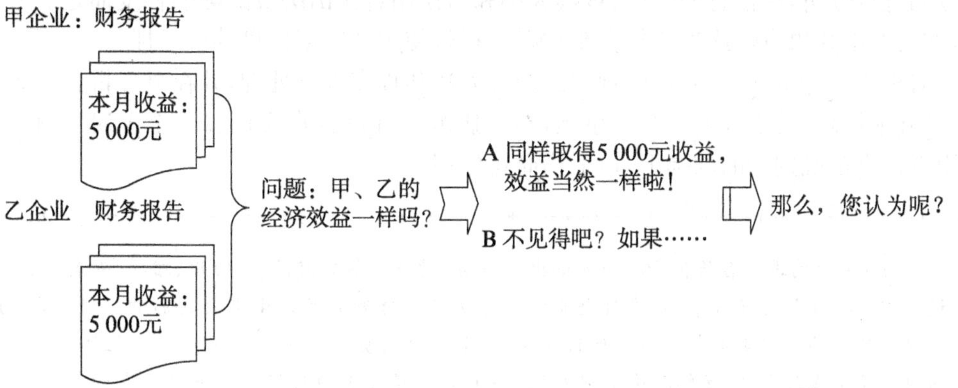

图 1-8 横向可比的应用

> 以融资租赁的形式租入的固定资产，虽然从法律形式来讲企业并不拥有其所有权，但是由于租赁合同中规定的租赁期相当长，接近于该资产的使用寿命；租赁期结束时承租企业有优先购买的选择权，在租赁期内承租企业有权支配资产并从中受益。所以，从实质上看，企业控制了该项资产的使用权及受益权。所以在会计核算上，将融资租赁的固定资产视为企业的资产。售后回购、回租本质上是融资不是销售，所以会计上不确认销售，这一质量要求为我们判断会计现象提供了基本原则，不要被表象所迷惑，会计追求的是真实，是事件本来的面貌，不仅主观上不做假账，客观上也要有能力不做假账。

如果企业的会计核算仅仅按照交易、事项的法律形式或人为形式进行，而这些形式又没有反映其经济实质和经济现实，那么，其最终结果将不仅不会有利于会计信息使用者的决策，反而会误导会计信息使用者决策。

> **【互动 1-14】**单选题 · 下列依据实质重于形式，要求视同企业自有资产管理和核算的是（　　）。
> A. 经营租入设备　　B. 融资租入设备　　C. 借入设备　　D. 购入设备

（六）重要性

重要性要求企业提供的会计信息应当反映与企业财务状况、经营成果和现金流量有关的所有重要交易或者事项。

在评价某些项目的重要性时，很大程度上取决于会计人员的职业判断，应从质和量两个方面进行分析，视信息的性质、规模大小和对使用者作出决策的影响程度而定。一般认为，在实务中如果省略或者错报会影响财务报告使用者决策信息的重要性。

对重要会计事项，必须按照规定的会计方法和程序进行处理，并在财务报告中予以充分、准确地披露；对于次要的会计事项，在不影响会计信息真实性和不至于误导财务报告使用者作出正确判断的前提下，可适当简化处理。

企业购进一台价值100万元的大型设备，对该设备如何保管、使用、维护，对其在使用过程中的损耗如何确认等，必将对企业的经营活动和财务成果产生重大的影响。因此，对于这种大型设备就需要重点核算并单独反映；但如办公人员购买一支钢笔或一本记事本等，价值仅为几元或几十元，显然不论如何处理，均不会对经营活动与经营成果产生大的影响。因此，我们在进行会计处理时，就不必单独核算，而将其与其他需要支出一起作为费用一并反映。

可见，运用重要性原则，一方面可使会计人员适当简化核算程序，减少核算工作量；另一方面也可使会计信息使用者抓住重点和关键，从而更好地利用会计信息。运用此原则的关键是如何确定什么是重要的经济业务。一般应根据企业规模与业务涉及的金额大小来确定。

（七）谨慎性

谨慎性要求企业以交易或者事项进行会计确认、计量和报告时应当保持应有的谨慎，不应高估资产或者收益、低估负债或者费用。

在市场经济条件下，企业面对的是有风险的市场，其经营活动中存在着大量的不确定因素，为了避免风险和不确定性的发生给企业正常生产经营带来严重影响，在会计核算工作中应坚持谨慎性，充分估计各种风险和损失，合理预计可能发生的各项费用和损失，并予以入账；如企业对可能发生的资产减值损失计提资产减值准备、对固定资产采用加速折旧法计提折旧以及对售出商品可能发生的保修义务确认预计负债等，就体现了这一要求。而对可能获得的收入，基于稳健考虑，则不能预估及提前入账。

需要注意的是，谨慎性并不意味着企业可以任意设置各种秘密准备，否则，就属于滥用谨慎性，视同重大会计差错。

大家可能都有这样的体验，当结果比预期的要好时，你经常会感到“意外”和高兴；而当结果比预期的要坏时，总免不了感到很失望，而不论其结果是什么。具体说，你有一个朋友甲欠你 1 万元,已经 2 年了,由于甲经济困难,尚未归还。现甲对你说,一个月后我一定还你 5 000 元,结果只还了 3 000 元,此时,你肯定会有点失望或恼怒,至少怪甲不讲信用等。但他当初如果说一个月后还你 2 000 元,那么现在还你 3 000 元时,你就应该不会怪他了。可见,同样是收到了 3 000 元,由于你当时的预期不同,对结果的态度就不同。谨慎性原则就是基于人的这样一种心理而产生的。再如,企业购入 10 000 股某公司股票,购入价为 10 元/股,假设编报会计报告时,每股市场价为 8 元,尽管下跌 2 元,由于股票并未抛出,即并未真正产生损失,但按谨慎性原则,这 2 元仍要作为损失,将每股按市价改为 8 元,显然这样的资料是可靠的。但若每股涨到 15 元,按谨慎性原则则不将上涨的 5 元预计为收益,尽管这 5 元收益是"很可能"实现的。

由于谨慎性原则充分考虑了可能发生的损失和费用,而不考虑可能取得的收入或收益,就使得会计信息比较稳健,或比较慎重,也就是作了最坏的估计。这样得出来的财务信息通常都比较保守但是可靠,而且实际的结果往往都会比预期的好。这显然符合人们通常的习惯。

【互动 1-15】 多选题 · 下列会计事项中体现了会计信息质量谨慎性要求的是(　　)。

A. 计提坏账准备

B. 对售出商品可能发生的保修义务确认预计负债

C. 期末存货采用成本与可变现净值孰低法计价

D. 对固定资产采用加速折旧法计提折旧

(八) 及时性

及时性要求企业对于已经发生的交易或者事项,应当及时进行会计确认、计量和报告,不得提前或者延后。

会计信息的价值在于帮助会计信息使用者作出经济决策,即便是可靠、相关的会计信息,如果提供得不及时,对于信息使用者的作用就会大大降低,甚至产生误导,因而会计信息必须注重时效性。

在会计核算过程中贯彻及时性,一是要及时收集会计信息,即在经济业务发生后,及时收集整理各种原始单据或者凭证;二是要及时处理会计信息,即按照会计制度统一规定的时限,及时编制出财务会计报告;三是要及时传递会计信息,即在统一规定的时限内,及时将编制的财务报告传递给财务报告使用者,以供其及时参考、使用。

☺ 测试 1.4

第五节　会计准则体系

一、会计准则的构成

会计准则是反映经济活动、确认产权关系、规范收益分配的会计技术标准，是生成和提供会计信息的重要依据，也是政府调控经济活动、规范经济秩序和开展国际经济交往等的重要手段。会计准则具有严密和完整的体系。我国已颁布的会计准则有《企业会计准则》《小企业会计准则》《事业单位会计准则》和《政府会计准则》。

二、企业会计准则

我国的企业会计准则体系包括基本准则、具体准则、应用指南和解释公告等。2006年2月15日，财政部发布了《企业会计准则》，自2007年1月1日起在上市公司范围内施行，并鼓励其他企业执行。其中，基本准则共十一章，主要内容有财务会计报告的目标、会计基本假设、会计信息质量要求、会计要求极其确认标准、会计计量属性与运用原则、财务会计报告要求等；具体准则分别规范了存货、长期股权投资、固定资产、投资性房地产、金融工具确认和计量等的会计处理。2006年10月30日，又发布了企业会计准则应用指南，从而实现了我国会计准则与国际财务报告准则的实质性趋同。

三、小企业会计准则

2011年10月18日，财政部发布了《小企业会计准则》，要求符合适用条件的小企业自2013年1月1日起执行，并鼓励提前执行。《小企业会计准则》一般适用于在我国境内依法设立、经济规模较小的企业，具体标准参见《小企业会计准则》和《中小企业划型标准规定》。

《小企业会计准则》共十章，与《企业会计准则》制定的依据和基本原则相同，同时兼顾小企业自身的特点，主要表现在：简化了会计确认的程序和方法；简化了会计计量方法，仅要求采用历史成本计量；简化了披露要求，财务报表内容相对简单，且不要求提供股东权益变动表；删除了小企业不常涉及的经济业务的会计处理；取消了《企业会计准则》中的一些会计方法；减少了会计职业判断，按照用途确定固定资产的使用年限等。

四、事业单位会计准则

2012 年 12 月 6 日，财政部修订发布了《事业单位会计准则》，自 2013 年 1 月 1 日起在各级各类事业单位施行。该准则对我国事业单位的会计工作予以规范。《事业单位会计准则》的主要特点如下：要求事业单位采用收付实现制进行会计核算，部分另有规定的经济业务或事项才能采用权责发生制核算；将事业单位会计要素划分为资产、负债、净资产、收入、支出（或费用）五类；要求事业单位的财务报表至少包括资产负债表、收入支出表（或费用表）和财政补助收入支出表。

五、政府会计准则

我国的政府会计准则体系由政府会计基本准则、具体准则和应用指南三部分组成。

2015 年 10 月 23 日，财政部发布了《政府会计准则——基本准则》，自 2017 年 1 月 1 日起，在各级政府、各部门、各单位施行。《政府会计准则》适用于各级政府、各部门、各单位，统称为政府会计主体。各部门、各单位是指与本级政府财政部门直接或者间接发生预算拨款关系的国家机关、军队、政党组织、社会团体、事业单位和其他单位。军队、已纳入企业财务管理体系的单位和执行《民间非营利组织会计制度》的社会团体，不适用本准则。

☺ **测试 1.5**

要点提示

(1) 会计的概念，会计的 5 个基本特征（本质、内容、计量单位、基本职能、处理方式）；
(2) 会计的对象（5 个环节，不同形态资金的转化关系）；
(3) 会计的目标（2 个，不同使用者的关注点）；
(4) 会计的职能（1 个最基本，2 个基本，5 个完整，核算的内容、监督的内容）；
(5) 会计核算的 7 个方法；
(6) 会计的 4 个基本假设；
(7) 会计的 2 个核算基础（权责发生制的运用）；
(8) 会计信息的 8 个质量要求（具体含义及典型案例）；
(9) 4 类会计准则（重点关注企业会计准则）；
(10) 会计发展的 3 个阶段（每个阶段的代表性标志）。

第二章　会计要素与会计等式

学习目标

表 2-1　本章学习目标

能力目标	1. 能对经济业务涉及事项进行分析，指出所属会计要素，指出对应的科目名称； 2. 能描述“T”字形账户结构，分析其左右方向及金额关系； 3. 能根据会计恒等式分析经济业务变化对会计要素及会计科目的影响
知识目标	1. 熟悉会计要素的含义与特征； 2. 掌握会计要素的确认条件与构成，掌握常用的会计计量属性； 3. 掌握会计等式的表现形式，掌握会计科目的分类；了解有关账户的知识

学习指导

关于内容⇨本章主要介绍会计要素、会计恒等式等内容。为了科学地进行会计核算，将经济业务中涉及的事项分为六大会计要素，六大会计要素相互之间的关系形成两个会计等式。

关于方法⇨通过本章的学习，可为借贷记账法、会计分录编制、凭证及账簿的登记等内容的学习做好准备。本章的学习关键是要在理解会计要素、会计恒等式的基础上，结合具体经济业务判断其所属会计要素及会计科目，同时分析对各会计要素和会计科目的影响金额，在具体业务中分析恒等变化关系。在学习会计恒等式时，要特别关注变化后的“资产＋费用＝负债＋所有者权益＋收入”这一关系，有助于借贷记账法的学习。

融会贯通⇨会计要素是对会计对象进行的基本分类，要注意比较各种要素的区别与联系，理解各要素的分类，分清具体业务与各要素的对应关系，这是重要的考点之一。会计等式要结合具体实例多做分析、举一反三，要能够分析经济业务变化后对会计等式双方及各会计要素的影响。

本章导入

你能够用 400 元(人民币)或不足 400 元成功地创办一个企业吗? 不管你相信与否,有人已经做到了。刘月娟是北京一所著名美术学院的学生,和其他大学生一样,她也常常为了补贴日常花销而不得不去挣一些零用。尽管她目前手头仅有 400 元,可决心还是促使她创办一个美术培训部。她支出 120 元在一家餐厅请朋友坐一坐,帮她出出主意,又根据自己曾经在一家美术培训班服务兼讲课的经验,她首先向她的一个师姐借款 4 000 元,以备租房等使用,她购置了一些讲课所必备的书籍、静物,并支出一部分钱用于装修画室,将她的美术培训部取名为“周围”。刘月娟支出 100 元印制了 500 份广告传单,用 100 元购置了信封、邮票等。8 天后她已经有了 17 名学员,规定每人每月学费 1 800 元,并且找到了一位较具能力的同学作合伙人。她与合伙人分别为“周围”的发展担当“周围”的会计和讲课教师,并获取一定的报酬。年末,她们已经招收了 50 个学员,除了归还师姐的借款本金和利息计 5 000 元,抵销各项必需的费用外,获得讲课、服务等净收入 52 000 元。她们用这笔钱又继续租房,扩大了画室面积,为了扩大招收学员的数量,她们甚至聘请了非常有经验的教授、留学归国学者免费作了两次讲座,为下一步“周围”的发展奠定了非常好的基础。

4 个月下来,她们核算了一下,除去房租等各项费用,这笔钱足够她们各自购买一台非常不错的计算机并且还有一笔不小的节余。

试说说上述各款项分别属于什么会计要素。

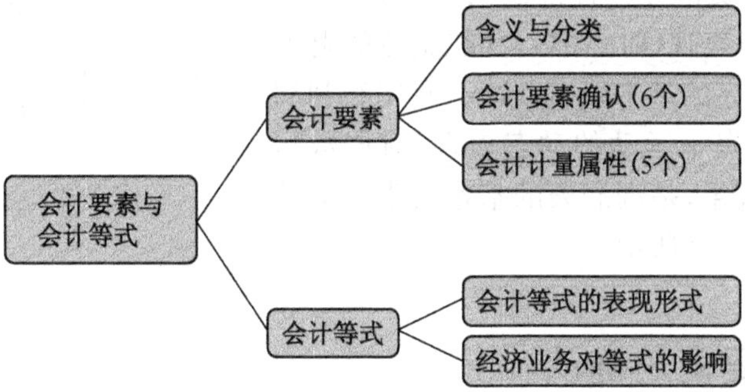

图 2-1　本章结构关系图

内容精讲

第一节 会 计 要 素

一、会计要素的含义与分类

(一) 会计要素的含义

会计要素是指根据交易或者事项的经济特征对财务会计对象所作的基本分类。会计要素是会计核算对象的具体化,是对资金运动第二层次的划分。

(二) 会计要素的分类

我国《企业会计准则》将会计要素划分为资产、负债、所有者权益、收入、费用和利润六类。会计要素按其与财务报表的关系可分为两大类:一是与资产负债表中财务状况的计量直接联系的要素,有资产、负债和所有者权益;二是与利润表中经营成果的计量直接联系的要素,有收入、费用及利润。资产、负债和所有者权益三项会计要素,是资金运动的静态表现(时点数),反映企业的财务状况,是资产负债表的基本要素;收入、费用和利润三项会计要素,是资金运动的动态表现(时期数),反映企业的经营成果,是利润表的基本要素。会计要素的关系,如图 2-2 所示。

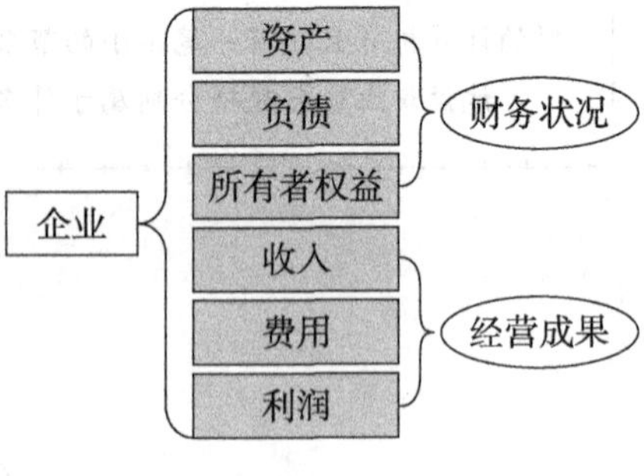

图 2-2 会计要素的关系

二、会计要素的确认

(一) 资产

1. 资产的含义与特征

资产是指企业过去的交易或者事项形成的、由企业拥有或者控制的、预期会给企业带来经济利益的资源。

【互动 2-1】单选题·下列项目中,不属于资产要素的是(　　)。
A. 应收账款　　B. 资本公积　　C. 银行存款　　D. 应收票据

资产具有以下特征:①资产是由企业过去的交易或者事项形成的;②资产是企业拥有或者控制的资源;③资产预期会给企业带来经济利益。接下来我们具体了解下资产的前世今生。

1) 明天(未来)——预期会给企业带来经济利益

资产能够直接或间接地给企业带来经济利益,如商品、机器设备,是企业的资产。如果是不能继续使用的变质或毁损的材料,已经无法用于生产经营过程,在市场上也不能卖出价钱,不能给企业带来经济利益的,就不能作为企业资产。

2) 今天(现在)——是企业拥有或者控制的资源

资产必须由企业拥有或者控制,临时租用其他企业的物品,不能算作本企业的资产;而租给别人的物品,虽已不在本企业,但本企业能够控制,仍作为本企业的资产。

融资租赁(大家可以通过网络查询其具体含义)业务中,企业不拥有其所有权,但在企业大部分期间拥有其控制权,虽不为我所有,但能够长期为我所用,可作为本企业资产核算,这一特征充分体现了"实质重于形式"的信息质量要求。

3) 昨天(过去)——是过去的交易或事项形成

资产必须是现实的资产,预期在未来发生的交易或者事项可能产生的结果不能作为资产确认(财务会计不核算未来)。

【互动 2-2】判断题·资产是指由过去的交易、事项形成的并由企业拥有的资源,该资源预期会给企业带来经济利益。(　　)

2. 资产的确认条件

将一项资源确认为资产,需要符合资产的定义,还应同时满足以下两个条件:①与该资源有关的经济利益很可能流入企业;②该资源的成本或者价值能够可靠地计量。

3. 资产的分类

全部资产按其流动性质可以分为流动资产和非流动资产两大类。

流动资产是指预计在一个正常营业周期中变现、出售或耗用,或者主要为交易目的而持有,或者预计在资产负债表日起 1 年内(含 1 年)变现的资产,以及自资产负债表日起

1年内交换其他资产或清偿负债的能力不受限制的现金或现金等价物。

非流动资产是指流动资产以外的资产。

一个正常营业周期是指企业从购买用于加工的资产起至实现现金或现金等价物的期间。正常营业周期通常短于1年,在1年内有几个营业周期。但是,也存在正常营业周期长于1年的情况,在这种情况下,与生产循环相关的产成品、应收账款、原材料尽管是超过1年才变现、出售或耗用,仍应作为流动资产。当正常营业周期不能确定时,应当以1年(12个月)作为正常营业周期。

表2-2 资产的具体内容

分类	主要内容	具体含义与项目
流动资产	货币资金	以货币形态存在的资产,包括库存现金、银行存款、其他货币资金
	交易性金融资产	各种能够随时变现、持有时间不超过1年的有价证券以及不超过1年的其他投资
	应收及预付款项	应收而尚未收回的账款和预付的购货款,属于短期债权,包括应收票据、应收账款、其他应收款和预付货款等
	存 货	指企业在生产经营过程中为销售或者耗用而储存的各种资产,包括商品、产成品、半成品、在产品以及各类材料、燃料、包装物和低值易耗品等
非流动资产	长期投资	不准备在1年内变现的投资,包括长期股权投资、持有至到期投资、可供出售金融资产。其中,长期股权投资包括:企业持有的对其子公司、合营企业及联营企业的权益性投资以及企业持有的对被投资单位不具有控制、共同控制或重大影响,且在活跃市场中没有报价、公允价值不能可靠计量的权益性投资
	固定资产	使用年限在1年以上,单位价值在规定标准以上,并在使用过程中保持原来物质形态的资产,包括房屋及建筑物、机器设备、运输设备和工具器具等
	无形资产	企业拥有或者控制的没有实物形态的可辨认非货币性资产,包括专利权、非专利技术、商标权、著作权、土地使用权和特许权等

【互动2-3】多选题·下列事项属于流动资产的是(　　)。

A. 库存商品　　B. 管理费用　　C. 预付账款　　D. 交易性金融资产

拓展阅读

会计要素的前世今生

成为一项会计要素并需要进行会计核算，存在许多共性。基于客观性的质量要求，会计只核算已经发生且金额可以确定的事，会计要素都会有前世，"明天我要嫁给你啦"没有发生因而不需核算，"我的爸爸是李刚"没法进行货币计量也无法核算。

一项要素之所以得以成立一定会有相应的功效，如果由于某种原因丧失了原有功效，如药品过了保质期就没有药用价值，甚至可能有毒，要承担清理费用，因此会计要素未来的功效一定很可能发生才需要确认、计量。曾经花费血本购置的数码产品随着时间的推移或意外损坏可能一文不值，因未来没有经济利益流入而从资产项目中消失。一项销售如果收入无限期，无法兑现，就不应该在收入中出现，其他亦然。

所有要素一定是过去完成时，是过去已经发生的；也要体现在进行时，是可以用货币可靠地计量的；同时还具有一般将来时，可为企业带来权益的增加或减少，以资产增加或负债减少等外在方式呈现。

根据会计的确认标准，大家可以对自己的资产重新认识一下，看看那些需要调整的金额。

(二) 负债

1. 负债的含义与特征

负债是指企业过去的交易或者事项形成的，预期会导致经济利益流出企业的现时义务。

负债具有以下特征：①负债是由企业过去的交易或者事项形成的；②负债是企业承担的现时义务；③负债预期会导致经济利益流出企业。

接下来我们具体了解下资产的前世今生。

1) 昨天(过去)——过去的交易或者事项形成

负债是指过去的交易、事项形成的(这与资产一致，所有会计要素都是这样的)现时义务，履行该义务会导致经济利益流出企业。这种经济责任通常是企业为了取得所需的资金、货物或劳务而引起的，也可以源于法律上强制执行的责任，如纳税责任等。

未来发生的交易或者事项形成的义务不属于现时义务，不应当确认为负债。

2) 今天(现在)——是一种现时义务

现时义务是指企业在现行条件下已承担的义务。

例如，借款的利息可能不需要按月支付，但每月都要将应付的利息作为一项负债进行确认。

负债是能够用货币确切计量或合理估计的债务责任。也就是说，负债通常有一个确定的到期偿付金额，或者有一个可以合理加以判断的估计数。

3）明天（未来）——预期会导致经济利益流出企业

这是负债的一个本质特征，这一点与资产正好相反。负债是企业筹措资金的重要渠道，但它不能归企业永久支配使用，必须按期以资产或劳务偿付。现时的负债代表着企业对未来经济利益的牺牲。

2. 负债的确认条件

将一项现时义务确认为负债，需要符合负债的定义，还应当同时满足以下两个条件：①与该义务有关的经济利益很可能流出企业；②未来流出的经济利益的金额能够可靠地计量。

3. 负债的分类

按偿还期限的长短，一般将负债分为流动负债和非流动负债。

流动负债是指预计在一个正常营业周期中偿还，或者主要为交易目的而持有，或者自资产负债表日起1年内（含1年）到期应予以清偿，或者企业无权自主地将清偿推迟至资产负债表日以后1年以上的负债。

非流动负债是指流动负债以外的负债。

表 2-3　负债的具体内容

分类	主要内容	具体含义与项目
流动负债	短期借款	企业向银行或其他金融机构借入，用于生产经营活动，期限在1年以内的各种借款
	应付及预收款项	应付而尚未支付的账款和预收的销货款，包括应付票据、应付账款、应付职工薪酬、应交税费、应付股利及预收货款等
非流动负债	长期借款	企业向金融机构或其他单位借入的，偿还期限在1年以上的各种借款
	应付债券	企业为筹集长期资金而发行的，偿还期在1年以上的债券
	长期应付款	企业应付引进设备款、融资租入固定资产应付款等

【互动 2-4】 多选题 · 下列属于流动负债的是（　　）。

A. 长期借款　　B. 应付票据　　C. 应付职工薪酬　　D. 所得税费用

拓展阅读

资产与负债的异同

世界上最美好的事情自然是能够找到一个你爱的，同时又爱你的人，有人用一生追求所爱之人却未能如愿，于是这个世界便多了很多凄惨与无奈。有一首歌曲名字叫作《有个爱你的人不容易》。从财务角度看也是这样，有个爱你的人永远是应收款项，拥有用不完的资产；找个你爱有却不爱你的永远是应付款项，偿不完的债务。自然，生活不能够如此简单地评价，但资产与负债的区别却是真实的存在。

资产与负债都是过去的交易已经发生的，这是会计核算的基本要求，会计一定只能核算已经发生的事，也是信息质量要求客观性的体现，未来资产导致利益流入、负债导致利益流出，说明两者相反的一面。资产不强调拥有，可以只是控制，充分体现的“实质重于形式”这一质量要求；负债强调现时业务，否则没法计量，也会违背客观性。想想民族英雄岳飞真的好怨，因为“莫须有”只是可能有，真实性有待确认。会计的要素确认一定要“很可能”发生，且可以用货币计量，这样才符合会计核算前提（货币计量）及信息质量（客观性）的要求，核算结果才会具有相关性。

（三）所有者权益

1. 所有者权益的含义及特征

所有者权益是指企业资产扣除负债后由所有者享有的剩余权益。公司的所有者权益又称为股东权益。在数量上，它等于企业的全部资产减去全部负债后的余额。

所有者权益具有以下特征：①除非发生减资、清算或分派现金股利，否则，企业不需要偿还所有者权益；②企业清算时，只有在清偿所有的负债后，所有者权益才返还给所有者；③所有者凭借所有者权益能够参与企业利润的分配。

2. 所有者权益的确认条件

所有者权益的确认、计量主要取决于资产、负债、收入、费用等其他会计要素的确认和计量。所有者权益在数量上等于企业资产总额扣除债权人权益后的净额，即为企业的净资产，反映所有者（股东）在企业资产中享有的经济利益。

【互动 2-5】 单选题 · 所有者权益在数量上等于（　　）。

A. 所有者的投资　　　　B. 实收资本与未分配利润之和

C. 实收资本与资本公积之和　　　　D. 全部资产减去全部负债后的净额

3. 所有者权益的分类

所有者权益的来源包括所有者投入的资本、直接计入所有者权益的利得和损失、留存收益等，具体表现为实收资本（或股本）、资本公积（含资本溢价或股本溢价、其他资本公积）、盈余公积和未分配利润，具体见表 2-4。

表 2-4　所有者权益的来源与表现形式

所有者权益的来源	含　义	表现形式（分类）
投入资本	指所有者投入企业的资本部分，既包括构成企业注册资本（实收资本）或者股本部分的金额，也包括投入资本超过注册资本或者股本部分的金额，即资本溢价或者股本溢价，这部分投入资本在我国企业会计准则体系中被计入了资本公积，并在资产负债中的资本公积项目中反映	实收资本（股本）、资本公积
直接计入所有者权益的利得和损失	指不应计入当期损益、会导致所有者权益发生增减变动的、与所有者投入资本或者向所有者分配利润无关的利得或者损失	资本公积
留存收益	企业利润留存于企业的部分	盈余公积、未分配利润

说明：按投资者不同，投入资本可分为国家、法人、个人和外商四类。投入资本在企业经营期间，投资者除依法转让外，不得以任何方式抽走。

利得是指由企业非日常活动所形成的、会导致所有者权益增加的、与所有者投入资本无关的经济利益的流入。

损失是指由企业非日常活动所发生的、会导致所有者权益减少的、与向所有者分配利润无关的经济利益的流出。

盈余公积是指企业按规定从净利润中提取的企业积累资金。

未分配利润是指企业留待以后年度分配的利润或本年度待分配利润。

拓展阅读

所有者权益与负债

企业的全部资产来自两个方面：一是负债（也可以称“债权人权益”），二是投资者的投资及其增值。因此，债权人和投资人对企业的资产拥有要求权，但两者在企业中享有的权利及承担的义务不同，具体见图 2-3。

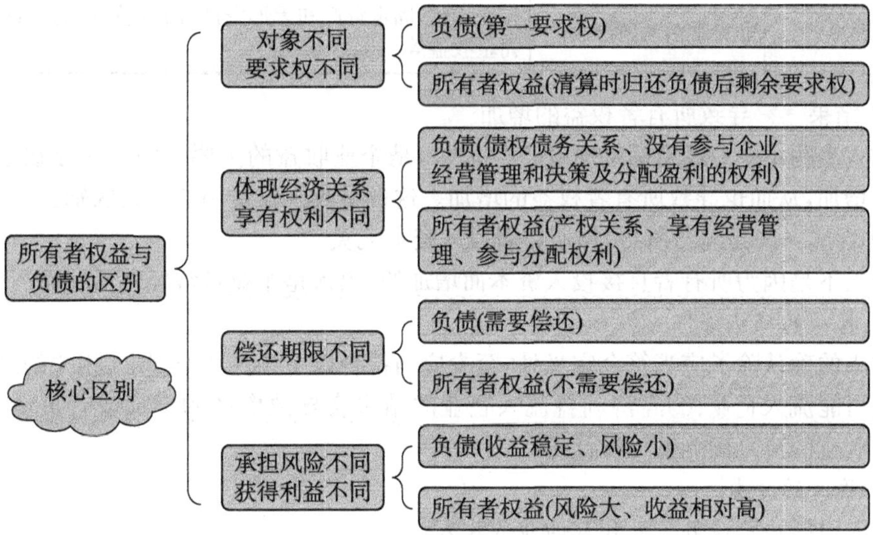

图 2-3　所有者权益与负债的区别

（四）收入

1. 收入的含义与特征

收入是指企业在日常活动中形成的、会导致所有者权益增加的、与所有者投入资本无关的经济利益的总流入。

收入具有以下特征：①收入是企业在日常活动中形成的；②收入会导致所有者权益的增加；③收入是与所有者投入资本无关的经济利益的总流入。

1）来源——日常活动

日常活动是指企业为完成其经营目标所从事的经常性活动以及与之相关的活动。

例如,工业企业制造并销售产品、商业企业销售商品、保险公司签发保单、咨询公司提供咨询服务、软件公司为客户开发软件等。

明确界定日常活动是为了将收入与利得相区分,因为企业非日常活动所形成的经济利益的流入不能确认为收入,而应当计入利得。经济利益的总流入的分类,如表 2-5 所示。

表 2-5　经济利益的总流入的分类

流入的类别	来　源	举　例
企业的收入	日常活动中形成	销售商品、出租无形资产和固定资产、销售原材料、提供劳务收入等
企业的利得	非日常活动所形成	接受捐赠、固定资产和无形资产等长期资产的处置净收益、罚金收益等

2）结果——导致所有者权益的增加

收入表明了企业经营活动所获得的成果,是企业收益的主要来源。它导致企业货币资金的增加,从而也导致所有者权益的增加。这也是收入与费用的主要区别。

3）性质——是经营所得,与所有者投入资本无关

收入不是因为所有者直接投入资本而增加的,收入是企业日常经营活动而产生的。

2. 收入的确认条件

收入的确认除了应当符合定义外,至少应当符合以下条件:①与收入相关的经济利益应当很可能流入企业;②经济利益流入企业的结果会导致资产的增加或者负债的减少;③经济利益的流入额能够可靠计量。

3. 收入的分类

收入包括主营业务收入和其他业务收入。

主营业务收入是由企业的主营业务所带来的收入;

其他业务收入是除主营业务活动以外的其他经营活动实现的收入。

收入的分类,如表 2-6 所示。

表 2-6　收入的分类

收入的类别	含　义
主营业务收入	企业从事基本营业活动所取得的收入
其他业务收入	除主营业务收入以外的日常活动所取得的收入

收入按性质不同,可分为销售商品收入、提供劳务收入、让渡资产使用权收入等,如图 2-4 所示。

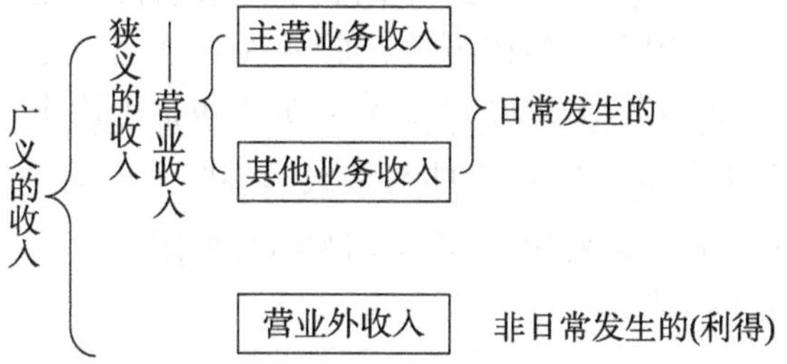

图 2-4　广义收入与狭义收入

(五) 费用

1. 费用的含义与特征

费用是指企业在日常活动中发生的、会导致所有者权益减少的、与向所有者分配利润无关的经济利益的总流出(注意与收入定义结合起来学习)。

费用具有以下特征:①费用是企业在日常活动中发生的;②费用会导致所有者权益的减少;③费用是与向所有者分配利润无关的经济利益的总流出。

1) 来源——日常活动(与收入相同)

费用的实质是资产的耗费,但并不是所有的资产耗费都是费用。将费用界定为在日常活动所形成的,是为了将其与损失相区分,因为企业非日常活动所形成的经济利益的流出不能确认为费用,而应当计入损失(营业外支出)。

2) 结果——导致企业所有者权益的减少(与收入相反)

费用是所有者权益的减少,其形式往往表现为资产流出、资产耗用或是发生负债而引起的所有者权益的减少。发生费用的目的是为了取得收入,费用必然导致经济利益流出企业。

3) 性质——是经营耗费,与向所有者分配利润无关(与收入一致)

费用使所有者权益减少,但所有者分配的利润并不是费用,费用是净利润形成之前的经济利益的流出。

2. 费用的确认条件

费用的确认除了应当符合定义外,至少应当符合以下条件:①与费用相关的经济利益应当很可能流出企业;②经济利益流出企业的结果会导致资产的减少或者负债的增加;③经济利益的流出额能够可靠计量。

3. 费用的分类

费用包括生产费用与期间费用。

生产费用是指与企业日常生产经营活动有关的费用,按其经济用途可以分为直接材料、直接人工和制造费用。生产费用应按其实际发生情况计入产品的生产成本；对于生产几种产品共同发生的生产费用，应当按照受益原则，采用适当的方法和程序分配计入相关产品的生产成本。对象化的费用称为成本。营业成本包括主营业务成本、其他业务成本。

期间费用是指企业本期发生的、不能直接或间接归入产品生产成本，而应直接计入当期损益的各项费用，包括管理费用、销售费用和财务费用。

费用的分类，如表 2-7 所示。

表 2-7　费用的分类

费用分类	含　义	具体内容
营业成本	为生产产品、提供劳务等发生的，可归属于产品成本、劳务成本，应当计入所生产的产品、提供劳务的成本，在确认产品销售收入、劳务收入等时，将已销售产品、已提供劳务的成本等计入当期损益	主营业务成本、其他业务成本
期间费用	与产品、服务成本无直接关系，是指企业在日常活动中发生的费用，直接计入当期损益	销售费用、管理费用、财务费用

工业企业费用关系，如图 2-5 所示。

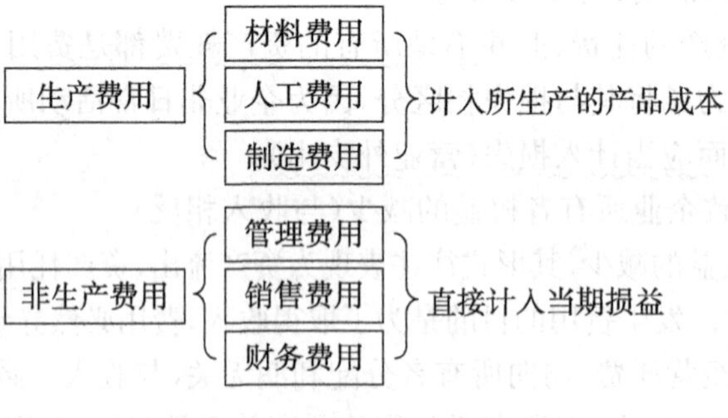

图 2-5　工业企业费用关系

【互动 2-6】单选题·下列选项中正确的是（　　）。

A. 只有日常经营活动才会产生支出

B. 收入是在日常活动中形成的、会导致所有者权益增加的、与所有者投入资本无关的经济利益的总流入

C. 经济利益的流入必然是由收入形成的

D. 费用就是成本

(六) 利润

1. 利润的含义与特征

利润是指企业在一定会计期间的经营成果(利润表反映的具体内容就是某一期间的经营成果)。利润反映收入减去费用、直接计入当期损益的利得减去损失后的净额。

通常情况下,如果企业实现了利润,表明企业的所有者权益将增加,业绩得到了提升;反之,如果企业发生了亏损(即利润为负数),表明企业的所有者权益将减少,业绩下降。利润是评价企业管理层业绩的指标之一,也是投资者等财务会计报告使用者进行决策时的重要参考依据。

2. 利润的确认条件

利润的确认主要依赖于收入和费用,以及直接计入当期利润的利得和损失的确认,其金额的确定也主要取决于收入、费用、利得、损失金额的计量。

3. 利润的分类

利润包括收入减去费用后的净额、直接计入当期损益的利得和损失等。其中,收入减去费用后的净额反映企业日常活动的经营业绩;直接计入当期损益的利得和损失反映企业非日常活动的业绩,如图 2-6 所示。

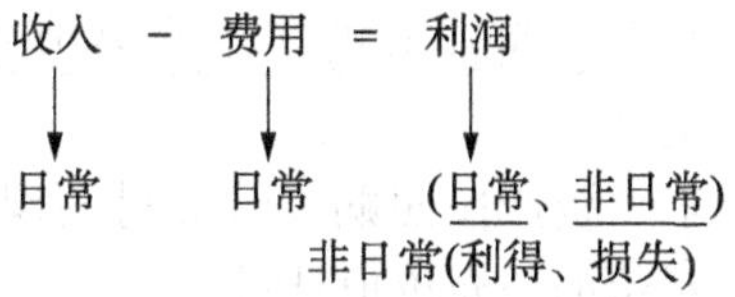

图 2-6 利润的范畴

直接计入当期损益的利得和损失,是指应当计入当期损益、最终会引起所有者权益发生增减变动的、与所有者投入资本或者向所有者分配利润无关的利得或者损失。企业应当严格区分收入和利得、费用和损失,以便全面反映企业的经营业绩。

利润按照构成,可分为营业利润、利润总额、净利润。三者关系,如图 2-7 所示。

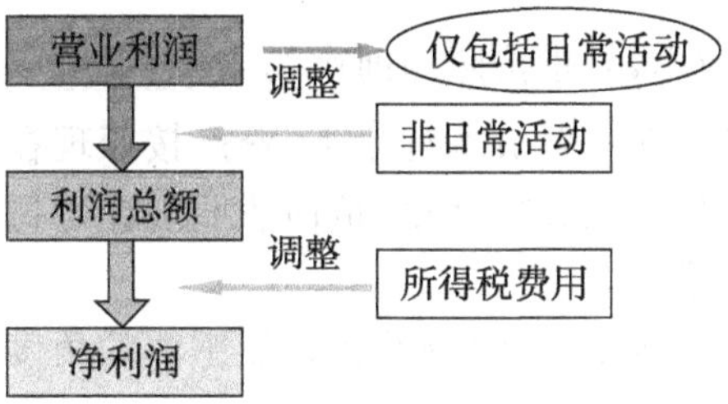

图 2-7 利润的分类

【互动 2-7】 单选题 · 下列不属于营业利润计算项目的是(　　)。

A. 主营业务收入　B. 主营业务成本　C. 营业外收入　D. 其他业务成本

三、会计计量属性

会计要素的计量是为了将符合确认条件的会计要素登记入账并列报于财务报表而确定其金额的过程。企业应当按照规定的会计计量属性进行计量，确定相关金额。

(一) 会计计量属性及其构成

会计计量属性是指会计要素的数量特征或外在表现形式，反映了会计要素金额的确定基础，主要包括历史成本、重置成本、可变现净值、现值和公允价值等。

1. 历史成本

历史成本又称实际成本，就是取得或制造某项财产物资时所实际支付的现金或其等价物。历史成本计量，要求对企业资产、负债和所有者权益等项目的计量，应当基于经济业务的实际交易成本，而不考虑随后市场价格变动的影响。在历史成本计量下：

资产按照购买时支付的现金或者现金等价物的金额，或者按照购买资产时所付出的对价的公允价值计量。

负债按照因承担现时义务而实际收到的款项或资产的金额，或者承担现时义务的合同金额，或者按照日常活动中为偿还负债预期需要支付的现金或者现金等价物的金额计量。

企业取得的各种财产物资，一般应以其购进或建造时发生的原始成本即实际成本入账，并以此作为分摊和转作费用成本的依据。

2. 重置成本

重置成本又称现行成本，是指按照当前市场条件，重新取得同样一项资产所需支付的现金或现金等价物金额。在重置成本计量下，资产按照现在购买相同或者相似资产所需支付的现金或者现金等价物的金额计量，负债按照现在偿付该项债务所需支付的现金或者现金等价物的金额计量。

重置成本是现在时点的成本，它强调站在企业主体的角度，在实务中，重置成本多应用于盘盈固定资产的计量等。

3. 可变现净值

可变现净值是指在正常生产经营过程中，以预计售价减去进一步加工成本和预计销售费用以及相关税费后的净值。在可变现净值计量下、资产按照其正常对外销售所能收到现金或者现金等价物的金额扣减该资产至完工时估计将要发生的成本、估计的销售费用以及相关税费后的金额计量。

目前在存货期末价值计量中涉及可变现净值。

4. 现值

现值是指对未来现金流量以恰当的折现率进行折现后的价值，是考虑资金时间价值的一种计量属性。在现值计量下，资产按照预计从其持续使用和最终处置中所产生的未来净现金流入量的折现金额计量，负债按照预计期限内需要偿还的未来净现金流出量的折现金额计量。

在会计计量中使用现值的目的是为了尽可能地捕捉和反映各种不同类型的未来现金流量之间的经济差异，一般进行财务管理决策时使用。

5. 公允价值

公允价值是指在公平交易中，熟悉情况的交易双方自愿进行资产交换或者债务清偿的金额。在公允价值计量下，资产和负债按照在公平交易中，熟悉情况的交易双方自愿进行资产或者债务清偿的金额计量。

公允价值主要用于交易性金融资产、可供出售金融资产的计量。

（二）计量属性的运用原则

企业在对会计要素进行计量时，一般应当采用历史成本；当采用重置成本、可变现净值、现值、公允价值计量时，应当保证所确定的会计要素金额能够取得并可靠地计量。

例如，某企业5年前购买一栋办公楼，共耗资金500万元。那么记账时，该大楼按其实际发生的支出500万元入账。假设，目前该大楼的市价已达1 000万元，此时，仍不对其原来入账的价值进行调整，在账面上仍为原来取得该楼的实际成本（也即历史成本）。应注意，按此原则，也并非绝对不能调整账面价值。比如，该企业拟将该楼拍卖转让，因而要进行资产评估，此为特殊情况，可以调整。

采用历史成本原则有许多好处：比较客观，历史成本或实际成本是买卖双方通过正常交易确定的金额；有原始依据，即发票等作证明，可随时查证；可避免企业或有关人员出于某种需要有意改动账面记录；使会计核算手续简化，不必经常调整账目。按实际成本计价，能防止随意性，使会计信息真实可靠，便于了解和比较。

【互动 2-8】 单选题·企业在对会计要素进行计量时，一般应当采用（　　）。

A. 现值　　B. 重置成本　　C. 历史成本　　D. 公允价值

☺ 测试 2.1

第二节 会 计 等 式

一、会计等式的表现形式

会计要素是对会计对象按经济特征所作的最基本分类。各项会计要素之间存在着一定的数量关系。

(一) 静态等式——财务状况等式

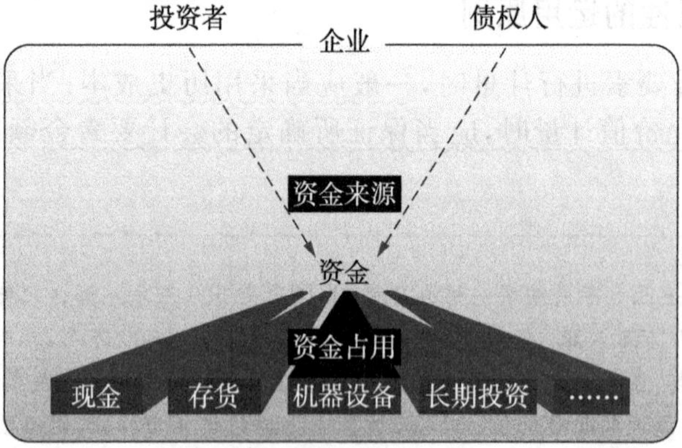

图 2-8 企业资产的来源

资产表明企业拥有什么经济资源和拥有多少经济资源;权益则表明,谁提供了这些经济资源,谁就对这些经济资源拥有要求权。一个企业的资产总额与权益总额必然相等。资产与权益之间这种数量上的平衡关系,可以用下面的等式表示:

资产=权益
=债权人权益+所有者权益
=负债+所有者权益(静态等式)

该等式是会计等式中最通用和最一般的形式，所以通常也称为会计基本等式。资产与权益的恒等关系是复式记账法的理论基础，也是企业会计中设置账户、试算平衡和编制资产负债表的理论依据。

【互动 2-9】会计等式反映企业资产的归属关系，它是(　　)等会计核算方法建立的理论基础。
A. 财产清查　B. 复式记账　C. 设置账户　D. 编制会计报表

【互动 2-10】单选题·下列选项能够引起资产增加的是(　　)。
A. 提取盈余公积　B. 资本公积转增实收资本
C. 企业经销商品，货款未收　D. 支付职工的工资

(二) 动态会计等式——经营成果等式

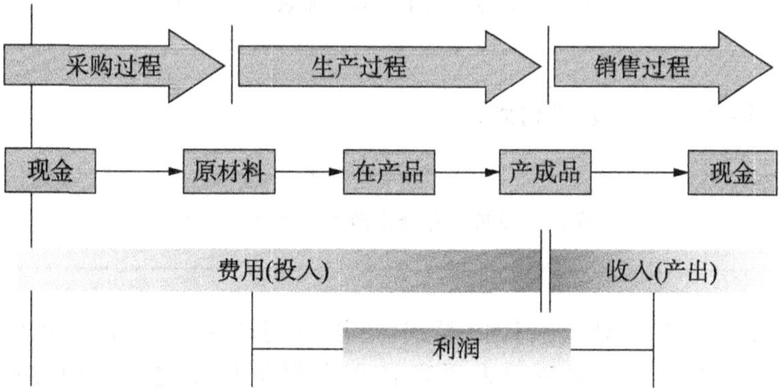

图 2-9　收入、费用和利润要素的形成过程

会计要素中的收入、费用和利润三项要素(即利润表要素)之间的关系是：

收入－费用＝利润

(三) 动静结合——综合会计等式

收入将使所有者权益增加，而费用则使所有者权益减少。收入是用交换中所得的资

产来衡量的，通常采用现金或应收账款的形式；费用是企业在获取收入的过程中发生的成本，通常用消耗的资产或耗用服务的成本来衡量。

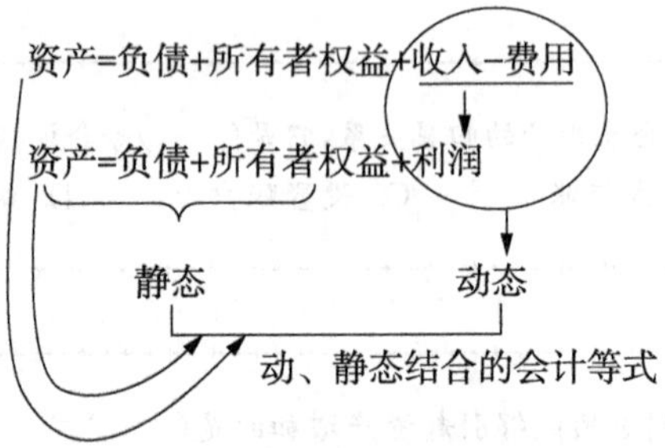

图 2-10　六大要素之间的关系

综合会计恒等式也可以用以下形式来表示：

资产＝负债＋所有者权益＋收入－费用

将费用项移至等式左边，则得到：

资产＋费用＝负债＋所有者权益＋收入

将收入、费用两要素列入会计恒等式，可以将资产负债表和利润表联系起来，从而揭示了资产负债表要素和利润表要素各自内部及相互之间的内在联系和数量关系。通过会计恒等式，可以揭示企业的财务状况和经营业绩，揭示各会计要素之间的内在联系。

拓展阅读

人生就是一个会计恒等式

学会计的对会计等式再熟悉不过了。然而，对它所喻含的人生哲理是否能有深切的领悟和诠释呢？当静心沉思回味人生的历程，就会发现：人生就是一个会计恒等式。

一项资产的获得，总是通过另一项资产的减少或者负债的增加来实现的。这也就是人们总是习惯于以拥有资产特别是物质资产的多少，忽略资产与负债，来判断人生成败的原因。

所有的资产负债表第一项都是相同的，那就是令人又爱又恨的现金即“钱”。不无遗憾的是，很多人只看到这第一项，就对报表的所有者，即报表主人浅薄地下判断、贴标签，戴上有色眼镜指指点点，称此人为穷人或富人，却看不到这项资产增多之下所背负的债务，比如辛劳、风险、担心，甚至违法犯罪；或者另一些无形资产，比如与家人团聚享受天伦之乐和充实丰富知识时间的减少。

父母，是我们一出生就获得的原始资产，相应地，我们也迎来一项长期负债，它叫做赡养。爱人，这是我们人生的一项重大抉择，其影响类似于两家企业合并，因为资产增加了一倍，但负债也增加了一倍。此外它还衍生出更多的资产和更多的负债，比如激情、快乐、亲密、稳定、和睦，再比如磨合、冲突、担心、放弃一定的自由和自我。再随后就是子女，这更是重量级的资产，同时也是重量级的负债——可能是一个人后半生最大的操劳和牵挂。

有些人的资产负债表上还会有丰富的人生阅历，与之相伴的负债自然是大量的磨炼，比如，有远离故土的孤独。还有健康，这是每个人都需要的基本资产，可以由坚持锻炼这项负债来维护其平衡。

正如企业有大小，每个人的人生的资产负债也各不相同。有人平静地度过一生，资产和负债都较少；也有人波澜壮阔，拥有大量的资产和大量的负债。

其实，判断人生的不是资产，而是资产减掉负债的剩余，那才是我们的净资产。我们可以通过增加自己的无形资产，来使人生充满盈余。这些宝贵的无形资产就是平衡的心态、宽容、感激、善良、乐观、努力……

一个人的一生，无不在各种实践活动中亲力亲为地编制、平衡、完善、充实着自己的资产负债表。不论从报表中折射出的是“穷人”还是“富人”，应以严格执行“会计准则”为准绳，以诚信、守法、勤劳、善良为原则来绘制自己的资产负债表。如此，这样的资产负债表才是真实、可靠，令人信服和敬佩的，它不需要审计中介机构的年审和评价，它是一个人一生价值的真实反映和体现。

二、经济业务对会计等式的影响

企业在经营过程中发生的各种经济活动在会计上称为经济业务。经济活动的不断进行，经济业务的不断发生，必然会引起企业的资产和权益经常发生增减变动。但是，无论企业的经济业务引起资产和权益发生怎样的变化，企业的资产总额总是等于它的权益总额。任何时候，无论从哪个时点观察，会计恒等式所表示的数量平衡关系都不会被破坏。

经济业务的发生，会引起“资产＝负债＋所有者权益”等式中各项会计要素的增减变动，归纳起来，可以分为四大类型、九种情况，如表 2-8 所示。

表 2-8　经济业务对会计恒等式的影响

变化形式	具体表现	资产	负债	所有者权益
资产一增一减	资产一增一减	＋ －		
权益一增一减	① 一项负债减少，另一项负债增加		＋ －	
	② 一项所有者权益减少，另一项所有者权益增加			＋ －
	③ 一项负债减少，一项所有者权益增加		－	＋
	④ 一项所有者权益减少，一项负债增加		＋	－
资产和权益同增	① 一项资产增加，一项所有者权益增加	＋		＋
	② 一项资产增加，一项负债增加	＋	＋	
资产和权益同减	① 一项负债减少，一项资产减少	－	－	
	② 一项所有者权益减少，一项资产减少	－		－

下面举例说明以上四大类经济业务的发生，都不会破坏会计恒等式所示的数量平衡关系。

【例 2-1】 20×8 年 1 月 31 日，宏达公司资产、负债和所有者权益的状况如下：

资　产		＝	负　债		＋	所有者权益	
库存现金	1 000		短期借款	20 000		实收资本	50 000
银行存款	19 000		应付账款	30 000			
应收账款	10 000						
存　货	10 000						
固定资产	60 000						
总　计	100 000	＝		50 000	＋		50 000

上列会计恒等式表明，在 1 月 31 日这个特定时点上，宏达公司拥有的资产总额为 100 000元，它来自负债和所有者权益两个方面。其中，外界债权人享有的资产要求权，即负债总额为 50 000 元；企业投资人享有的资产要求权，即所有者权益总额为 50 000 元。

资产总额和权益总额都是 100 000 元，此时，宏达公司的资产总额与权益总额相等，会计恒等式保持着平衡关系。

如果说，上述举例只反映出资产、负债和所有者权益静态的平衡关系，那么，下面将进一步考察四大类经济业务与会计恒等式的关系。

以上例为基础，宏达公司 20×8 年 2 月份发生下列经济业务：

(1) 2 月 5 日，从银行存款中提取现金 1 000 元备用。

这项经济业务的发生，使公司的银行存款（资产项目）减少了 1 000 元，即由原来的 19 000元减少到 18 000 元，同时使公司的现金（资产项目）增加了 1 000 元，即由原来的 1 000 元增加为 2 000 元。这项经济业务使公司的资产项目一增一减，增减的金额相等，因此公司资产总额不会发生变化。而且，这项经济业务没有涉及负债和所有者权益，不会引起权益总额发生变化。所以，在发生了这项经济业务以后，会计恒等式的平衡关系仍然没有被破坏。

资产、负债和所有者权益的状况如下：

资　　产		=	负　　债		+	所有者权益	
库存现金	2 000		短期借款	20 000		实收资本	50 000
银行存款	18 000		应付账款	30 000			
应收账款	10 000						
存　　货	10 000						
固定资产	60 000						
总　　计	100 000	=		50 000	+		50 000

(2) 2 月 7 日，向银行借款 10 000 元偿还之前欠外单位的货款。

这项经济业务的发生，使公司的短期银行借款（负债项目）增加了 10 000 元，即由原来的 20 000 元增加到 30 000 元，同时使公司的应付账款（负债项目）减少了 10 000 元，即由原来的 30 000 元减少到 20 000 元。这项经济业务使权益一增一减，增减的金额相等，因此权益总额不会发生变化。而且，这项经济业务没有涉及资产，不会引起资产总额的变化。因此，在发生了这项经济业务以后，会计恒等式的平衡关系仍然没有被破坏。

资产、负债和所有者权益的状况如下：

资产		=	负债		+	所有者权益	
库存现金	2 000		短期借款	30 000		实收资本	50 000
银行存款	18 000		应付账款	20 000			
应收账款	10 000						
存　货	10 000						
固定资产	60 000						
总　计	100 000	=		50 000	+		50 000

(3) 2 月 15 日，从外单位赊购一批材料，金额为 15 000 元。

这项经济业务的发生，使公司的存货(资产项目)增加了 15 000 元，即由原来的 10 000 元增加到 25 000 元，同时使公司的应付账款(负债项目)增加了 15 000 元，即由原来的 20 000 元增加到 35 000 元。这项经济业务使资产和权益同时增加，双方增加的金额相等，因而会计恒等式的平衡关系不会被破坏。

资产、负债和所有者权益的状况如下：

资产		=	负债		+	所有者权益	
库存现金	2 000		短期借款	30 000		实收资本	50 000
银行存款	18 000		应付账款	35 000			
应收账款	10 000						
存　货	25 000						
固定资产	60 000						
总　计	115 000	=		65 000	+		50 000

(4) 2 月 18 日，以银行存款 15 000 元偿还 15 日所欠货款。

📖这项经济业务的发生，使公司的银行存款（资产项目）减少了 15 000 元，即由原来的 18 000元减少到 3 000 元，同时使公司的应付账款（负债项目）减少了 15 000 元，即由原来的 35 000元减少到 20 000 元。这项经济业务使资产和权益同时减少，双方减少的金额相等，因而会计恒等式的平衡关系不会被破坏。

资产、负债和所有者权益的状况如下：

资　　产		=	负　　债		+	所有者权益	
库存现金	2 000		短期借款	30 000		实收资本	50 000
银行存款	3 000		应付账款	20 000			
应收账款	10 000						
存　　货	25 000						
固定资产	60 000						
总　　计	100 000	=		50 000	+		50 000

📖从以上举例可以看出，凡是发生只涉及资产或权益一方内部项目之间增减变动的经济业务，如第一和第二大类经济业务，不但不会影响双方总额的平衡，而且原来的总额也不会发生变动；凡是发生涉及资产和权益双方项目同增或同减的经济业务，如第三和第四大类经济业务，都会使双方原来的总额发生同增或同减的变动，但变动的结果，双方的总额仍然相等。由此可见，任何一项经济业务的发生，无论资产和权益发生怎样的增减变动，都不会破坏会计恒等式的平衡关系。

经济业务变化对会计等式的影响，如图 2-11 所示。

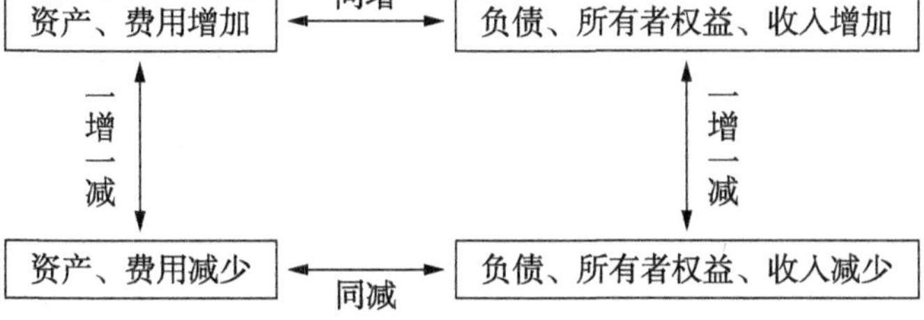

图 2-11　经济业务变化对会计等式的影响

规律：

1. 涉及等式两边的会计要素变化的，要么同增，要么同减。增减金额相等，会引起资产总额的变化；

2. 只涉及等式左边或右边会计要素变化的，只能是一增一减。增减金额相等，不会引起资产总额的变化；

3. 任何经济业务的发生，不会破坏会计方程式的平衡关系。

综上所述，每一项经济业务的发生，都必然会引起会计等式的一方或双方有关项目相互联系的等量的变化，即当涉及会计等式的一方时，有关项目的数额发生相反方向等额变动；而当涉及会计平衡公式的两方时，有关项目的数额必然会发生相同方向的等额变动，但始终不会打破会计等式的平衡关系。

测试 2.2

要点提示

(1) 会计要素的含义，会计要素的分类(6 个要素，2 个类别)；
(2) 会计要素各自的含义、特征(理解其共性与个性)、确认条件及分类；
(3) 会计的 5 个计量属性及其使用原则；
(4) 2 个会计等式及其综合表现，经济业务对等式的影响(要能够熟练分析)。

第三章　会计科目与账户

学习目标

表 3-1　本章学习目标

能力目标	1. 能针对不同会计要素列举常用的会计科目； 2. 能描述账户的结构关系
知识目标	1. 了解会计科目与账户的概念，了解会计科目与账户的分类； 2. 熟悉会计科目设置的原则，熟悉常用的会计科目； 3. 掌握账户的结构，掌握账户与会计科目的关系

学习指导

关于内容⇨本章主要介绍会计科目与账户等内容。会计要素进一步细分形成若干会计科目，在会计核算中将会计科目以一定的形式表示就是账户。通过本章学习，可为借贷记账法、会计分录编制、凭证及账簿的登记等内容的学习做好准备。

关于内容⇨刚开始学习，面对若干会计科目，既无必要，也不可能将其完整记住，大家要更多留心常用的会计科目，尽量联系日常生活业务，结合教材会计科目表，多想想在会计核算中应该属于哪类会计要素、哪个会计科目，对会计恒等式有何影响，只有举一反三、由易到难、循序渐进，才能掌握好这些基础内容。学习时要在理解的基础上加以必要的记忆，善于总结规律，辅以足够的练习才能达到最佳的学习效果。

融会贯通⇨按反映的经济内容将会计科目分为 6 类，扣除共同类科目还有 5 类，而会计要素有 6 类，相互关系要理解到位，特别要理清损益类科目与收入要素、费用要素的关系。此外，对会计科目设置的原则、账户的功能与结构也要适当关注，这是账簿登记的基础。

本章导入

人的一生的功过得失可用会计的三大类科目要素表示：资产类表示人生的积累或取得的成绩；负债类表示人生的过失或所犯的错误；所有者权益表示人生在某一特定日期所显现的自我实现的价值。

库存现金：库存现金有限额。人的生命也有限。现金不能透支，超过额度要送存银行。

同样，人的生命也不能透支，节余要保本（身体是革命的本钱）。

银行存款：人所掌握的知识如同银行存款。存款若永远存放于银行，增值小；人的知识如果永远停留在头脑里，不仅不能增值，而且会遗忘减值。两者都要随时变现，才能体现出最大的价值。

累计折旧：固定资产在生产过程中逐渐磨损消耗，折旧增加，净值减少；人在生命历程中为事业、为生计呕心沥血，减少了有限的生命，增加了无限的人生价值。

长（短）期借款：借出款项能收回，而做错的事却永远是一笔"坏账"无法收回。它警示人们：做任何事，在是非曲直面前，一定要三思，慎之又慎！

缘分是会计原则；爱情是无形资产；爱人是应付账款；想他是日记簿；吵架是坏账账簿；错爱是高估净利；分手是结账分录；寂寞是累计折旧；误会是错误分录；解释是更正分录；复合是回转分录；眼泪是业主权益；人情是流动资产；回忆是损益汇总；暗恋是收不回的呆账。

子女是投资收益（或投资损失）只有到了某一时刻才显出价值。结婚就像固定资产，爱情的长短就像折旧方式，长的叫平均年限法，短的叫加速折旧法，贪图物质是工作量法，离婚是提前报废。与自己爱的人结合是应付账款，与爱自己的人结合是应收账款，中途变心是坏账。

你能够理解这些会计科目及相关会计术语吗？

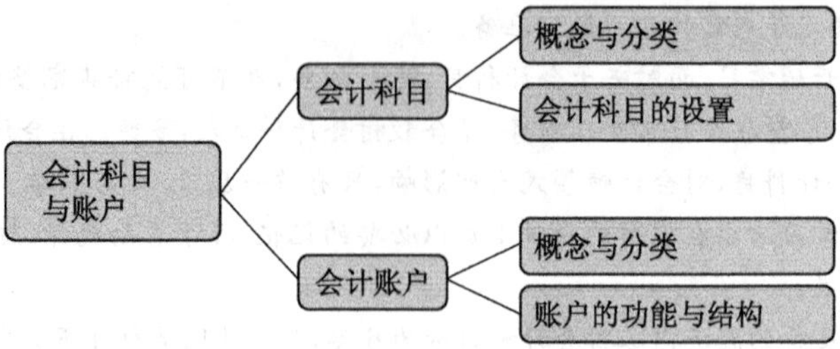

图 3-1　本章结构关系图

内容精讲

第一节 会 计 科 目

会计要素是对会计对象的基本分类，分为这六项会计要素仍显得过于粗略，难以满足各有关方面对会计信息的需要，对会计要素作进一步细分便形成了会计科目。

一、会计科目的概念与分类

（一）会计科目的概念

会计科目简称科目，是对会计要素的具体内容进行分类核算的项目。它是会计核算的专门方法之一，是对资金运动第三层次的划分。

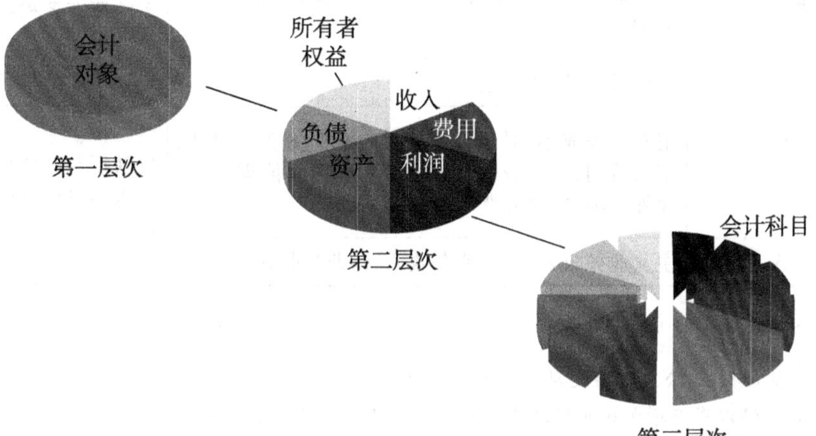

图 3-2 会计科目是对资金运动第三层次的划分

（二）会计科目的分类

1. 按经济内容

通常可以分为资产类、负债类、所有者权益类、成本类、损益类、共同类科目。

(1) 资产类科目：按资产的流动性分为反映流动资产的科目和反映非流动资产的科目。

(2) 负债类科目:按负债的偿还期限分为反映流动负债的科目和反映非流动负债的科目。

(3) 所有者权益类科目:按所有者权益的形成和性质可分为反映资本的科目和反映留存收益的科目。

(4) 成本类科目:按成本的不同内容和性质可分为反映制造成本的科目和反映劳务成本的科目。

(5) 损益类科目:按损益的不同内容可以分为反映收入的科目和反映费用的科目。

(6) 共同类科目,是既有资产性质又有负债性质的科目,如"清算资金往来""外汇买卖""衍生工具""套期工具""被套期项目"等科目。

在会计基础业务中共同类科目基本不会涉及,接下来我们主要研究其他五类与会计要素的关系。

表 3-2 会计科目与会计要素

会计要素	举 例	会计科目
资 产	库存现金、应收账款、原材料、固定资产	反映资产的科目
负 债	短期借款、应付账款、应交税费	反映负债的科目
所有者权益	实收资本、资本公积、盈余公积、本年利润、利润分配	反映所有者权益的科目
费 用	生产成本、制造费用	反映成本的科目
	主营业务成本、其他业务成本、营业税金及附加、销售费用、管理费用、财务费用、资产减值损失、营业外支出、所得税费用	反映损益的科目(包括反映收入的科目、反映费用的科目)
收 入	主营业务收入、其他业务收入、营业外收入	

投资收益、公允价值变动损益也是损益类科目。
利润最终以资产增加或负债减少的形式表现在其他会计科目中。

【互动 3-1】 单选题·"制造费用"科目按其所归属的会计要素不同,属于( )类科目。

A. 成本 B. 负债 C. 损益 D. 资产

【互动 3-2】 多选题·下列账户属于损益类账户的有( )。

A. 主营业务成本 B. 生产成本 C. 其他业务成本 D. 管理费用

2. 按其提供核算指标详细程度

根据会计科目所提供会计指标的详细程度不同，可将会计科目分为一级科目、二级科目、三级科目。某企业“原材料”科目级次关系，如表 3-3 所示。

表 3-3　“原材料”明细科目

总分类科目（一级科目）	明细分类科目	
	二级科目（子目）	三级科目（细目）
原材料	原料及主要材料	圆钢
		生铁
	辅助材料	润滑油
		防锈剂
	燃料	汽油
		煤油

（1）总分类科目又称总账科目或一级科目，是对会计要素的具体内容进行总括分类，提供总括信息的会计科目。为了便于宏观经济管理，一级科目由财政部统一规定。表3-4列示了常用的一级会计科目。

（2）明细分类科目又称明细科目，是对总分类科目作进一步分类，提供更为详细和具体会计信息的科目。如果某一总分类科目所属的明细分类科目较多，可在总分类科目下设置二级明细科目，在二级明细科目下设置三级明细科目。

二级科目也称子目，是指在一级科目的基础上，对一级科目所反映的经济内容进行较为详细分类的会计科目。有些二级科目原则上也是由国家统一规定的；有些二级科目是企业根据经营管理需要自行设置的。例如，在“原材料”科目下，按材料类别开设“原料及主要材料”“辅助材料”“燃料”等二级科目。

三级科目也称细目，是指在二级科目的基础上，对二级科目所反映的经济内容进行进一步详细分类的会计科目。例如，在“原料及主要材料”二级科目下，按材料的品种、规格开设明细科目。大多数的明细科目是由企业依据国家统一规定的会计科目和要求，根据经营管理的需要自行设置的。

【互动 3-3】 单选题·会计科目按其所提供信息的详细程度及其统驭关系不同，分为（　　）和明细分类科目。

A. 二级明细科目　B. 总分类科目　C. 三级明细科目　D. 特殊明细科目

综上所述，一级科目是最高层次的会计科目，控制或统驭着二级科目和明细科目；二级科目是对一级科目的补充说明，控制或统驭着明细科目，是介于一级科目和明细科目之间，起沟通作用的会计科目；明细科目是对二级科目或一级科目更为详细的补充说明。

应当说明的是，并不是所有的一级科目都需分设二级和三级科目，根据信息使用者所需不同信息的详细程度和企业实际情况可灵活设置。

二、会计科目的设置

（一）会计科目设置的原则

各单位由于经济业务活动的具体内容、规模大小与业务繁简程度等情况不尽相同，在具体设置会计科目时，应考虑其自身特点和具体情况，但设置会计科目时都应遵循合法性原则、相关性原则和实用性原则。

会计科目的设置要遵循以下原则。

1. 合法性原则

在我国，总分类科目原则上由财政部统一制定，主要是为了保证会计信息的可比性。企业可以根据自身的生产经营特点，在不影响会计核算要求，以及对外提供统一的财务会计报表的前提下，自行增设、减少或合并某些会计科目。

2. 相关性原则

实用性原则是指会计科目要满足有关方面(对外报告、对内管理)的需要。

3. 实用性原则

实用性原则是指所设置的会计科目应符合单位自身特点，满足单位实际需要。

（二）常用会计科目

表 3-4　会计科目表(简化)

编号	名　称	编号	名　称
	一、资产类	1131	应收股利
1001	库存现金	1132	应收利息
1002	银行存款	1221	其他应收款
1012	其他货币资金	1231	坏账准备
1101	交易性金融资产	1401	材料采购
1121	应收票据	1402	在途物资
1122	应收账款	1403	原材料
1123	预付账款	1404	材料成本差异

（续表）

编号	名　称	编号	名　称
1405	库存商品	1901	待处理财产损溢
1406	发出商品		二、负债类
1407	商品进销差价	2001	短期借款
1408	委托加工物资	2201	应付票据
1411	周转材料	2202	应付账款
1471	存货跌价准备	2203	预收账款
1481	持有代售资产	2211	应付职工薪酬
1482	持有代售资产减值准备	2221	应交税费
1501	持有至到期投资	2231	应付利息
1502	持有至到期投资减值准备	2232	应付股利
1503	可供出售金融资产	2241	其他应付款
1511	长期股权投资	2501	长期借款
1512	长期股权投资减值准备	2502	应付债券
1521	投资性房地产	2701	长期应付款
1531	长期应收款	2702	未确认融资负债
1532	未实现融资收益	2711	专项应付款
1601	固定资产	2801	预计负债
1602	累计折旧	2901	递延所得税负债
1603	固定资产减值准备		三、共同类(略)
1604	在建工程		四、所有者权益类
1605	工程物资	4001	实收资本
1606	固定资产清理	4002	资本公积
1621	生产性生物资产	4003	其他综合收益
1622	生产性生物资产累计折旧	4101	盈余公积
1631	油气资产	4103	本年利润
1632	累计折耗	4104	利润分配
1701	无形资产	4201	库存股
1702	累计摊销		五、成本类
1703	无形资产减值准备	5001	生产成本
1711	商誉	5101	制造费用
1801	长期待摊费用	5201	劳务成本
1811	递延所得税资产	5301	研发支出

（续表）

编号	名　称	编号	名　称
	六、损益类	6402	其他业务成本
6001	主营业务收入	6403	税金及附加
6051	其他业务收入	6601	销售费用
6101	公允价值变动损益	6602	管理费用
6111	投资收益	6603	财务费用
6112	资产处置损益	6701	资产减值损失
6113	其他收益	6711	营业外支出
6301	营业外收入	6801	所得税费用
6401	主营业务成本	6901	以前年度损益调整

本科目表金融类科目未采用新金融准则科目。

测试 3.1

第二节　账　　户

一、账户的概念与分类

（一）账户的概念

为了提供企业内部经营管理和外部有关方面所需要的各种核算资料，还必须根据规定的会计科目在账簿中开设账户，对各项经济业务进行分类、系统、连续的记录。

账户是根据会计科目设置的，具有一定格式和结构，用于分类反映会计要素增减变动情况及其结果的载体。

（二）账户的分类

账户可根据其核算的经济内容、提供信息的详细程度及其统驭关系进行分类。

1. 根据核算的经济内容

账户分为资产类账户、负债类账户、共同类账户、所有者权益类账户、成本类账户和损益类账户六类（与会计科目分类一致）。其中，有些资产类账户、负债类账户和所有者权益类账户存在备抵账户。备抵账户又称抵减账户，是指用来抵减被调整账户余额，以确定被调整账户实有数额而设置的独立账户。

2. 根据提供信息的详细程度及其统驭关系

账户分为总分类账户和明细分类账户。总分类账户和所属明细分类账户核算的内容相同，只是反映内容的详细程度有所不同，两者相互补充，相互制约，相互核对。总分类账户统驭和控制所属明细分类账户，明细分类账户从属于总分类账户。

二、账户的功能与结构

(一) 账户的功能

账户的功能在于连续、系统、完整地提供企业经济活动中各会计要素增减变动及其结果的具体信息。

(二) 账户的结构

经济业务所引起的各项会计要素的变动，从数量上看不外乎增加和减少两种情况，因此，用来分类记录经济业务的账户，在结构上也相应地分为两个基本部分，即用以分别记录各项会计要素增加和减少的数额。账户的基本结构，通常划分为左、右两方，每方再根据实际需要分为若干栏次，用以登记有关资料。账户的格式可以多种多样，但账户的基本结构一般应包含下列内容：

(1) 账户名称，即会计科目。

(2) 会计事项发生的日期。

(3) 凭证号数，即表明账户记录的依据。

(4) 摘要，即经济业务的简要说明。

(5) 金额，即增加额、减少额和余额。

一般账户的格式，如表 3-5 所示。

表 3-5 账户的基本结构

账户名称(会计科目)

年		凭证号数	摘要	增加	减少	金额
月	日					

账户的基本结构可以简化为“T”字形账户，简称为“T”账户，如表 3-6 所示。

表 3-6 “T”字形账户

账户名称(会计科目)	

这种格式很像英文字母“T”，所以称为“T”字形账户。至于账户左、右两方的名称及用哪一方登记增加额，用哪一方登记减少额，则取决于所采用的记账方法和各该账户所记录的经济业务内容，这些我们将在借贷记账部分介绍。

(三) 账户的使用

各单位在会计核算工作中必须依据会计科目开设账户。

首先，应当根据会计科目，按经济内容的分类开设账户。例如，应当开设资产账户、负债账户、所有者权益账户、成本账户和损益账户。

其次，应当根据会计科目划分的一级科目、二级科目及三级科目开设账户，即根据总分类科目开设总分类账户，用以登记各项经济业务，提供各种总括分类的核算资料；根据二级和三级科目开设明细分类账户，用以登记各项经济业务，提供各种具体的、详细的分类核算资料。

表 3-7 总账(某账页的一部分)

总　　账　　　第 51 号

科目＿＿＿＿＿＿

年		凭证		摘要	借方											√	贷方											√	借或贷	余额											√
月	日	字	号		亿	千	百	十	万	千	百	十	元	角	分		亿	千	百	十	万	千	百	十	元	角	分			亿	千	百	十	万	千	百	十	元	角	分	

表 3-7 左、右两方的金额栏，其中一方记录增加额，一方记录减少额。增减金额相抵后的差额，称为账户余额。因此，在账户中所记录的金额，可以分为期初余额、本期增加额、本期减少额和期末余额。

期初余额是指将上期的期末余额转入本期的金额。

本期增加额是指一定时期(如月份、季度或年度)内账户所登记的增加金额的合计，也称本期增加发生额。

本期减少额是指一定时期(如月份、季度或年度)内账户所登记的减少金额的合计，也称本期减少发生额。

期末余额是指在没有期初余额的情况下，本期增加发生额和本期减少发生额相抵后的差额，也就是在一定时期的期末结出的账户余额。

本期增加发生额和本期减少发生额属于动态核算指标，反映有关会计要素的增减变动情况。期初余额和期末余额属于静态核算指标，反映有关会计要素的具体内容增减变动的结果。

上述四项金额的关系，可以用下列等式表示：

期末余额＝期初余额＋本期增加发生额－本期减少发生额

每个账户的本期增加发生额和本期减少发生额都应分别记入各该账户左、右两方的金额栏，以便于分别计算增、减发生额和余额。如果在左方记增加额，则在右方记减少额，余额必在左方；反之，如果在右方记增加额，则在左方记减少额，余额必在右方。

三、账户与会计科目的关系

从理论上讲，会计科目与账户是两个不同的概念，两者既有联系，又有区别。会计科目与账户都是对会计对象具体内容的分类，两者核算内容一致，性质相同。会计科目是账户的名称，也是设置账户的依据；账户是会计科目的具体运用，具有一定的结构和格式，并通过其结构反映某项经济内容的增减变动及其余额。

表 3-8　会计科目与账户的关系

联　系	区　别
分类的对象一致	从时间上看，会计科目分类规范在前
设置的原则一致	从设置上看，会计科目具有统一性，账户具有相对的灵活性

📖 没有会计科目，就不能设置账户；没有账户，也就无处记录会计对象的具体内容。

☺ 测试 3.2

要点提示

(1) 会计科目的概念,理解其与会计对象、会计要素的关系;

(2) 会计科目的两种分类(经济内容、详细程度),重点掌握按经济内容分类与六类会计要素的关系;

(3) 会计科目设置的原则(国家、有关方面、企业管理)。

(4) 会计账户的概念,账户的两种分类(参考会计科目分类);

(5) 账户的功能,与会计科目的关系;

(6) 账户的组成(五项,即名称、日期、依据、摘要、金额);

(7) 账户的结构,各类金额之间的关系。

第四章　复式记账

学习目标

表 4-1　本章学习目标

能力目标	1. 能够运用借贷记账法编制基本业务的会计分录并开设登记“T”字形账户； 2. 能够完成发生额和余额的试算平衡； 3. 能够完成总账、明细账在“T”字形账户中的平行登记
知识目标	1. 了解复式记账法的概念与种类； 2. 熟悉借贷记账法的原理； 3. 掌握借贷记账法下的账户结构； 4. 了解会计分录的分类； 5. 掌握借贷记账法下的试算平衡

学习指导

关于内容⇨本章主要介绍复式记账法、借贷记账法(含会计分录、试算平衡)等内容。没有复式记账就没有现代会计，借贷记账法是目前普遍采用的复式记账方法，是会计分录、试算平衡等方法的基础。通过本章学习，可为会计分录编制、凭证填制及账簿登记等内容的学习做好准备。

关于方法⇨本章学习的关键是要在理解借贷记账法基本原理的基础上，通过分析常用会计科目和账户增减变动及记账方向和金额，编制会计分录并完成后续工作。借贷记账法的关键是围绕“资产＋费用＝负债＋所有者权益＋收入”这一公式，明确资产增加在左，则减少在右，费用处理与资产一致，权益类账户与资产相好相反。

融会贯通⇨本章是企业业务核算的基础，应重点掌握借贷记账法下不同性质账户的结构和记账规则、借贷记账法的试算平衡、基础会计分录的编写。借贷记账法对于后续学习和会计核算工作十分重要，需在理解的基础上适当加强练习。

本章导入

在一个班级中，大家通常会推选一位生活委员管理班费，生活委员一般会根据业务发生日期做一个流水账。在会计记账方法中，有种方法叫单式记账法，它是只在一个账户中记录经济业务，一般只记录现金的收付和人欠、欠人等往来账项的一种记账方法。例如，用现金 100 元支付某种费用，记账时只记现金减少 100 元，至于费用的发生情况就略而不记了。又如，当购买材料而货款尚未支付时，只记债务的增加，而不记材料的增加。即使有时也记实物账，不过各记各的，账户之间的记录没有直接联系，账户记录也没有相互平衡的概念。由此可见，单式记账法是一种比较简单、不完整的记账方法。采用单式记账法，不能全面、系统地反映经济业务的来龙去脉，也不便于检查账户记录的正确性和完整性。单式记账法的这个特点，决定了它是一种不科学的记账方法。目前，我国的企业、行政和事业单位均不采用这种记账方法。

如果你是生活委员，为了更加清楚地反映经济业务的来龙去脉，你认为应该如何记录班级日常收支？

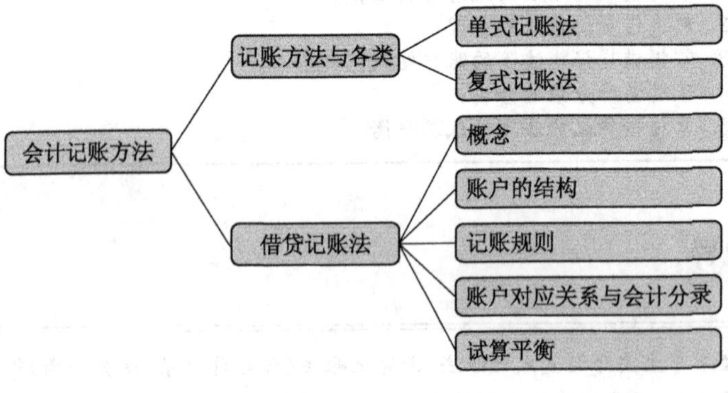

图 4-1　本章结构关系图

内容精讲

第一节　会计记账方法的种类

记账方法是根据一定的原理、记账符号，采用一定的计量单位，利用文字和数字，将经济业务发生所引起的各会计要素的增减变动在有关账户中进行记录的方法。记账方法按其登记经济交易与事项方式的不同，可划分为单式记账法与复式记账法两种。

一、单式记账法

单式记账法 对发生的每一项经济业务，只在一个账户中加以登记的记账方法。它在记账时，重点考虑的是库存现金、银行存款以及债权、债务方面发生的交易或事项，因此它是一种比较简单的、不完整的记账方法。它不能全面、系统地反映交易或事项的来龙去脉，也不便于检查、核对账户记录的正确性。这种方法已经被淘汰。

二、复式记账法

（一）复式记账法的概念

复式记账法 是指对于每一笔经济业务，都必须用相等的金额在两个或两个以上相互联系的账户中进行登记，全面系统地反映会计要素增减变化的一种记账方法。

（二）复式记账法的优点

复式记账法与单式记账法相比有两个明显的优点：①对发生的各项经济业务，都要按规定的会计科目，至少在两个账户上相互联系地进行分类记录；②对记录的结果可以进行试算平衡。

复式记账以一个企业的资产总额与权益总额必然相等的平衡关系作为反映生产经营活动的记账基础，使记账有一个完整的计算和反映体系，在记录上有着相互联系的关系，从而对企业经济活动能够起到全面控制的作用。与单式记账相比，复式记账的建立和使用，使得会计上对企业经济活动的核算和监督更完备、更科学。

表 4-2 单式记账法和复式记账法的比较

经济业务	单式记账法	复式记账法
1. 用现金 200 元支付办公用品	现金账户记录现金减少 200 元	库存现金减少 200 元 管理费用增加 200 元
2. 出售产品一批价值 500 元，收到现金 300 元，200 元货款未收	现金增加 300 元 人欠增加 200 元	库存现金增加 300 元 应收账款增加 200 元 销售收入增加 500 元

（续表）

经济业务	单式记账法	复式记账法
3. 收到购买人欠款 200 元	现金增加 200 元 人欠减少 200 元	库存现金增加 200 元 应收账款减少 200 元
4. 生产甲产品领用材料 1 000 元	不作记录	生产成本增加 1 000 元 原材料减少 1 000 元

【互动 4-1】多选题·下列有关复式记账法的表述中，正确的有（　　）。

A. 复式记账法一般应在两个或两个以上会计科目中登记，但有时也在一个会计科目中登记

B. 复式记账法能如实反映资金运动的来龙去脉

C. 复式记账法便于检查会计科目的记录是否正确

D. 我国所有企事业单位都必须统一采用复式记账法中的借贷记账法进行会计核算

（三）复式记账法的种类

复式记账法可分为借贷记账法、增减记账法和收付记账法等。借贷记账法是目前国际上通用的记账方法，我国《企业会计准则——基本准则》规定，企业应当采用借贷记账法记账。

☺ **测试 4.1**

第二节　借贷记账法

一、借贷记账法的概念

借贷记账法是以"借"和"贷"作为记账符号的一种复式记账法。

借贷记账法产生至今已有数百年的时间，它是国际上通行的记账方法。我国于 1993 年 7 月，改革了过去几种记账方法并行的做法，统一了记账方法，规定企业一律采用借贷记账法，从此，使我国的记账方法符合国际惯例，使用世界通行的"会计语言"。

借贷记账法用“借”“贷”作为记账符号，将会计科目左方称为借方，右方称为贷方。

拓展阅读

“借”“贷”的含义

数百年前借贷记账法产生的时候，“借”“贷”的含义最初是从借贷资本家的角度来解释的，它仅仅表示债权(应收款)和债务(应付款)的增减变动，即在账户中分两方来登记债权人和债务人的关系。账户的一方登记收进的存款，记在贷主名下，表示债务；另一方登记付出的放款，记在借主名下，表示债权。这是借贷记账法的“借”“贷”二字的由来。后来，随着商品经济的发展，经济活动的范围日益扩大，经济活动的内容日益复杂，记账对象也随之有所扩大，在账簿中不仅要登记债权、债务的借贷关系，而且要登记财产物资和财务收支的增减变化。因而“借”“贷”就失去了原来的意义，转化为单纯的记账符号，变成会计上的专门术语，也可以理解为账户中两个对立的记账部位和方向，表示对每一经济业务应该记录哪些相互依存又相互对立的账户部位，即“借方”或“贷方”。

借贷记账法下，所有账户的借方和贷方按相反方向记录增加数和减少数，即一方登记增加额，另一方就登记减少额。至于“借”表示增加，还是“贷”表示增加，则取决于账户的性质与所记录经济内容的性质。

【互动 4-2】 单选题 · 下列关于借贷记账法的表述中，正确的是(　　)。

A. 在借贷记账法下，“借”代表增加，“贷”代表减少

B. 在借贷记账法下，“借”代表减少，“贷”代表增加

C. 在借贷记账法下，可以利用试算平衡检查出所有记账错误

D. 借贷记账法是复式记账法的一种

二、借贷记账法下账户的结构

(一) 借贷记账法下账户的基本结构

在借贷记账法下，任何账户都分为借方和贷方两个基本部分，通常左方为借方，右方

为贷方。账户的一般格式可用"T"字形账户表示，如表 4-3 所示。

表 4-3 "T"形账户的形式

借	账户名称(会计科目)	贷

根据"资产＝权益"等式，可以将全部账户根据其记录的经济内容分为资产账户和权益账户两大类。由于权益包括负债和所有者权益，根据"资产＝负债＋所有者权益"的会计恒等式，权益账户应包括负债类账户和所有者权益类账户。

通常，资产、成本和费用类账户的增加用"借"表示，减少用"贷"表示；负债、所有者权益和收入类账户的增加用"贷"表示，减少用"借"表示。备抵账户的结构与所调整账户的结构正好相反。

企业取得收入和发生费用，最终会导致所有者权益发生变化。根据"资产＝负债＋所有者权益＋收入－费用"的会计恒等式，收入的增加可以视同为所有者权益的增加，费用的增加则可以视同为所有者权益的减少。这就决定了收入类账户的结构应与所有者权益类账户保持一致，费用类账户的结构与所有者权益类账户的结构相反，而与资产类账户的结构保持一致。

因此，根据"资产＋费用＝负债＋所有者权益＋收入"的会计恒等式，属于资产账户结构的包括资产类账户、成本费用类账户；属于权益账户结构的包括负债类账户、所有者权益类账户和收入类账户。

【互动 4-3】 单选题 · 借贷记账法的理论依据是(　　)。

A. 借贷平衡　　B. 有借必有贷

C. 复式记账法　　D. 资产＝负债＋所有者权益

涉及会计科目只要根据以下原则判断：

资产增加记左边(借方)，减少记右边(贷方)。

根据"资产＋费用＝负债＋所有者权益＋收入"，费用与资产做账方向一致，负债、所有者权益、收入与资产做账方向相反，即增加记右边(贷方)，减少记左边(借方)。

拓展阅读

男左女右与左借右贷

在我们的日常生活中，男左女右，好像约定俗成地渗透到了我们社会生活的各个方面。公共厕所，男左女右；戴婚戒，男左女右；另外，还有照结婚照，夫妻二人出席某些礼仪场合等，男的往往在左边，女的往往在右边。如果颠倒了位置，就会有人笑话，说是违反了"男左女右"的习俗。

在我国封建社会中，许多事物都有尊卑高低之分，就连东西南北、前后左右也不例外。古代很多朝代，除了南尊北卑之外，在东、西方向上，还以东为首，以西为次。皇后和妃子们的住处分为东宫、西宫，而以东宫为大、为正，西宫为次、为从；供奉祖宗牌位的太庙，要建在皇宫的东侧。现代汉语中的"东家""房东"等也由此而来。

除了东西南北之外，表示方向的前后左右也有尊卑高低之分。古代皇帝是至尊，他面南背北而坐，其左侧是东方。因此在崇尚东方的同时，"左"也跟着高贵起来。三国时期的东吴占据江东，也称江左。文左武右的仪制，男左女右的观念等，都是尊左的反映，有些习俗甚至延续至今。

男左女右其实是尊男的体现，我们不妨借用这个说法，尊男当然男孩子就是资产啦，俗话说"嫁出去的女儿泼出去的水"，女孩子暂看做负债，既然男左女右，男孩子又是资产，所以资产增加当然做在左边啦！需要指出，本段内容只是帮助初学者形象理解借贷记账原理，请不要做其他解读。

（二）资产和成本类账户的结构

1. 资产账户的结构

对用来记录资产的账户，资产的增加额记入账户的借方，减少额记入账户的贷方，账户若有期末余额，一般为借方余额，表示期末资产余额。资产类账户的结构，如表 4-4 所示。

表 4-4　资产类账户

借　　资产类账户账户名称(会计科目)　　贷

借	贷
期初余额	
本期增加额	本期减少额
期末余额	

资产账户的期末余额可根据下列公式计算：

借方期末余额＝借方期初余额＋借方本期发生额－贷方本期发生额

2. 成本、费用账户的结构

对用来记录成本、费用的账户，成本费用的增加额记入账户的借方，减少额或转销额记入账户的贷方，费用类会计科目期末通常没有余额，成本类如有余额，必定为借方余额，表示期末资产余额。成本费用类账户的结构，如表 4-5 所示。

表 4-5　成本费用类账户

借　　费用账户名称(会计科目)　　贷

本期增加额	本期减少额

借　　成本账户名称(会计科目)　　贷

期初余额	
本期增加额	本期减少额
期末余额	

上述表明，资产账户（包括资产、成本费用类账户）的结构是：增加额登记在账户的借方；减少额（或转销额）登记在账户的贷方；期末如有余额，应为借方余额。

【互动 4-4】 单选题 ·“应收账款”账户的月末余额等于(　　)。

A. 期初余额＋本期借方发生额－本期期末余额

B. 期末余额－本期贷方发生额＋本期借方发生额

C. 期初余额＋本期借方发生额－本期贷方发生额

D. 本期借方发生额＋本期贷方发生额－本期期初余额

(三) 权益账户的结构

1. 负债账户的结构

对用来记录负债的账户，负债的增加额记入账户的贷方，减少额记入账户的借方，账户若有期末余额，一般为贷方余额，表示期末负债余额。负债类账户的结构，如表 4-6 所示。

表 4-6 负债类账户

借	账户名称(会计科目) 贷
	期初余额
本期减少额	本期增加额
	期末余额

负债账户的期末余额可根据下列公式计算：

贷方期末余额＝贷方期初余额＋贷方本期发生额－借方本期发生额

2. 所有者权益账户的结构

用来记录所有者权益的账户，其结构与负债账户的结构相同，即所有者权益的增加额记入账户的贷方，减少额记入账户的借方，账户若有期末余额，一般为贷方余额，表示期末所有者权益余额。所有者权益类账户的结构，如表 4-7 所示。

表 4-7 有者权益类账户

借	账户名称(会计科目) 贷
	期初余额
本期减少额	本期增加额
	期末余额

3. 收入账户的结构

对用来记录收入的账户，收入的增加额记入账户的贷方，减少额或转销额记入账户的借方。期末时，本期收入增加额减去本期收入减少额后的差额，应转入有关所有者权益账户，所以收入类会计科目期末通常没有余额。收入类账户的结构，如表 4-8 所示。

表 4-8 收入类账户

借	账户名称(会计科目) 贷
本期减少额或转销额	本期增加额

上述表明，权益账户(包括负债、所有者权益、收入类账户)的结构是：增加额登记在账户的贷方，减少额(或转销额)登记在账户的借方，期末如有余额，应为贷方余额。

总括以上说明，资产和权益两大类账户的结构是相反的。在借贷记账法下，账户余额的方向表示账户的性质，即借方余额说明账户属于资产类；贷方余额说明账户属于权益类。这是借贷记账法的一个特点。对于某些反映双重性质业务的账户，可以根据其余额来判断账户的性质。

【互动 4-5】单选题·年末所有损益类科目的余额均为零，表明（　　）。

A. 当年利润一定是负数

B. 当年利润一定是正数

C. 损益类科目发生额在结账时均已转入“本年利润”科目

D. 当年利润一定是零

根据以上对各类账户结构的说明，可以将账户借方和贷方所记录的经济内容加以归纳，如表 4-9 所示。

表 4-9 各账户结构

借	贷
资产的增加	资产的减少
成本费用的增加	成本费用的减少
负债的减少	负债的增加
所有者权益的减少	所有者权益的增加
收入的减少	收入的增加

（表头中间：账户名称（会计科目））

【互动 4-6】多选题·下列账户内部关系中，正确的是（　　）。

A. 资产类账户期末余额＝期初余额＋本期借方发生额－本期贷方发生额

B. 资产类账户期末余额＝期初余额＋本期贷方发生额－本期借方发生额

C. 权益类账户期末余额＝期初余额＋本期借方发生额－本期贷方发生额

D. 权益类账户期末余额＝期初余额＋本期贷方发生额－本期借方发生额

三、借贷记账法的记账规则

记账规则是指记录经济交易或事项时所应遵循的规则。

借贷记账法的记账规则是“有借必有贷，借贷必相等”。即当发生经济交易或事项时，企业必须按照相同的金额，一方面记入一个或几个会计科目的借方，另一方面同时记入一个或几个会计科目的贷方，借方金额合计与贷方金额合计必须相等。

现互动说明借贷记账法的记账规则。

【例 4-1】 5 日，从银行存款中提取现金 800 元备用。

> ☞ 这项经济业务的发生，一方面使公司的库存现金这一资产项目增加了 800 元，另一方面使公司的银行存款这一资产项目也相应地减少了 800 元。因此，这项经济业务涉及“库存现金”和“银行存款”这两个账户。资产的增加，应记在“库存现金”账户的借方，资产的减少，应记在“银行存款”账户的贷方。这项经济业务登账的结果见表 4-10。

表 4-10 登账(1)

银行存款		库存现金	
期初余额 19 000		期初余额 1 000	
	① 800	① 800	

【例 4-2】 7 日，向银行借款 20 000 元偿还前欠外单位货款。

> ☞ 这项经济业务的发生，一方面使银行借款这一负债项目增加了 20 000 元，另一方面使应付账款这一负债项目相应地减少了 20 000 元。因此，这项经济业务涉及“短期借款”和“应付账款”这两个账户。负债的增加，应记在“短期借款”账户的贷方，负债的减少，应记在“应付账款”账户的借方。这项经济业务登账的结果见表 4-11。

表 4-11 登账(2)

短期借款		应付账款	
	期初余额 20 000		期初余额 2 000
	② 20 000	② 20 000	

【例 4-3】 15 日，从外单位赊购一批材料，金额为 9 000 元。

> ☞ 这项经济业务的发生，一方面使公司的存货这一资产项目增加了 9 000 元，另一方面使公司的应付账款这一负债项目相应地增加了 9 000 元。因此，这项经济业务涉及“原材料”和“应付账款”这两个账户。资产的增加，应记在“原材料”账户的借方，负债的增加，应记在“应付账款”账户的贷方。这项经济业务登账的结果见表 4-12。

表 4-12 登记(3)

应付账款

	期初余额 30 000
② 20 000	③ 9 000

原材料

期初余额 10 000	
	③ 9 000

【例 4-4】 18 日,以银行存款 9 000 元偿还 15 日所欠货款。

☞ 这项经济业务的发生,一方面使公司的银行存款这一资产项目减少了 9 000 元,另一方面使公司的应付账款这一负债项目相应地减少了 9 000 元。因此,这项经济业务涉及"银行存款"和"应付账款"这两个账户。资产的减少,应记在"银行存款"账户的贷方,负债的减少,应记在"应付账款"账户的借方。这项经济业务登账的结果见表 4-13。

表 4-13 登账(4)

银行存款

期初余额 19 000	
	① 800 ④ 9 000

应付账款

	期初余额 3 000
② 20 000 ④ 9 000	③ 9 000

☞ 通过以上所举各例可以看出,对于资产一增一减、权益一增一减、资产和权益同增、资产和权益同减这四大类经济业务,无论哪一类经济业务发生后,在采用借贷记账法记账时,都一律采用"有借必有贷、借贷必相等"的记账规则。

运用借贷记账法记账,要求对发生的每一笔经济业务都应以相等的金额、借贷相反的方向,在两个或两个以上相互联系的账户中进行登记,即在一个账户中记借方,必须同时在另一个或几个账户中记贷方;若在一个账户中记贷方,必须同时在另一个或几个账户中记借方。记入借方的金额必须等于记入贷方的金额。

【互动 4-7】 单选题·下列经济业务中,借记资产类科目,贷记负债类科目的是(　　)。

A. 从银行提取现金　　B. 接受投资　　C. 赊购商品　　D. 以现金偿还债务

四、借贷记账法下的账户对应关系与会计分录

（一）账户的对应关系

账户的对应关系是指采用借贷记账法对每笔交易或事项进行记录时，相关账户之间形成的应借、应贷的相互关系。存在对应关系的账户称为对应账户。

账户对应关系是相对于某项具体的经济业务而言的，并非指某个账户与某个账户是固定的对应账户。例如，从银行存款中提取现金 800 元备用，对这项经济业务，应记入“库存现金”，账户借方 800 元和“银行存款”账户贷方 800 元。这项经济业务使“库存现金”和“银行存款”这两个账户发生了应借、应贷的相互关系，这两个账户就叫做对应账户。又如，以银行存款9 000 元偿还前欠外单位货款。对这项经济业务，应记入“应付账款”账户借方 9 000 元和“银行存款”账户贷方 9 000 元。在这项经济业务下，“应付账款”账户又与“银行存款”账户发生了应借、应贷的相互关系，“银行存款”账户与“应付账款”账户又成为对应账户。

（二）会计分录

按照账务处理程序，在账户中记录任何一项经济业务，都必须以记账凭证为依据。为了保证记账的正确性，在将经济业务记入账户之前，应先对每项经济业务进行分析，根据经济业务所涉及的账户及其记账的借贷方向和金额，编制会计分录。

1. 会计分录的含义

会计分录简称分录，是指对某项经济交易或事项标明其应借应贷会计科目及其金额的记录。在实际工作中，会计分录习惯通过编制记账凭证进行，它是根据经济业务的原始凭证在记账凭证中编制的。会计分录包括借贷方向、科目名称、金额三个要素。

平时编制会计分录时要注意格式，一般是先借后贷、上借下贷或左借右贷。一般“贷”字应对齐借方会计科目的第一个字、金额要错开写，如图 4-2 所示。

借：库存现金　　1 000
　贷：银行存款　　　1 000

图 4-2　会计分录示例

【互动 4-8】 单选题·会计分录的基本内容不包括（　　）。

A. 应记账户的名称　B. 应记账户的方向　C. 应记账户的金额　D. 应记入账的时间

2. 会计分录的分类

会计分录按其结构不同，分为简单会计分录和复合会计分录。

简单会计分录 指只涉及两个对应账户所组成的会计分录。

复合会计分录 指涉及两个以上对应账户所组成的会计分录。

表 4-14　简单会计分录与复合会计分录的区别

<table>
<tr><th></th><th>简单会计分录</th><th>复合会计分录</th></tr>
<tr><td>账户关系</td><td>一借一贷</td><td>一借多贷、一贷多借或多借多贷</td></tr>
<tr><td rowspan="3">分录格式</td><td rowspan="3">借：×××科目　　金额
　贷：×××科目　　金额</td><td>借：×××科目　　金额
　贷：×××科目　　金额
　　　×××科目　　金额</td></tr>
<tr><td>借：×××科目　　金额
　贷：×××科目　　金额
　　　×××科目　　金额</td></tr>
<tr><td>借：×××科目　　金额
　　……　　……
　贷：×××科目　　金额
　　　……　　……</td></tr>
<tr><td>优点</td><td>简单明了</td><td>既可以集中反映某项经济业务的全面情况，又可以简化记账手续</td></tr>
</table>

为了保证账户对应关系的清晰性，一般不宜编制多借多贷的会计分录。特别不能把不同类型的经济业务合并编制多借多贷的会计分录，因为从多借多贷的会计分录中无法看出账户的对应关系，从而无法了解经济业务的实际情况。

3. 会计分录的编制

为了保证账簿记录的正确性，在经济交易或事项登记入账前需要做到以下几点：

第一，分析经济交易或事项涉及的会计要素。

第二，确定涉及哪些会计科目，是增加还是减少。

第三，确定涉及科目方向，哪个（或哪些）会计科目记借方，哪个（或哪些）会计科目记贷方。

第四，确定应借应贷会计科目是否正确，借贷方金额是否相等。

现仍以[例 4-1]至[例 4-4]中所举的四项经济业务为例，说明会计分录的编制方法。

【例 4-5】 5 日，从银行存款中提取现金 800 元备用。编制会计分录如下：

借：库存现金　800
　贷：银行存款　800

【例 4-6】 7 日，向银行借款 20 000 元偿还前欠外单位货款。编制会计分录如下：

借：应付账款　20 000
　贷：短期借款　20 000

【例 4-7】 15 日，从外单位赊购一批材料，金额为 9 000 元。编制会计分录如下：

借：原材料　9 000
　贷：应付账款　9 000

【例 4-8】 18 日，以银行存款 9 000 元偿还 15 日所欠货款。编制会计分录如下：

借：应付账款　9 000
　贷：银行存款　9 000

以上所举会计分录都是以一个账户的借方与另一个账户的贷方相对应组成的简单会计分录，复合会计分录涉及两个以上的账户。

例如，某企业销售一批产品，价款为 30 000 元，其中已收到 12 000 元货款并存入银行，余下的 18 000 元货款尚未收到。

编制会计分录如下：

借：银行存款　12 000
　　应收账款　18 000
　贷：主营业务收入　30 000

上例即是一个复合会计分录。它是由一个贷方账户与两个借方账户相对应组成的。复合会计分录实际上是由若干个简单会计分录合并组成的。如上例复合会计分录是由以下两个简单会计分录组成的：

(1) 借：银行存款　　12 000
　　贷：主营业务收入　　12 000
(2) 借：应收账款　　18 000
　　贷：主营业务收入　　18 000

编制复合会计分录，既可以集中反映某项经济业务的全面情况，又可以简化记账手续。但是，不能把不同类型的经济业务，合并编制成多借多贷的会计分录。因为从多借多贷的会计分录中无法看出账户的对应关系，从而无法了解经济业务的实际情况。

五、借贷记账法下的试算平衡

（一）试算平衡的含义

试算平衡是指根据借贷记账法的记账规则和资产与权益的恒等关系，通过对所有账户的发生额和余额进行汇总计算和比较，来检查记录是否正确的一种方法。

平衡关系主要包括三个方面：

(1) 全部会计科目的借方期初余额合计数＝全部会计科目的贷方期初余额合计数。
(2) 全部会计科目的本期借方发生额合计数＝全部会计科目的本期贷方发生额合计数。
(3) 全部会计科目的借方期末余额合计数＝全部会计科目的贷方期末余额合计数。

上述三方面的平衡关系，可以用来检查会计科目记录的正确性。如果三方面都保持平衡，说明记账工作基本是正确的。通常，把这种检查会计科目记录的工作方法称为试算平衡。

（二）试算平衡的分类

1．发生额试算平衡法

发生额试算平衡是指全部账户本期借方发生额合计与全部账户本期贷方发生额合

计保持平衡。根据借贷记账法"有借必有贷,借贷必相等"的记账规则,来判断一定时期内的会计记录是否正确,即根据本期所有会计科目借方发生额合计与贷方发生额合计的恒等关系,来检验本期发生额的记录是否正确,用公式表示为:

全部会计科目本期借方发生额合计=全部会计科目本期贷方发生额合计

表 4-15 总分类账户本期发生额试算平衡表

20××年1月　　单位:元

账户名称	借方发生额	贷方发生额
库存现金	60 000	51 000
银行存款	340 000	353 400
应收账款	100 000	100 000
材料采购	202 200	122 200
原材料	122 200	82 800
库存商品	134 200	120 780
预付账款	12 000	1 000
固定资产	80 000	0
累计折旧	0	36 000
生产成本	181 300	134 200
制造费用	50 000	50 000
短期借款	30 000	30 000
应付账款	36 000	30 000
应付职工薪酬	51 000	57 000
应交税费	0	16 060
应付股利	0	10 000
预收账款	0	2 000
长期借款	0	0
实收资本	0	230 000
资本公积	50 000	10 000

（续表）

账户名称	借方发生额	贷方发生额
盈余公积	0	2 200
本年利润	163 540	186 000
利润分配	12 200	0
合　计	1 624 640	1 624 640

2. 余额试算平衡法

余额试算平衡是指全部账户借方期末（初）余额合计与全部账户贷方期末（初）余额合计保持平衡。余额试算平衡法的依据是会计恒等式。根据余额时间的不同，余额试算平衡又分为期初余额平衡和期末余额平衡两类。公式分别为：

全部会计科目的借方期初余额合计＝全部会计科目的贷方期初余额合计

全部会计科目的借方期末余额合计＝全部会计科目的贷方期末余额合计

实务中，余额试算平衡是通过编制试算平衡表来完成的。

在会计实务中，可以通过编制“总分类账户余额试算平衡表”进行试算平衡。该表的格式和编制方法，如表4-16所示。

表4-16　总分类账户余额试算平衡表

20××年1月31日　　单位：元

账户名称	借方余额	贷方余额
库存现金	10 000	
银行存款	21 600	
应收账款	6 000	
材料采购	80 000	
原材料	108 400	
库存商品	56 420	
预付账款	11 000	
固定资产	445 000	
生产成本	47 100	
累计折旧		115 000

（续表）

账户名称	借方余额	贷方余额
短期借款		0
应付账款		9 000
应付职工薪酬		15 000
应交税费		16 060
应付股利		10 000
预收账款		2 000
长期借款		0
实收资本		540 000
资本公积		30 000
盈余公积		38 200
本年利润		22 460
利润分配	12 200	
合　计	797 720	797 720

（三）试算平衡表的编制

试算平衡是通过编制试算平衡表进行的。试算平衡表通常是在期末结出各账户的本期发生额合计和期末余额后编制的，试算平衡表中一般应设置"期初余额""本期发生额"和"期末余额"三大栏目，其下分设"借方"和"贷方"两个小栏。各大栏中的借方合计与贷方合计应该平衡相等，否则，便存在记账错误。为了简化表格，试算平衡表也可只根据各个账户的本期发生额编制，不填列各账户的期初余额和期末余额。该表的格式及编制方法，如表 4-17 所示。

表 4-17　总分类账户本期发生额及余额试算平衡表

20××年 1 月　　　　单位：元

账户名称	期初余额		本期发生额		期末余额	
	借方	贷方	借方	贷方	借方	贷方
库存现金	1 000		60 000	51 000	10 000	
银行存款	35 000		340 000	353 400	21 600	
应收账款	6 000		100 000	100 000	6 000	

（续表）

账户名称	期初余额		本期发生额		期末余额	
	借方	贷方	借方	贷方	借方	贷方
材料采购	0		202 200	122 200	80 000	
原材料	69 000		122 200	82 800	108 400	
库存商品	43 000		134 200	120 780	56 420	
预付账款	0		12 000	1 000	11 000	
固定资产	365 000		80 000	0	445 000	
生产成本	0		181 300	134 200	47 100	
制造费用			50 000	50 000		
累计折旧		79 000	0	36 000		115 000
短期借款		0	30 000	30 000		0
应付账款		15 000	36 000	30 000		9 000
应付职工薪酬		9 000	51 000	57 000		15 000
应交税费		0	0	16 060		16 060
应付股利		0	0	10 000		10 000
预收账款		0	0	2 000		2 000
长期借款		0	0	0		0
实收资本		310 000	0	230 000		540 000
资本公积		70 000	50 000	10 000		30 000
盈余公积		36 000	0	2 200		38 200
本年利润		0	163 540	186 000		22 460
利润分配			12 200	0	12 200	
合　计	519 000	519 000	1 624 640	1 624 640	797 720	797 720

在编制试算平衡表时，还应注意以下几点：

首先，必须保证所有会计科目的余额均已记入试算平衡表。

其次，如果试算平衡表借贷不相等，表示会计科目记录肯定有错误，应认真查找，直到实现平衡为止。

最后，即使实现了有关三栏的平衡关系，并不能说明会计科目记录绝对正确，因为有些错误并不影响借贷双方的平衡关系。

一些错记或漏记的情况是试算平衡表无法发现的，因为这些错误没有破坏平衡关系，如：

(1) 一笔经济业务事项重复记录。

(2) 借贷方同时漏记。

(3) 会计分录的借贷方向被颠倒。

(4) 用错会计科目名称。

【互动 4-9】 单选题·在实际工作中，余额试算平衡采用的方式是编制（　　）。

A. 余额表　B. 发生额平衡表　C. 资产负债表　D. 试算平衡表

【互动 4-10】 判断题·只要实现了期初余额、本期发生额和期末余额三栏的平衡关系，就说明账户记录正确。（　　）

【互动 4-11】 单选题·下列错误事项能通过试算平衡查找的有（　　）。

A. 某项经济业务未入账　B. 某项经济业务重复记账

C. 应借应贷账户中借贷方向颠倒　D. 应借应贷账户中金额不等

☺ 测试 4.2

要点提示

(1) 单式记账及复式记账的概念，区别；

(2) 复式记账的特点、种类；

(3) 借贷记账法的概念，账户基本结构（围绕综合会计等式理解）；

(4) 资产成本类账户的结构关系、权益类账户的结构关系；

(5) 借贷记账法的记账规则；

(6) 会计分录的含义、分类（能够编写基本的会计分录）；

(7) 试算平衡的含义、种类（发生额、余额试算平衡）；

(8) 不同试算平衡的依据、编制方法；

(9) 试算平衡无法发现的问题（不影响借贷平衡的错误）。

第五章　企业主要经济业务账务处理

学习目标

表 5-1　本章学习目标

能力目标	1. 能够熟练填制各种原始凭证,能够正确审核各种原始凭证; 2. 能够根据会计分录说明经济业务内容; 3. 能够编制投入资金业务的会计分录,能够编制借入资金业务的会计分录; 4. 能够编制材料采购业务的会计分录,能够编制固定资产购进业务的会计分录; 5. 能够编制生产过程的会计分录(含领用材料、支付职工薪酬、计提折旧等业务),能够进行制造费用的归集和分配,能够计算产品的生产成本; 6. 能够编制产品销售业务的会计分录,能够正确计算营业利润、利润总额和净利润,能够正确编制结转"本年利润"账户的会计分录,能够正确编制利润分配业务的会计分录
知识目标	1. 掌握企业资金的循环与周转过程; 2. 掌握核算企业主要经济业务的会计科目; 3. 掌握企业主要经济业务的账务处理; 4. 掌握企业净利润的计算; 5. 掌握企业净利润的分配

学习指导

关于内容⇨企业主要经济业务账务处理是借贷记账法的具体应用,也是凭证填制、登记账簿、编制报告的基础。本章主要介绍资金筹集、采购、生产、销售及财务成果、利润分配等企业主要经济业务核算内容。通过本章的学习,可以完成企业主要经济业务的会计分录编制,为凭证及账簿的登记、报告编制等内容的学习做好准备。

关于方法⇨本章是基础会计的重点章节，学习成败关系到基础会计课程，甚至整个会计专业课程的掌握，学习的关键是要正确分析经济业务，用会计语言表现经济业务，正确编制会计分录。学习中要时常结合会计科目表，进一步掌握常用会计科目，围绕"资产＋费用＝负债＋所有者权益＋收入"这一等式深化借贷记账法的具体应用，要充分运用"T"字形账户的流转关系图理解各项业务流转及处理。非会计专业同学学习中可适当降低要求，只要能掌握流转关系看懂会计分录；会计专业同学要能独立完成各会计业务分录的编制。

融会贯通⇨本章为全书的重点章节，内容综合性强，难度较大。需要在了解企业日常业务的基础上应用借贷记账法的基本规则，深入领会经济业务中会计信息的表达方式，将业务与财务紧密联系起来。

本章导入

在粮食储备库的社会审计中，审查固定资产和费用类科目，在抽查凭证中发现一笔买狗的会计分录，财务人员把买狗的支出计入了管理费用！慢慢发现关于狗的业务很多，除了买狗的业务外，还有买肉买奶粉的养狗费，有狗咬人的赔偿费，有给狗治病的医疗费，还有大狗死后卖狗皮的收入……

在中午吃饭时，把狗的问题在饭桌上提出，粮库主任先是一愣，然后解释了买狗的理由："狗的问题是这样的，我们粮库的重要职责是为国家看管好粮食，但粮库太大，增加保安人员费用太高又不经济，经研究决定买两只藏獒，一是它夜间可以进行巡逻，如有响动可以充当报警系统；二是狗有一种威慑力，小偷不敢来。"

财务主管接着主人的话说"狗买回来了，难题也出来了，该如何入账呢？就此问题我们财务人员展开了讨论，有人认为应入固定资产，因为狗的寿命和受益期较长，且两只狗能代替五六名保安；有人认为，应计入低值易耗品，因为狗的单位价值在 2 000 元以下，应作存货处理；有人说，进固定资产需要计提折旧，价值会随着使用期限的延长而减少，而狗的价值会随着时间而增加，这不符合客观性原则，低值易耗品也一样，建议将狗计入管理费用进入当期损益。我认为第三种说法有道理，就把它计入管理费用，再说狗也是服务于管理嘛！"

"以后关于狗的问题就更多了，因为买的是小狗，害怕养不活，就买奶粉买肉给它们吃，这些支出入账又作了难，是进'福利费'还是'业务招待费'合适呢？显然因买狗没做固定资产这也不能进'修理维护费'。"

"狗慢慢长大了，夜晚放在院子里值班，白天拴在大门口，让过往行人都知道我们粮库有狗，起到威慑作用。但意外发生了，有一天一个人到粮库办事，不小心让狗咬了一口，我们承担了所有医药费不说，还赔了人家 1 500 块钱。"

"以后有关部门又下文件，说养狗必须有户口，我们又花了 1 万多元，为狗办了户口。"

“以后母狗生了一群小狗，因为母狗是花国家的钱买的，是国有资产，小狗当然是国有资产的孳息了，也是国有资产，为了实现国有资产的保值增值，不能使国有资产游离于账外，我们对小狗的入账问题也费了不少心。”

“还有，去年秋后，一只大狗突然病了，我们找医生给它打针吃药多天，医治无效死亡，因狗是病死的，肉不能吃，埋了，但狗皮卖了60多元，算是减少点国家损失吧！但国家财务制度一再要求收支两条线，卖狗皮的钱和医药费又让我们作难！计入固定资产。”

“因为它符合固定资产的概念，买狗就和买车一样的道理。狗粮就是汽油，狗的防疫针就是汽车的保养，狗的户口就是汽车的保险和车牌，狗死了就和汽车报废一样……不过最难得的是狗生小狗，固定资产不可能在数量上发生变化。小狗应该是固定资产增加一条狗，但是成本是没有的。如果出售小狗，就是营业外收入从人文上说，公司的狗生了小狗，小狗应该不属于公司。如果属于公司，这和以前的奴隶制度没有区别了。小狗应该属于母狗，小狗成年后的身份是自由的，也就是流浪狗。所以说公司的狗生了小狗，应该把小狗交给民政局，由民政局去处理。”

如果你是粮库的财务人员，你认为该如何处理呢?

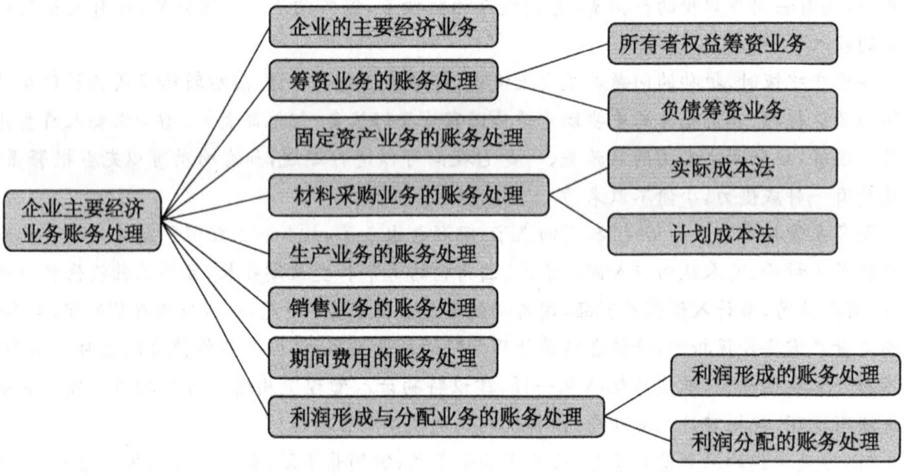

图5-1 本章结构关系图

内容精讲

第一节　企业的主要经济业务

不同企业的经济业务各有特点，其生产经营业务流程也有所不同，本章主要介绍工业企业的资金筹集、设备购置、材料采购、产品生产、商品销售和利润分配等经济业务。工业企业是指主要从事产品生产经营活动，实行独立经济核算，以营利为目的的经济实体。工业企业的资金运动，如图 5-2 所示。

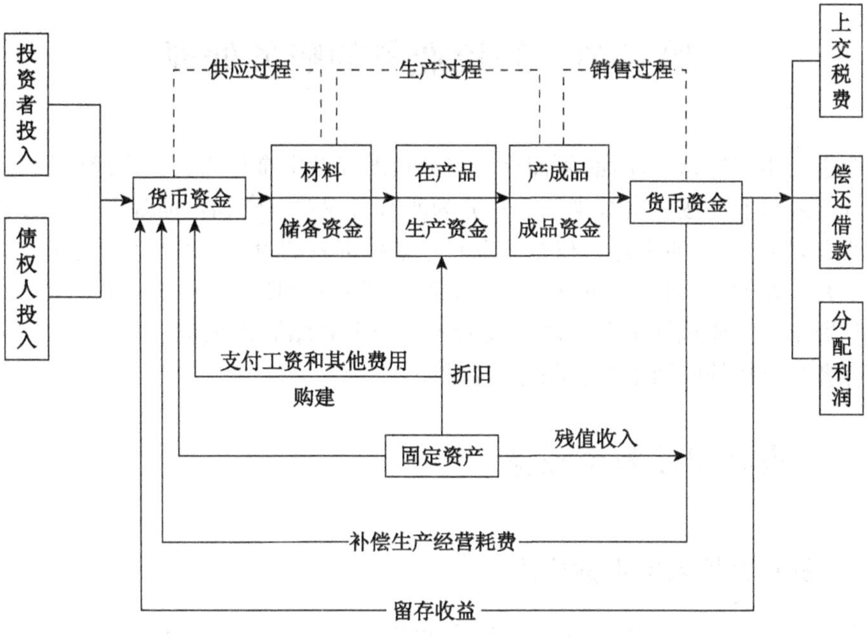

图 5-2　工业企业资金运动图

筹资过程是企业从各个渠道筹集生产经营所需资金进入生产经营准备的过程。

采购过程主要使用货币资金购置机器设备等固定资产，购买原材料等为生产产品做好物资准备，随后进入生产过程。

生产过程也是成本和费用的发生过程，从其变化过程看，原材料等劳动对象通过加工转化为产成品；从价值形态看，生产过程中发生的各种耗费形成企业的生产费用，使用厂房、机器设备等劳动资源形成折旧费用等，这些耗费的总和形成了产品的生产成本。

销售过程是产品价值的实现过程，在销售过程中，企业通过销售产品并办理结算等，收回货款或者形成债权。各项收入抵偿各项成本、费用之后的差额，形成企业的利润，完成一次资金循环。

利润分配过程中，一部分资金退出企业，一部分资金以留存收益等形式继续参与企业的资金流转。

针对企业生产经营过程中发生的上述经济业务，账务处理的主要内容包括：①资金筹集业务的账务处理；②固定资产业务的账务处理；③材料采购业务的账务处理；④生产业务的账务处理；⑤销售业务的账务处理；⑥期间费用的账务处理；⑦利润形成与分配业务的账务处理。

第二节　筹资业务的账务处理

企业进行生产经营活动，必须拥有一定数量的经营资金作为其生产经营活动的基础。企业的资金筹集业务按其资金来源通常分为所有者权益筹资和负债筹资。所有者权益筹资形成所有者的权益（通常称为权益资本），包括投资者的投资及其增值，这部分资本的所有者既享有企业的经营收益，也承担企业的经营风险；负债筹资形成债权人的权益（通常称为债务资本），主要包括企业向债权人借入的资金和结算形成的负债资金等，这部分资本的所有者享有按约收回本金和利息的权利。

一、所有者权益筹资业务

（一）所有者投入资本的构成

所有者投入资本按照投资主体的不同，可以分为国家资本金、法人资本金、个人资本金和外商资本金等。

所有者投入的资本主要包括实收资本（或股本）和资本公积。

实收资本（或股本）是指企业的投资者按照企业章程、合同或协议的约定，实际投入企业的资本金以及按照有关规定由资本公积、盈余公积等转增资本的资金。

资本公积是企业收到投资者投入的超出其在企业注册资本（或股本）中所占份额的投资，以及直接计入所有者权益的利得和损失等。资本公积作为企业所有者权益的重要组成部分，主要用于转增资本。

（二）账户设置

1. “库存现金”账户

库存现金是指企业持有的可随时用于支付、存放在企业财会部门，由出纳人员经管的现金，包括人民币现金和外币现金。

“库存现金”账户属于资产类账户，用来核算企业库存现金的增减变动情况。该账户可以按照币种设置明细分类账户，进行明细分类核算。

2. “银行存款”账户

银行存款是指企业存放在银行和其他金融机构的货币资金。按照国家现金管理和结算制度的规定，每个企业都要在银行开立账户，称为结算户存款，用来办理存款、取款和转账结算。

“银行存款”账户属于资产类账户，用以核算企业存入银行或其他金融机构的各种款项。

银行汇票存款、银行本票存款、信用卡存款、信用证保证金存款、存出投资款、外埠存款等，不在“银行存款”账户核算，而是通过“其他货币资金”账户核算。

该账户借方登记存入的款项，贷方登记提取或支出的存款。期末余额在借方，反映企业存在银行或其他金融机构的各种款项。

该账户应当按照开户银行、存款种类等分别进行明细核算。

3. “实收资本”账户

“实收资本”账户（股份有限公司一般设置“股本”账户）属于所有者权益类账户，用以核算企业接受投资者投入的实收资本。

该账户贷方登记所有者投入企业资本金的增加额，借方登记所有者投入企业资本金的减少额。期末余额在贷方，反映企业期末实收资本（或股本）总额。

该账户可按投资者的不同设置明细账户，进行明细核算。

4. “资本公积”账户

“资本公积”账户属于所有者权益类账户，用于核算企业收到投资者出资额超出其在注册资本或股本中所占份额的部分，以及直接计入所有者权益的利得和损失等。

该账户借方登记资本公积的减少额，贷方登记资本公积的增加额。期末余额在贷方，反映企业期末资本公积的结余数额。

该账户可按资本公积的来源不同，分别按“资本溢价（或股本溢价）”“其他资本公积”

进行明细核算。

表 5-2　所有者权益筹资业务账户的设置

<table>
<tr><th colspan="2">银行存款</th><th colspan="2">库存现金</th></tr>
<tr><td>期初余额：表示企业期初银行存款的实有数额</td><td></td><td>期初余额：表示企业期初库存现金的实有数额</td><td></td></tr>
<tr><td>企业本期增加的银行存款数额</td><td>企业本期减少的银行存款数额</td><td>企业本期增加的库存现金数额</td><td>企业本期减少的库存现金数额</td></tr>
<tr><td>期末余额：表示企业期末银行存款的实有数额</td><td></td><td>期末余额：表示企业期末库存现金的实有数额</td><td></td></tr>
<tr><th colspan="2">实收资本</th><th colspan="2">资本公积</th></tr>
<tr><td></td><td>期初余额：表示企业接受投入资本期初的实有数额</td><td></td><td>期初余额：资本公积期初结存数</td></tr>
<tr><td>企业按法定程序报经批准减少的注册资本数额</td><td>企业实际收到的投资者投入的资本数额</td><td>依法减少的资本公积数额</td><td>接受投资而增加的资本(股本)溢价数额</td></tr>
<tr><td></td><td>期末余额：表示企业期末接受投入资本的实有数额</td><td></td><td>期末余额：资本公积期末累积数</td></tr>
</table>

(三) 账户处理

表 5-3　所有者权益筹资业务的账务处理

<table>
<tr><th colspan="3">业务细分或详细步骤</th><th>会计分录</th><th>备注</th></tr>
<tr><td rowspan="4">资本金投入</td><td rowspan="3">投入资本＝实收资本</td><td>货币资金投入</td><td>借：银行存款
　贷：实收资本——××单位(个人)</td><td rowspan="5">1. 实收资本一般要设明细科目
2. 增值税处理同企业采购业务,详见采购业务处理
3. “投入资本＞法定资本”时,相关资产项目设置同“投入资本＝法定资本”的处理</td></tr>
<tr><td>有形资产投入(如原材料、固定资产)</td><td>借：原材料/固定资产
　　应交税费——应交增值税(进项税额)
　贷：实收资本——××单位(个人)</td></tr>
<tr><td>无形资产投入</td><td>借：无形资产
　贷：实收资本——××单位(个人)</td></tr>
<tr><td colspan="2">投入资本＞实收资本</td><td>借：相关资产项目
　贷：实收资本——××单位(个人)
　　资本公积</td></tr>
<tr><td colspan="3">资本金退出</td><td>借：实收资本——××单位(个人)
　贷：银行存款</td></tr>
</table>

【例 5-1】长江公司(一般纳税企业)于 20×8 年 12 月 2 日取得国家投资 500 000 元(暂不考虑增值税),用于购买 1 台先进设备,款项已经存入银行。其会计分录如下:

借:银行存款　500 000
　贷:实收资本——国家投资　500 000

【例 5-2】长江公司于 20×8 年 12 月 16 日收到天华公司投入的生产用材料一批,该批材料的成本为 100 000 元,双方商定以该批材料的成本作为投资价值(暂不考虑增值税)。

其会计分录如下:

借:原材料　100 000
　贷:实收资本——天华公司　100 000

【例 5-3】长江公司于 20×8 年 12 月 29 日收到兴海公司投入的机器设备 1 台,其公允价值为 180 000 元,双方协商折算为 160 000 元股份份额(暂不考虑增值税)。

其会计分录如下:

借:固定资产　180 000
　贷:实收资本——兴海公司　160 000
　　资本公积　20 000

二、负债筹资业务

(一) 负债筹资的构成

负债筹资主要包括短期借款、长期借款以及结算形成的负债等。

短期借款是指企业为了满足其生产经营对资金的临时性需要而向银行或其他金融机构等借入的偿还期限在 1 年以内(含 1 年)的各种借款。

长期借款是指企业向银行或其他金融机构等借入的偿还期限在 1 年以上(不含 1

年)的各种借款。

结算形成的负债主要有应付账款、应付职工薪酬、应交税费等。

(二) 账户设置

企业通常设置以下账户对负债筹资业务进行会计核算。

1. “短期借款”账户

“短期借款”账户属于负债类账户,用于核算企业的短期借款。

该账户贷方登记短期借款本金的增加额,借方登记短期借款本金的减少额。期末余额在贷方,反映企业期末尚未归还的短期借款。

该账户可按借款种类、贷款人和币种进行明细核算。

2. “长期借款”账户

“长期借款”账户属于负债类账户,用以核算企业的长期借款。

该账户贷方登记企业借入的长期借款本金等,借方登记归还的本金等。期末余额在贷方,反映企业期末尚未偿还的长期借款。一次还本付息的长期借款利息也在本账户核算。

该账户可按贷款单位和贷款种类,分别“本金”“利息调整”等进行明细核算。

3. “应付利息”账户

“应付利息”账户属于负债类账户,用于核算企业按照合同约定应支付的利息,包括按月计提的短期借款利息吸收存款、分期付息到期还本的长期借款、企业债券等应支付的利息。

该账户贷方登记企业按合同利率计算确定的应付未付利息,借方登记归还的利息。期末余额在贷方,反映企业应付未付的利息。

该账户可按存款人或债权人进行明细核算。

4. “财务费用”账户

“财务费用”账户属于损益类账户,用于核算企业为筹集生产经营所需资金等而发生的筹资费用,包括利息支出(减利息收入)、汇兑损益以及相关的手续费、企业发生的现金折扣或收到的现金折扣等。为购建或生产满足资本化条件的资产发生的应予资本化的借款费用,通过“在建工程”“制造费用”等账户核算。

该账户借方登记手续费、利息费用等的增加额,贷方登记应冲减财务费用的利息收入等。期末结转后,该账户无余额。

该账户可按费用项目进行明细核算。

表 5-4　负债筹资业务账户的设置

短期借款

	期初余额：表示企业期初尚未归还的短期借款**本金**
企业本期到期偿还的短期借款数额	企业本期借入的各种短期借款数额
	期末余额：期末尚未归还的短期借款**本金**

长期借款

	贷方余额：表示企业期初尚未归还的长期借款**本息**
企业本期到期偿还的长期借款本金和利息数额	企业本期借入的各种长期借款本金、到期一次性还本付息的长期借款的利息
	期末余额：企业期末尚未归还的长期借款**本息**

应付利息

	期初余额：表示企业前期应付而未付的利息
本月实际支付的利息	按照合同约定确定应支付的利息费用
	期末余额：企业期末应付未支付的利息

财务费用

发生的各项财务费用	期末结转到当期损益"本年利润"账户的金额

> 财务费用是期间费用，结转后该账户无余额，这也是所有损益类科目的共性。

(三) 账务处理

表 5-5　筹资业务的会计分录

业务细分或详细步骤		会计分录	备注
取得本金	短期借款	借：银行存款 　贷：短期借款	1. 短期借款只核算借款本金
	长期借款	借：银行存款（实际收到的金额） 　长期借款——利息调整（如存在差额） 　贷：长期借款——本金（借款本金）	

（续表）

<table>
<tr><th colspan="2">业务细分或详细步骤</th><th>会计分录</th><th>备注</th></tr>
<tr><td rowspan="3">计提利息</td><td>短期借款</td><td>借：财务费用
　贷：应付利息</td><td rowspan="8">2. 一次还本付息的长期借款利息计提时记入“长期借款——应计利息”，最后一次性偿还
3. 会计基础学习中可假定实际利率与合同利率一致，暂不考虑“利息调整”
4. 应付利息或长期借款——应计利息＝按确定的应付未付利息，即借款本金×合同利率
5. 长期借款最后一期摊余成本应该等于本金</td></tr>
<tr><td>分期付息，到期还本的长期贷款</td><td>借：管理费用（摊余成本×实际利率，下同）
　　在建工程
　　制造费用
　　财务费用
　　研发支出
　贷：应付利息（借款本金×合同利率）
　　　长期借款——利息调整（差额）</td></tr>
<tr><td>到期一次还本付息的长期借款</td><td>借：管理费用（摊余成本×实际利率，下同）
　　在建工程
　　制造费用
　　财务费用
　　研发支出
　贷：长期借款——应计利息
　　　　　（借款本金×合同利率）
　　　长期借款——利息调整（差额）</td></tr>
<tr><td colspan="2">平时支付利息</td><td>借：应付利息
　贷：银行存款</td></tr>
<tr><td rowspan="4">偿还本金及最后一期利息</td><td rowspan="2">短期借款（最后一期利息与本金，可合并）</td><td>借：财务费用
　贷：银行存款（最后一期利息）</td></tr>
<tr><td>借：短期借款
　贷：银行存款</td></tr>
<tr><td rowspan="2">长期借款（最后一期利息与本金，可合并）</td><td>借：管理费用（摊余成本×实际利率，下同）
　　在建工程
　　制造费用
　　财务费用
　　研发支出
　贷：银行存款（借款本金×合同利率）
　　　长期借款——利息调整（差额）</td></tr>
<tr><td>借：长期借款——本金
　　　　　　——应计利息（一次还本付息借款）
　贷：银行存款</td></tr>
</table>

【例 5-4】长江公司由于经营资金短缺，于 20×7 年 12 月 31 日从市商业银行借入期限为 6 个月的借款 100 000 元，月息 0.5%，利息按季支付，款项已经划入账户。其会计分录如下：

借：银行存款　　100 000
　贷：短期借款　　100 000

20×8 年 1 月 31 日，长江公司由于经营资金短缺，计提借款利息。其会计分录如下：

借：财务费用　　500
　贷：应付利息　　500

20×8 年 2 月底做同样的会计分录。

20×8 年 3 月底，会计分录如下：

借：财务费用(3 月份的利息)　　500
　　应付利息(1、2 月份的利息)　　1 000
　贷：银行存款　　1 500

20×8 年 4、5 月底做与 1 月底做同样的会计分录。

20×8 年 6 月底，会计分录如下：

借：财务费用　　500
　　应付利息　　1 000
　　短期借款　　100 000
　贷：银行存款　　101 500

【例 5-5】 20×6 年 1 月 1 日，长江公司从银行借入每年年初付息、到期还本、偿还期限为 3 年、年利率为 6%的借款 1 000 000 元，企业收到借款存入银行。会计部门根据银行的收款通知，应编制如下会计分录：

借：银行存款　　1 000 000
　贷：长期借款——本金　　1 000 000

【例 5-6】承[例 5-5],长江公司 20×6 年 12 月 31 日计提本年应承担的利息。假设该借款借入后用于维持生产经营活动。

根据款项的不同用途,长期借款利息记入相应的科目,如表 5-6 所示。

表 5-6 长期借款利息费用的处理

利息的用途与发生时间	对应科目
筹建期间发生的不符合资本化的利息支出	管理费用
生产经营期间及达到预定可使用状态后的支出	财务费用
符合资本化条件的资产在达到预定可使用状态前发生的利息支出	在建工程
长期借款用于无形资产研发发生的利息	研发支出

长期借款利息费用应当在资产负债表日按照实际利率法计算,实际利率与合同利率差异较小的,也可以按照合同利率计算,确定利息费用。本例假设实际利率与合同利率一致,为简化核算,按年计提利息,则本年应承担的利息=1 000 000 ×6%=60 000(元)。

第一年年末,会计部门根据预提利息计算表,应编制如下会计分录:

借:财务费用　　60 000
　贷:应付利息　　60 000

第二年年初,支付上年度利息时,应编制如下会计分录:

借:应付利息　　60 000
　贷:银行存款　　60 000

第二年年末、第三年年初,利息费用计提与支付同上。

第三年年末,到期归还借款本金及当年利息时,应编制如下会计分录:

借:长期借款——本金　　1 000 000
　　财务费用　　60 000
　贷:银行存款　　1 060 000

【例 5-7】20×6 年 1 月 1 日,长江公司从银行借入到期一次还本分期付息、偿还期限为 3 年、年利率为 6%的借款 1 000 000 元。企业收到借款存入银行。会计部门根据银行的收款通知，应编制如下会计分录：

借：银行存款	1 000 000	
贷：长期借款——本金		1 000 000

承上，企业按季计提利息，则长江公司应在自借入上述长期借款后 2×11 年 9 月 30 日的每个季度末，计提本季应承担的利息。

长期借款利息费用应当在资产负债表日按照实际利率法计算，实际利率与合同利率差异较小的，也可以按照合同利率计算确定利息费用。本例假设实际利率与合同利率一致，本季应承担的利息＝1 000 000×6%÷4＝15 000(元)，会计部门根据预提利息计算表，应编制如下会计分录：

借：财务费用	15 000	
贷：长期借款——应计利息		15 000

承上，20×9 年 12 月 31 日，长江公司计提本季应承担的上述长期借款的利息为 15 000元，并以银行存款支付利息及归还长期借款。会计部门根据预提利息计算表及银行付款通知，应编制如下会计分录：

借：财务费用	15 000	
长期借款——应计利息(15 000 ×11)	165 000	
——本金	1 000 000	
贷：银行存款		1 180 000

说明：

① 表示企业权益(资本金)的筹集；

② 表示企业负债的筹集；

③ 表示提取借款利息；

④ 表示偿还借款本息。

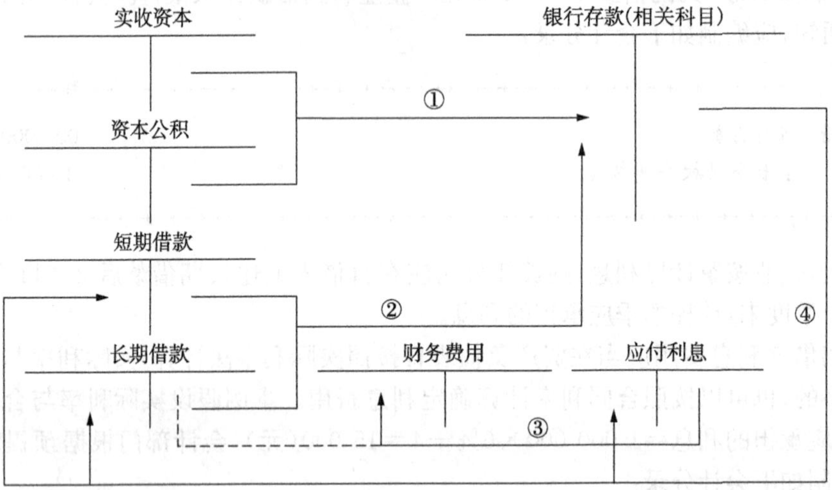

图 5-3 资金筹集账户流转关系

☺ 测试 5.1 作业 5.1

第三节 固定资产业务的账务处理

一、固定资产的概念与特征

固定资产是指为生产商品、提供劳务、出租或者经营管理而持有、使用寿命超过一个会计年度的有形资产。

固定资产同时具有以下特征：①属于一种有形资产，这一特征将固定资产与无形资产区别开来；②为生产商品、提供劳务、出租或者经营管理而持有，企业持有固定资产的目的是为了生产商品、出租或经营管理，固定资产不是直接用于出售的产品，这一特征将固定资产与存货区别开来；③使用寿命超过一个会计年度，表明固定资产属于长期资产，随着使用和磨损，通过计提折旧的方式逐渐减少账面价值，这一特征将固定资产与流动资产区别开来，同时也表明了其对企业的影响是长期的、重要的。

二、固定资产的成本

固定资产的成本是指企业购建某项固定资产达到预定可使用状态前所发生的一切合理、必要的支出。

企业可以通过外购、自行建造、投资者投入、非货币性资产交换、债务重组、企业合并和融资租赁等方式取得固定资产。取得的方式不同，固定资产成本的具体构成内容及其确定方法也不尽相同。

外购固定资产的成本，包括购买价款、相关税费、使固定资产达到预定可使用状态前所发生的可归属于该项资产的运输费、装卸费、安装费和专业人员服务费等。2009 年 1 月 1 日增值税转型改革后，企业购建（包括购进、接受捐赠、实物投资、自制、改扩建和安装）生产用固定资产发生的增值税进项税额可以从销项税额中抵扣，不再计入固定资产的成本。

三、固定资产的折旧

（一）折旧的含义

固定资产折旧是指在固定资产使用寿命内，按照确定的方法对应计折旧额进行的系统分摊。其中，应计折旧额是指应当计提折旧的固定资产的原价扣除其预计净残值后的金额。已计提减值准备的固定资产，还应当扣除已计提的固定资产减值准备累计金额。

预计净残值是指假定固定资产的预计使用寿命已满并处于使用寿命终了时的预期状态，企业目前从该项资产的处置中获得的扣除预计处置费用后的金额。预计净残值率是指固定资产预计净残值额占其原价的比率。企业应当根据固定资产的性质和使用情况，合理确定固定资产的预计净残值。预计净残值一经确定，不得随意变更。

企业应当按月对所有的固定资产进行计提折旧，但是，已提足折旧仍继续使用的固定资产、单独计价入账的土地和持有待售的固定资产除外。提足折旧是指已经提足该项固定资产的应计折旧额。

当月增加的固定资产，当月不计提折旧，从下月起计提折旧；当月减少的固定资产，当月仍计提折旧，从下月起不计提折旧。提前报废的固定资产，不再补提折旧。

(二) 折旧的方法

企业可选用的折旧方法有年限平均法、工作量法、双倍余额递减法和年数总和法等。

年限平均法又称直线法，是指将固定资产的应计折旧额均匀地分摊到固定资产预计使用寿命内的一种方法。各月应计提折旧额的计算公式如下：

月折旧额＝(固定资产原价－预计净残值)×月折旧率

其中：月折旧率＝年折旧率/12

年折旧率＝1/预计使用寿命(年限)

工作量法是根据实际工作量计算每期应计提折旧额的一种方法。计算公式如下：

某项固定资产月折旧额＝该项固定资产当月工作量×单位工作量折旧额

其中：单位工作量折旧额＝(固定资产原价－预计净残值)/预计总工作量

不同的固定资产折旧方法，将影响固定资产使用寿命期间内不同时期的折旧费用。企业应当根据与固定资产有关的经济利益的预期实现方式合理选择折旧方法，固定资产的折旧方法一经确定，不得随意变更。

固定资产在其使用过程中，因所处经济环境、技术环境以及其他环境均有可能发生很大变化，企业至少应当于每年年度终了时，对固定资产的使用寿命、预计净残值和折旧方法进行复核。固定资产使用寿命、预计净残值和折旧方法的改变，应当作为会计估计变更。

四、账户设置

企业通常设置以下账户对固定资产业务进行会计核算。

(一) “在建工程”账户

“在建工程”账户属于资产类账户，用以核算企业基建、更新改造等在建工程发生的支出。

该账户借方登记企业各项在建工程的实际支出，贷方登记工程达到预定可使用状态时转出的成本等。期末余额在借方，反映企业期末尚未达到预定可使用状态的在建工程的成本。该账户可按"建筑工程""安装工程""在安装设备""待摊支出"以及单项工程等进行明细核算。

(二)"工程物资"账户

"工程物资"账户属于资产类账户,用以核算企业为在建工程准备的各种物资的成本,包括工程用材料、尚未安装的设备以及为生产准备的工器具等。

该账户借方登记企业购入工程物资的成本,贷方登记领用工程物资的成本。期末余额在借方,反映企业期末为在建工程准备的各种物资的成本。

该账户可按"专用材料""专用设备""工器具"等进行明细核算。

(三)"固定资产"账户

"固定资产"账户属于资产类账户,用以核算企业持有的固定资产原价。

该账户的借方登记固定资产原价的增加,贷方登记固定资产原价的减少。期末余额在借方,反映企业期末固定资产的原价。

该账户可按固定资产类别和项目进行明细核算。

"固定资产"只核算原值,固定资产没有减少,"固定资产"金额就不会减少,"累计折旧"核算每期耗用减少金额,固定资产没有减少就不会从其借方转出,每个固定资产均对应相应的累计折旧金额,两者相抵后的价值是"固定资产"的净值。

(四)"累计折旧"账户

"累计折旧"账户属于资产类备抵账户,用以核算企业固定资产计提的累计折旧。

该账户贷方登记按月提取的折旧额,即累计折旧的增加额,借方登记因减少固定资产而转出的累计折旧。期末余额在贷方,反映期末固定资产的累计折旧额。

该账户可按固定资产的类别或项目进行明细核算。

在会计实务中,为了反映和监督固定资产原值的增减变动及其结存情况,在会计核算中设置了"固定资产"账户,而"固定资产"账户是按固定资产的原值进行计价核算的,并不记录固定资产因使用所磨损的、应转移到产品的成本和企业的期间费用中去的那部分价值。因此,为了正确反映这部分价值,应在账户体系中设置"累计折旧"账户,专门用来反映和监督固定资产因使用所应提取的折旧额,即固定资产因使用而应转移到产品成本和期间费用中去的那部分价值。

表 5-7　固定资产处理业务的账户设置

固定资产	
期初余额：表示企业期初固定资产**原值**	
企业本期因购买、建造、融资租赁等而增加的固定资产的原价	企业本期因报废、毁损等各种原因退出企业的固定资产的原价
期末余额：表示企业期末固定资产**原值**	

在建工程	
期初余额：表示企业期初尚未完工的工程项目所发生的费用	
企业本期工程项目尚未达到可使用状态之前所发生的费用支出	企业本期工程项目完工时转入的固定资产金额
期末余额：表示企业期末尚未完工的工程项目所发生的费用	

工程物资	
期初余额：表示为在建工程准备的各种物资的成本	
企业本期购入工程物资的成本	企业本期领用工程物资的成本
期末余额：表示企业期末尚没有使用的在建工程准备的各种物资的成本	

累计折旧	
期初余额：表示企业期初固定资产的累计折旧额	
因减少固定资产而转出的累计折旧	按月提取的折旧额，即累计折旧的增加额
期末余额：表示企业期末固定资产的累计折旧额	

五、账务处理

表 5-8　固定资产业务的账务处理

典型业务(业务细分或详细步骤)			会计分录	备注
购买固定资产	不需要安装固定资产		借：固定资产——××资产 　　应交税费——应交增值税(进项税额) 　贷：银行存款	1. 增值税计税原理将在下一节说明； 2. 固定资产按照相应使用对象记入有关成本项目
	需要安装固定资产	购买时	借：在建工程——××项目 　　应交税费——应交增值税(进项税额) 　贷：银行存款	

（续表）

<table>
<tr><th colspan="3">典型业务（业务细分或详细步骤）</th><th>会计分录</th><th>备注</th></tr>
<tr><td rowspan="2">购买固定资产</td><td rowspan="2">需要安装固定资产</td><td>安装时</td><td>借：在建工程——××项目
　贷：工程物资
　　　应付职工薪酬</td><td rowspan="3"></td></tr>
<tr><td>完工时</td><td>借：固定资产——××资产
　贷：在建工程——××项目</td></tr>
<tr><td colspan="3">固定资产折旧</td><td>借：制造费用（生产车间耗用）
　　销售费用（销售部门耗用）
　　管理费用（管理部门耗用）
　　研发支出（研发部门耗用）
　　其他业务成本（出租等业务耗用）
　贷：累计折旧</td></tr>
</table>

【例 5-8】长江公司购入一台不需要安装的设备，取得增值税专用发票上注明的价格 50 000 元，增值税额 6 500 元，款项全部付清。

其会计分录如下：

借：固定资产　　50 000
　　应交税费——应交增值税（进项税额）　　6 500
　贷：银行存款　　56 500

【例 5-9】长江公司购入一台需要安装的设备，取得的增值税专用发票上注明的设备买价为 50 000 元，增值税额为 6 500 元，支付运费并取得专用发票注明运费 1 000 元，增值税率 9%，增值税 90 元。

其会计分录如下：

（1）支付设备价款、税金、运输费合计 57 590 元，其中增值税为 6 500＋90＝6 590 元：
借：在建工程　　51 000
　　应交税费——应交增值税（进项税额）　　6 590
　贷：银行存款　　57 590

(2) 设备安装完毕交付使用,确定固定资产的入账价值。

借:固定资产　　51 000
　贷:在建工程　　51 000

【例 5-10】某企业有设备一台,原价为 100 000 元,预计净残值率为 4%,预计使用 10 年,按年限平均法计算该项固定资产的年折旧率、年折旧额、月折旧率、月折旧额。

该项固定资产的年折旧率=(1-4%)÷10×100%=9.6%
该项固定资产的年折旧额=100 000×9.6%=9600(元)
该项固定资产的月折旧率=9.6%÷12=0.8%
该项固定资产的月折旧额=100 000×0.8%=800(元)

【例 5-11】某企业一辆运货卡车的原价为 78 000 元,预计总行驶里程为 50 万公里,预计净残值率为 5%,本月行驶 4 500 公里。该辆汽车的月折旧额计算如下:

单位里程折旧额=[78 000×(1-5%)]÷500 000
=0.148 2(元/公里)
本月折旧额=4 500×0.148 2=666.9(元)

【例 5-12】2013 年 6 月,某企业应计提的固定资产折旧为 10 400 元,其中,生产车间折旧为 6 000 元,行政管理部门折旧为 2 400 元,专设销售机构折旧为 2 000 元。会计部门根据固定资产折旧计算表,应编制如下会计分录:

借:制造费用　　6 000
　管理费用　　2 400
　销售费用　　2 000
　贷:累计折旧　　10 400

☺ 测试 5.2 作业 5.2

第四节　材料采购业务的账务处理

采购过程的主要任务就是采购生产经营所需的各种原料以形成企业的生产储备。在材料物资的采购过程中，企业应按经济合同和结算制度的规定支付货款及采购费用，如运输费、装卸费，而材料的买价加上采购费用就构成了材料的采购成本。企业购买材料物资后，资金形态从货币形态转化为储备资金形态。企业要有计划地采购材料，力求既满足生产上的需要，又避免过多储备从而造成资金的浪费。

一、材料的采购成本

材料的采购成本是指企业物资从采购到入库前所发生的全部合理的、必要的支出，包括购买价款、相关税费、运输费、装卸费、保险费以及其他可归属于采购成本的费用。

> 企业采购部门或者材料仓库所发生的经常性费用、采购人员的差旅费以及市内零星运杂费等，不计入材料采购成本，而应当直接计入管理费用。

（一）采购成本费用的归集与分摊

在实务中，企业也可以将发生的运输费、装卸费、保险费以及其他可归属于采购成本的费用等先进行归集，期末再按照所购材料的存销情况进行分摊。

采购成本的计算公式如下：

> 某种物资采购成本＝该种物资的买价＋应负担的采购费用
> 物资采购单位成本＝物资采购成本÷物资数量
> 采购费用分配率＝采购费用总额÷各种材料物资的分配标准之和
> 某种物质应负担的采购费用＝该材料物资的标准×采购费用分配率

【例5-13】长江公司某月购入一批原材料，其中：A材料600千克，单价为50元；B材料200千克，单价20元。在采购过程中共发生了运杂费2 400元。如按两种材料的重量比例分配负担运杂费，则分配结果如下：

运杂费分配率＝2 400÷(600＋200)＝3(元/千克)
A材料应负担运杂费＝3×600＝1 800(元)
B材料应负担运杂费＝3×200＝600(元)

(二) 采购中增值税的处理

1. 增值税的含义

增值税是以商品(含应税劳务)在流转过程中的增值额作为计税依据而征收的一种流转税种。

营业税和增值税，曾是我国两大主体税种。中国自 1979 年开始试行增值税，现行的增值税制度是以 1993 年 12 月 13 日国务院颁布的国务院令第 134 号《中华人民共和国增值税暂行条例》为基础的。增值税已经成为中国最主要的税种之一，增值税的收入占中国全部税收的 60%以上，是最大的税种。增值税由国家税务局负责征收，税收收入中 75%为中央财政收入，25%为地方收入。进口环节的增值税由海关负责征收，税收收入全部为中央财政收入。

2011 年，经国务院批准，财政部、国家税务总局联合下发营业税改增值税试点方案。从 2012 年 1 月 1 日起，在上海交通运输业和部分现代服务业开展营业税改征增值税试点。自 2012 年 8 月 1 日起至年底，国务院将扩大营改增试点至 8 省市；2013 年 8 月 1 日，"营改增"范围已推广到全国试行，将广播影视服务业纳入试点范围。2014 年 1 月 1 日起，将铁路运输和邮政服务业纳入营业税改征增值税试点，至此，交通运输业已全部纳入营改增范围；2016 年 3 月 18 日召开的国务院常务会议决定，自 2016 年 5 月 1 日起，中国将全面推开营改增试点，将建筑业、房地产业、金融业、生活服务业全部纳入营改增试点，至此，营业税退出历史舞台，增值税制度将更加规范。这是自 1994 年分税制改革以来，财税体制的又一次深刻变革。

2. 增值税的原理

增值税是以商品(含应税劳务)在流转过程中产生的增值额作为计税依据而征收的一种流转税，实行价外税，由消费者负担，有增值才征税，没增值不征税。在实际业务中，商品新增价值或附加值在生产和流通过程中是很难准确计算的，因此，我国也采用国际上普遍采用的税款抵扣的办法，即根据销售商品或劳务的销售额，按规定的税率计算出销项税额，然后扣除取得该商品或劳务时所支付的增值税款，也就是进项税额，其差额就是增值部分应交的税额，这种计算方法体现了按增值金额计税的原则。

增值税计算公式为：

应纳税额＝销项税额－进项税额
增值税计算公式：不含税销售额＝含税销售额/(1＋税率)
应纳销项税额＝不含税销售额×税率

增值税实行的是“价外税”，什么是价外税？价外税是根据不含税价格作为计税依据的税，税金和价格是分开的，在价格上涨时，是价动还是税动，界限分明，责任清楚，有利于制约纳税人的提价动机，也便于消费者对价格的监督，采用价外税的形式，价格是多少，税金是多少，清楚明了，消费者从中可以掌控国家调节消费的方向，从而相应的修正自己的消费方向。

D公司向A公司购进货物甲100件，金额为10 000元，但D公司实际上要付给对方的货款并不是10 000元，而是10 000＋10 000×13%(假设增值税率为13%)＝11 300元。

为什么购进的货物价值为10 000元，另外还要支付1 300元呢？因为这时，D公司作为消费者就要另外负担1 300元的增值税，这就是增值税的价外征收。这1 300元增值税对D公司来说就是“进项税”。A公司多收的这1 300元的增值税款并不归A公司所有，它要把1 300元增值税上交给国家。所以A公司只是代收代缴而已，并不负担这笔税款。

相应的，D公司把购进的100件货物加工成80件乙产品，出售给B公司，取得销售额15 000元，D公司要向B公司收取的乙产品货款也不只是15 000元，而是15 000＋15 000×13%＝16 950(元)，因为B公司这时作为消费者也应该向D公司另外支付1 500×13%＝1 950元的增值税款，这就是D公司的“销项税”。D公司收的这1 950元增值税额也并不归D公司所有，D公司也要上交给国家，所以，1 950元的增值税款也不是D公司负担的，D公司也只是代收代缴而已。

如果D公司是一般纳税人，进项税就可以在销项税中抵扣。此外，根据税法规定，也有一些项目不能抵扣的。

沿用上例，D公司购进货物支付的进项增值税款是1 300元，销售乙产品收取的销项增值税是1 950元。由于D公司是一般纳税人，进项增值税可以在销项增值税中抵扣，所以，D公司(在出售了乙产品获得B公司的货款后)上交给国家增值税款就不是向B公司收取的1 950元，而是：1 950－1 300＝650(元)(那1 300元已在D公司购买甲货物时加入货款中，由A公司代收代缴过了)，所以这650元是B公司在向D公司购乙产品时付给D公司的，通过D公司交给国家。B公司买了D公司的乙产品，再卖给C公司，C公司再卖给其他公司……这些过程都是要收取增值税的，直到卖给最终的消费，也就把增值税转嫁到了最终消费者身上了，所以增值税也是流转税。

表 5-9 增值税流转关系

情形	购进价格		销售价格		利润与应交增值税
不征收增值税款	10 000 元		15 000 元		5 000 元(利润)
征收增值税款	11 300 元	10 000 元(价格)	16 950 元	15 000 元	5 000 元(利润) 650(应交增值税)
		1 300 元(进项税)		1 950 元(销项税)	
说　明	A 公司只是代收代缴，要把 1 300元增值税上交给国家。D 公司要垫付 1 300 元进项税，出售时向 B 公司收取		D公司收了这 1 950 元增值税额也并不归 D 公司所有，也要上交给国家。其中 1 300 元已经垫付，650 元要交税务机关		上交给国家增值税款就不是向 B 公司收取的 1 950 元，而是 1 950－1 300＝650(元)

3. 一般纳税人与小规模纳税人

增值税有两类纳税人，一类是一般纳税人，另一类是小规模纳税人。

一般纳税人是指年应征增值税销售额(以下简称年应税销售额，包括一个公历年度内的全部应税销售额)超过财政部规定的小规模纳税人标准的企业和企业性单位。增值税一般纳税人销售货物或提供应税劳务，以应税销售额依据税率计算增值税销项税额，对取得的进项税额依法准予从销项税额中抵扣，按照抵扣后的余额交纳。一般纳税人除税法规定以外，具有增值税专用发票开票资格，要设置“应交税费——应交增值税(进项税额)”“应交税费——应交增值税(销项税额)”等三级明细科目。

小规模纳税人是指年销售额在规定标准以下，并且会计核算不健全，不能按规定报送会计资料，实行简易办法征收增值税的纳税人。小规模纳税人销售货物或加工修理修配劳务，以应税销售额依据征收率(3%)计算增值税(销售不动产等按 5%征收率)，并不得抵扣进项税额。小规模纳税人不具有增值税专用发票开具资格，只设置“应交税费——应交增值税”二级明细科目。

表 5-10 小规模纳税人的账务处理

典型业务(业务细分)	会计分录	备注
支付款项购买材料	借：原材料——××材料 　贷：库存现金/银行存款	1. 只设置“应交税费——应交增值税”二级明细科目 2. 购买材料取得增值税专用发票与缴纳增值税无关 3. 出售商品不可开具增值税专用发票
销售商品取得收入	借：应收账款——××单位 　　库存现金/银行存款 　贷：主营业务收——××产品 　　　应交税费——应交增值税	
向税务机关缴纳增值税	借：应交税费——应交增值税 　贷：银行存款	

本书中如没有特别说明，均指一般纳税人。一般纳税人的会计分录处理将在后面介绍，小规模纳税人会计分录处理在此一并介绍，相关会计科目使用请参考后面具体介绍。

【例 5-14】 20×8 年 8 月 5 日，小规模纳税人光明公司购入甲材料一批，取得的专用发票中注明货款 20 000 元，增值税额 3 400 元，款项以银行存款支付，甲材料已验收入库。会计部门根据从供应单位取得的发票、运费单据、转账支票存根和材料验收入库单等，应编制如下会计分录：

借：原材料——甲材料　　23 400
　贷：银行存款　　23 400

8 月 20 日，小规模纳税人光明公司向新宜公司出售 A 产品一批，开具的普通发票中注明的货款(含税)为 10 300 元。产品已发出，货款尚未收到。

会计部门计算不含税销售额＝含税销售额÷(1＋征收率)
＝10 300÷(1＋3%)＝10 000(元)
应纳增值税＝不含税销售额×征收率＝10 000×3%＝300(元)

会计部门根据增值税普通发票记账联，应编制如下会计分录：

借：应收账款——新宜公司　　10 300
　贷：主营业务收入　　10 000
　　　应交税费——应交增值税　　300

8 月 31 日，小规模纳税人光明公司以银行存款上交增值税额 300 元。会计部门根据增值税完税凭证及银行付款通知，应编制如下会计分录：

借：应交税费——应交增值税　　300
　贷：银行存款　　300

二、账户设置

为了便于对采购过程进行核算，企业应当设置如下会计账户。

（一）“原材料”账户

“原材料”账户属于资产类账户，用以核算企业库存的各种材料，包括原料及主要材料、辅助材料、外购半成品（外购件）、修理用备件（备品备件）、包装材料、燃料等的计划成本或实际成本。企业收到来料加工装配业务的原料、零件等，应当设置备查簿进行登记。

该账户借方登记已验收入库材料的成本，贷方登记发出材料的成本。期末余额在借方，反映企业库存材料的计划成本或实际成本。

该账户可按材料的保管地点（仓库）、材料的类别、品种和规格等进行明细核算。

（二）“材料采购”账户

“材料采购”账户属于资产类账户，用以核算企业采用计划成本进行材料日常核算而购入材料的采购成本。

该账户借方登记企业采用计划成本进行核算时，采购材料的实际成本以及材料入库时结转的节约差异，贷方登记入库材料的计划成本以及材料入库时结转的超支差异。期末余额在借方，反映企业在途材料的采购成本。

该账户可按供应单位和材料品种进行明细核算。

（三）“材料成本差异”账户

“材料成本差异”账户属于资产类账户，用以核算企业采用计划成本进行日常核算的材料计划成本与实际成本的差额。

该账户借方登记入库材料形成的超支差异以及转出的发出材料应负担的节约差异，贷方登记入库材料形成的节约差异以及转出的发出材料应负担的超支差异。期末余额在借方，反映企业库存材料等的实际成本大于计划成本的差异；期末余额在贷方，反映企业库存材料等的实际成本小于计划成本的差异。

该账户可以按“原材料”“周转材料”等，按照类别或品种进行明细核算。

（四）“在途物资”账户

“在途物资”账户属于资产类账户，用以核算企业采用实际成本（或进价）进行材料、商品等物资的日常核算、货款已付尚未验收入库的在途物资的采购成本。

该账户借方登记购入材料、商品等物资的买价和采购费用(采购实际成本),贷方登记已验收入库材料、商品等物资应结转的实际采购成本。期末余额在借方,反映企业期末在途材料、商品等物资的采购成本。

该账户可按供应单位和物资品种进行明细核算。

(五)"应付账款"账户

"应付账款"账户属于负债类账户,用以核算企业因购买材料、商品和接受劳务等经营活动应支付的款项。

该账户贷方登记企业因购入材料、商品和接受劳务等尚未支付的款项,借方登记偿还的应付账款。期末余额一般在贷方,反映企业期末尚未支付的应付账款余额;如果在借方,则反映企业期末预付账款余额。

该账户可按债权人进行明细核算。

(六)"应付票据"账户

"应付票据"账户属于负债类账户,用以核算企业购买材料、商品和接受劳务等开出、承兑的商业汇票,包括银行承兑汇票和商业承兑汇票。

该账户贷方登记企业开出、承兑的商业汇票的票面金额,借方登记企业已经支付或者到期无力支付的商业汇票。期末余额在贷方,反映企业尚未到期的商业汇票的票面金额。

该账户可按债权人进行明细核算。

(七)"预付账款"账户

"预付账款"账户属于资产类账户,用以核算企业按照合同规定预付的款项。预付款项情况不多的,也可以不设置该账户,将预付的款项直接记入"应付账款"账户。

该账户的借方登记企业因购货等业务预付的款项,贷方登记企业收到货物后应支付的款项等。期末余额在借方,反映企业预付的款项;期末余额在贷方,反映企业尚需补付的款项。

该账户可按供货单位进行明细核算。

(八)"应交税费"账户

"应交税费"账户属于负债类账户,用以核算企业按照税法等规定计算应交纳的各种税费,包括增值税、消费税、所得税、资源税、土地增值税、城市维护建设税、房产税、土地使用税、车船税、教育费附加、矿产资源补偿费等,企业代扣代交的个人所得税等,也通过本账户核算。

该账户贷方登记各种应交未交税费的增加额，借方登记实际缴纳的各种税费。期末余额在贷方，反映企业尚未交纳的税费；期末余额在借方，反映企业多交或尚未抵扣的税费。

该账户可按应交的税费项目进行明细核算。

表 5-11　材料采购业务主要账户的设置

材料采购	
期初余额：表示企业期初未到达或未验收入库的在途物资	
购入的材料价款和采购费用	验收入库材料转出的采购成本
期末余额：表示企业期末未到达或未验收入库的在途物资	

在途物资	
期初余额：表示企业期初未到达的在途物资	
企业本期购入时未到达的在途物资	本期到库材料转出的采购成本
期末余额：表示企业期末未到达的在途物资	

原材料	
期初余额：表示企业期初表示库存材料的实际成本或计划成本	
验收入库材料的实际成本或计划成本	发出材料的实际成本或计划成本
期末余额：表示企业期末表示库存材料的实际成本或计划成本	

材料成本差异	
期初余额：表示企业期初库存材料的**超支差异**	**期初余额**：表示企业期初库存材料的**节约差异**
①本期入库材料实际成本大于计划成本的超支差异；②分配发出材料应该负担的节约差异	①本期入库材料实际成本小于计划成本的节约差异；②分配发出材料应该负担的超支差异
期末余额：表示企业期末库存材料的**超支差异**	**期末余额**：表示企业期末库存材料的**节约差异**

计划成本下用“材料采购”，实际成本下用“在途物资”；计划成本下才会用“材料成本差异”科目。

（续表）

应交税费

如有期初表示企业上期多交的税费	**期初余额**：表示企业上期应交未交的税费
实际交纳的税费数	登记应交纳的税费
表示企业多交的税费	**期末余额**：企业应交未交的税费

应交税费——应交增值税

期初余额：表示企业上期多上交或尚未抵扣的增值税	**期初余额**：表示企业上期尚未交纳的增值税
①购买材料时向供货单位支付的增值税额(进项税额)；②实际交纳的增值税额(已交税金)	销售产品时向购货单位收取的增值税额(销项税额)
期末余额：表示企业期末多上交或尚未抵扣的增值税	**期末余额**：表示企业期末尚未交纳的增值税

应付账款

	期初余额：表示企业期初尚未支付的应付款项
企业本期偿还的款项	企业接受供货单位提供劳务等而发生的应付未付的款项
若有，表示企业到期末为止多支付的款项，**本质上是“预付账款”**	**期末余额**：表示企业期末尚未支付的应付款项

预付账款

期初余额：表示企业期初已经预付的款项	
本期预付的款项和补付的款项	收货冲销的预付账款金额或退回的预付货款多余部分款项
期末余额：表示企业实际已经预付的款项	若有，表示企业到期末为止应该支付的款项，**本质上是“应付账款”**

应付票据

	期初余额：表示企业期初持有的尚未到期的应付票据本息
登记企业到期偿还的票据本息	企业开出、承兑商业汇票或以商业汇票抵付货款、应付账款的款项
	期末余额：表示企业期末持有的尚未到期的应付票据本息

“应付账款”“预付账款”关系密切，区别只是付款、收货的先后顺序不同，期末看明细科目余额，在借方则是资产，在贷方则是负债。

三、账务处理

(一) 实际成本法材料采购业务的账务处理

表 5-12　材料采购(实际成本法)的账务处理

<table>
<tr><th colspan="3">典型业务(业务细分或详细步骤)</th><th>会计分录</th><th>备注</th></tr>
<tr><td colspan="3">① 单货同到</td><td>借：原材料
　应交税费——应交增值税(进项税额)
　贷：库存现金/银行存款</td><td rowspan="6">1. 在途物资、原材料要根据材料类别设置明细科目
2. 单位若采用“在途物资”科目核算，如果材料及时到库，可直接合并一笔会计分录，借“原材料”</td></tr>
<tr><td rowspan="2">② 单到货未到</td><td colspan="2">单到时</td><td>借：在途物资
　应交税费——应交增值税(进项税额)
　贷：银行存款等</td></tr>
<tr><td colspan="2">材料到达、验收入库后</td><td>借：原材料
　贷：在途物资</td></tr>
<tr><td rowspan="3">③ 货到单未到</td><td colspan="2">暂不记账，月末按材料的暂估价值记账</td><td>借：原材料(暂估价值)
　贷：应付账款——暂估应付账款</td></tr>
<tr><td colspan="2">下月初用红字冲回</td><td>下月初用红字冲回：
　借：原材料(暂估价值)(红字)
　　贷：应付账款——暂估应付账款(红字)</td></tr>
<tr><td colspan="2">下月单到后正常入账</td><td>借：原材料
　应交税费——应交增值税(进项税额)
　贷：库存现金/银行存款</td></tr>
<tr><td rowspan="4">④ 预付货款方式购货</td><td colspan="2">预付货款时</td><td>借：预付账款(预付金额)
　贷：银行存款</td><td rowspan="4">1. 预付款项较少的单位可不设置“预付账款”科目，直接使用“应付账款”科目核算
2. 预付款项若期末余额在贷方，其本质是一项“应付账款”，属于负债</td></tr>
<tr><td colspan="2">收料后</td><td>借：原材料
　应交税费——应交增值税(进项税额)
　贷：预付账款(实际应付金额)</td></tr>
<tr><td rowspan="2">余款结算</td><td>预付款＜材料总账款</td><td>借：预付账款——××单位
　贷：银行存款/库存现金</td></tr>
<tr><td>预付款＞材料总账款</td><td>借：银行存款/库存现金
　贷：预付账款——××单位</td></tr>
<tr><td rowspan="2">⑤ 赊账交易</td><td colspan="2">购买材料并验收入库</td><td>借：在途物资/原材料——××材料
　应交税费——应交增值税(进项税额)
　贷：应付账款——××单位
入库同“现款交易”</td><td>应付账款要按供应单位设置明细科目</td></tr>
<tr><td colspan="2">偿还欠款</td><td>借：应付账款——××单位
　贷：银行存款/库存现金</td><td></td></tr>
</table>

购买原材料的五种情况包括：材料验收入库同时支付货款、材料已验收入库但货款尚未支付、购入材料已付款但尚未验收入库、预付款方式购买材料、先收料但月末发票未到无法确定实际成本。

1. 收料的同时支付货款

【例 5-15】 20×8 年 3 月 10 日，长江公司从星光公司购入丙材料 200 千克，每千克 25 元，不含税运费为 100 元，增值税进项税额 659 元(650+9)。全部款项以转账支票付讫，材料已到达企业并验收入库。丙材料价款为 25×200＝5 000 元，增值税率 13%，应付担增值税 5 000×13%＝650 元。运输费用税率为 9%，增值税税款为 9 元(100×9%)。会计部门根据从供应单位取得的发票、运费单据、转账支票存根和材料验收入库单等，应编制如下会计分录：

借：原材料——丙材料	5 100	
应交税费——应交增值税(进项税额)	659	
贷：银行存款		5 759

2. 先收料后付款

【例 5-16】 20×8 年 3 月 12 日，长江公司从三宏公司购入甲材料 2 000 千克，每千克 5 元，三宏公司代垫运费为 545 元，增值税进项税额 1 650 元(1 300+45)。材料已收到并验收入库，但款项尚未支付。会计部门根据从供应单位取得的发票、代垫运费单据、材料入库单，应编制如下会计分录：

借：原材料——甲材料	10 500	
应交税费——应交增值税(进项税额)	1 345	
贷：应付账款——三宏公司		11 845

承上，20×8 年 3 月 18 日，长江公司开出转账支票支付上述购料款及运费 11 845 元。会计部门根据转账支票存根，应编制如下会计分录：

借：应付账款——三宏公司	11 845	
贷：银行存款		11 845

3. 先付款后收料

【例 5-17】 20×8 年 3 月 15 日，长江公司从宏达公司购入乙材料 1 000 千克，每千克 20 元，增值税进项税额 2 600 元。材料尚在运输途中，全部款项用银行转账支票付讫。会计部门根据从供应单位取得的发票、转账支票的存根，应编制如下会计分录：

借：在途物资——乙材料　20 000
　　应交税费——应交增值税(进项税额)　2 600
　贷：银行存款　22 600

承上，20×8 年 3 月 20 日，长江公司开出转账支票支付上述乙材料的运输费共计 1 090元。增值税为 1 090÷(1+9%)×9%＝90 元，会计部门根据转账支票存根、收到运费单据，应编制如下会计分录：

借：在途物资——乙材料　1 000
　　应交税费——应交增值税(进项税额)　90
　贷：银行存款　1 090

承上，20×8 年 3 月 30 日，上述乙材料到达企业并验收入库，结转入库乙材料采购成本。会计部门根据材料入库单，应编制如下会计分录：

借：原材料——乙材料　21 000
　贷：在途物资——乙材料　21 000

4. 采用预付款项购货

【例 5-18】 20×8 年 3 月 21 日，长江公司以银行转账支票预付恒通公司采购甲材料款 10 000 元。会计部门根据转账支票存根，应编制如下会计分录：

借：预付账款——恒通公司　10 000
　贷：银行存款　10 000

承上，20×8 年 3 月 26 日，长江公司收到恒通公司发来的甲材料，发票标明的价款为 30 000 元，增值税额为 3 900 元，甲材料已验收入库。会计部门根据取得的发票、材料入库单，应编制如下会计分录：

借：原材料——甲材料 30 000
　　应交税费——应交增值税（进项税额） 3 900
　贷：预付账款——恒通公司 33 900

承上，20×8年3月28日，长江公司开出转账支票补付恒通公司的货款23 900元。会计部门根据转账支票存根，应编制如下会计分录：

借：预付账款——恒通公司 23 900
　贷：银行存款 23 900

5. 先收料但月末发票未到，无法确定其实际成本

【例5-19】 20×8年3月22日，长江公司购入黄河公司丁材料一批，材料已收到并验收入库，但月末发票账单尚未收到也无法确定其实际成本，暂估价值为30 000元。会计部门根据材料入库单，应编制如下会计分录：

借：原材料——丁材料 30 000
　贷：应付账款——暂估应付账款 30 000

下月初作相反的会计分录予以冲回，待收到发票账单后再按照实际成本记账。

承上，20×8年4月1日，长江公司编制如下会计分录：

借：应付账款——暂估应付账款 30 000
　贷：原材料——丁材料 30 000

承上，20×8年4月20日，长江公司收到黄河公司的发票账单，上述丁材料1 000千克，每千克20元，增值税进项税额2 600元。全部款项以转账支票付讫。会计部门根据从供应单位取得的发票，运费单据、转账支票存根和材料验收入库单等，应编制如下会计分录：

借：原材料——丁材料 20 000
　　应交税费——应交增值税（进项税额） 2 600
　贷：银行存款 22 600

【例 5-20】 20×8 年 3 月 22 日，长江公司从三江公司购入甲、乙两种材料，发票上标明甲材料的价款为 30 000 元、乙材料的价款为 20 000 元，增值税额为 6 500 元。材料未到，全部款项以商业承兑汇票付讫。会计部门根据取得的发票，应编制如下会计分录：

借：在途物资——甲材料　　30 000
　　　　　　——乙材料　　20 000
　　应交税费——应交增值税(进项税额)　　6 500
　贷：应付票据　　56 500

承上，20×8 年 3 月 25 日，长江公司开出转账支票支付上述甲、乙材料的运费2 180 元，其中，可抵扣的增值税进项税额为 180 元。企业规定按甲、乙两种材料的买价分配采购费用。会计部门编制的材料采购费用分配表，如表 5-14 所示。

表 5-13　长江公司采购费用分配表

20×8 年 3 月 25 日

项目 材料名称	分配标准 (买价)	分配率	分配金额	备注
甲材料	30 000		1 200	
乙材料	20 000		800	
合计	50 000	0.04	2 000	

复核(签章)：王林　　制表(签章)：李芳

分配率＝(2 046－186)÷(30 000＋20 000)＝0.0372
甲材料应承担的运杂费＝30 000×0.0372＝1 116(元)
乙材料应承担的运杂费＝20 000×0.0372＝744(元)

会计部门根据转账支票存根、收到的运杂费单据和上述采购费用分配表，应编制如下会计分录：

借：在途物资——甲材料　　1 200
　　　　　　——乙材料　　800
　　应交税费——应交增值税(进项税额)　　180
　贷：银行存款　　2 180

承上，月末结转上述入库材料的采购成本。会计部门根据材料入库单，应编制如下会计分录：

借：原材料——甲材料	31 200
——乙材料	20 800
贷：在途物资——甲材料	31 200
——乙材料	20 800

在实际工作中，已验收入库材料的采购成本结转的程序有两种：一是在每批材料验收入库并计算出材料的实际采购成本后，逐批结转其实际采购成本；二是已验收入库材料的实际成本不是逐批结转，而是到月末汇总计算出各种材料的实际采购成本后，一并结转，这样只需要在月末编制一笔材料成本结转的会计分录，因而可简化材料成本的结转工作。

（二）计划成本法材料采购业务核算举例

表 5-14　材料采购业务的账务处理（计划成本法）

<table>
<tr><th colspan="2">典型业务（业务细分或详细步骤）</th><th>会计分录</th><th>备注</th></tr>
<tr><td colspan="2">① 材料采购时</td><td>借：材料采购
　　应交税费——应交增值税（进项税额）
　贷：库存现金/银行存款</td><td rowspan="6">1. 计划成本下必须先通过“材料采购”科目进行核算；
2. 为简化核算，可在期末汇总后一次性进行验收入库核算并计算材料成本差异；
3. 计划成本法，期末要计算材料成本差异率，结转发出材料应负担的差异额，将相关项目成本调整为实际成本。</td></tr>
<tr><td rowspan="3">②
材料
验收
入库时</td><td>实际成本>计划成
（形成超支差异、逆差）</td><td>借：原材料（计划成本）
　　材料成本差异（超支差异、逆差）
　贷：材料采购（实际采购成本）</td></tr>
<tr><td>实际成本<计划成本
（形成节约差异、顺差）</td><td>借：原材料（计划成本）
　贷：材料采购（实际采购成本）
　　　材料成本差异（节约差异、顺差）</td></tr>
<tr><td>日常领用</td><td>借：相关科目
　贷：原材料（计划成本）</td></tr>
<tr><td rowspan="2">③
月末结
转成本
差异</td><td>结转超支差异
（调增相关成本项目）</td><td>借：相关科目（超支差异、逆差）
　贷：材料成本差异</td></tr>
<tr><td>结转节约差异
（调减相关成本项目）</td><td>借：材料成本差异
　贷：相关科目（节约差异、顺差）</td></tr>
</table>

1. 付款同时收料

结算凭证与材料同时到达的采购业务。在这种情况下，企业一方面按材料的实际成本付款，另一方面按计划成本结转入库材料的成本，同时结转其实际成本与计划成本之间的差异。

【例 5-21】 20×9 年 5 月 3 日，红光工厂购入一批 A 材料，取得的增值税专用发票上注明：买价 200 000 元，增值税进项税额 26 000 元，该批材料的计划成本为 210 000 元，款项通过银行转账支付，材料已验收入库。红光工厂应编制如下会计分录：

☞ 用银行存款支付货款时：

借：材料采购——A 材料	200 000
应交税费——应交增值税(进项税额)	26 000
贷：银行存款	226 000

☞ 材料验收入库时：

借：原材料——A 材料	210 000
贷：材料采购——A 材料	210 000

☞ 结转入库材料成本差异(节约差)：

借：材料采购——A 材料	10 000
贷：材料成本差异	10 000

2. 先付款，后收料

这类业务是指已经收到发票并付款或已开出承兑商业汇票，但材料尚未到达或尚未验收入库的在途物资。

【例 5-22】 20×9 年 5 月 12 日，红光工厂向海星工厂采购一批 B 材料，买价 50 000 元，增值税进项税额 6 500 元，运费 545 元(其中增值税额为 45 元)，款项开出银行承兑汇票支付，材料尚未收到。红光工厂应编制如下会计分录：

借：材料采购——B 材料	50 500
应交税费——应交增值税(进项税额)	6 545
贷：应付票据——海星工厂	57 045

5 月 15 日，红光工厂收到海星工厂发来的 B 材料，如数验收入库，计划成本为 50 200 元。红光工厂应编制如下会计分录：

借：原材料——B材料 502 00
  贷：材料采购——B材料 50 200

☞ 同时结转材料成本差异(超支差)：

借：材料成本差异 265
  贷：材料采购——B材料 265

3. 先收料，后付款

对于尚未收到发票但材料已经验收入库的业务，在材料收到时，可暂不做会计分录，待办理结算手续后，再按应计入材料采购成本的金额，作付款同时收料的会计处理。如果发票在月末仍未到达，应在月末将材料按计划成本暂估入账，下月初用红字原数冲回。

【例 5-23】某月 25 日，企业收到一批材料，其计划成本 20 000 元，已验收入库。在月末其发票仍未到达，则企业应编制如下会计分录：

☞ 在月末其发票仍未到达：

借：原材料 20 000
  贷：应付账款——暂估应付账款 20 000

☞ 下月初，用红字冲回：

借：原材料 [20 000]
  贷：应付账款——暂估应付账款 [20 000]

4. 原材料发出的核算

采用计划成本计价的企业，原材料发出的核算程序与实际成本计价也基本相同。区别主要是在月末要计算原材料的成本差异率，并根据原材料的成本差异率来计算并结转发出原材料的差异额，将计划成本调整为实际成本。

1）材料成本差异率的计算

【例 5-24】红光工厂 20×9 年 5 月初结存原材料的计划成本为 100 000 元，本月收入原材料的计划成本为 200 000 元，本月发出原材料的计划成本为 160 000 元，“材料成本差异”科目的月初余额为 10 000 元(贷方)，本月收入材料成本差异为 4 000 元(超支)，材料成本差异率及发出材料应负担的成本差异计算如下：

材料成本差异率＝[(－10 000＋4 000)÷(100 000＋200 000)]×100％＝－2％

发出材料应负担的成本差异＝160 000×(－2％)＝－3 200(元)

发出材料的实际成本＝160 000－3 200＝156 800(元)

月末结存材料的实际成本＝140 000×(1－2％)＝137 200(元)

2）账务处理

日常领用、发出原材料均按计划成本记账，月度终了，按照发出各种原材料的计划成本，计算应负担的成本差异，借记有关账户，贷记“材料成本差异”账户（实际成本小于计划成本的差异做相反会计分录）。材料成本差异应按发出材料的不同去向进行分配，记入相应账户。

【例 5-25】某企业按计划成本进行原材料的日常核算，当月“发料凭证汇总表”上列明，生产产品领用材料 120 000 元，车间一般耗用 5 000 元，厂部管理部门领用 15 000 元，该月这种材料的成本差异率为 2％。根据有关凭证应编制如下会计分录：

☞ 本月领料时：		
借：生产成本	120 000	
制造费用	5 000	
管理费用	15 000	
贷：原材料		140 000
☞ 月末结转材料成本差异时：		
借：生产成本	2 400	
制造费用	100	
管理费用	300	
贷：材料成本差异		2 800

材料成本差异的结转，一般在月份终了时进行，不得在季末或年末一次计算。材料成本差异率一般应按材料类别分别计算确定。

材料成本差异率＝(期初材料成本差异＋本期购入材料的成本差异额)/(期初材料的计划成本＋本期购入材料的计划成本)×100％

发出材料应负担的差异额＝发出材料的计划成本×材料成本差异率

表 5-15　计划成本法下材料流转过程各账户关系图

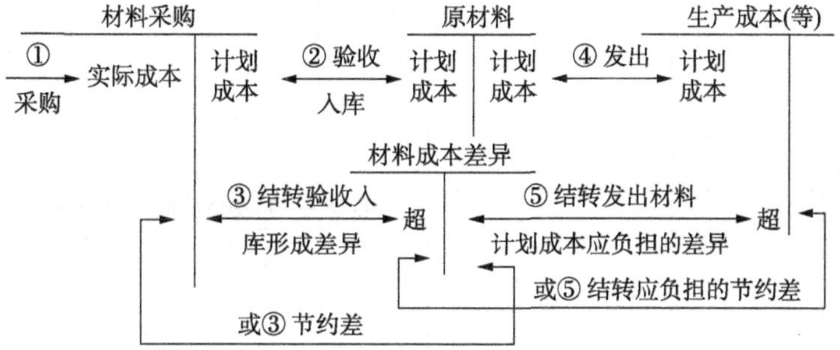

说明：

① 采购时，按实际成本付款，记入“材料采购”账户借方；

② 验收入库时，按计划成本记入“原材料”账户的借方，“材料采购”账户的贷方；

③ 期末结转，验收入库材料形成的材料成本差异超支差记入“材料成本差异”账户的借方，节约差记入“材料成本差异”账户的贷方；

④ 平时发出材料时，一律用计划成本；

⑤ 期末，计算材料成本差异率，结转发出材料应负担的差异额。

表 5-16　材料采购入账方法与账户使用

区别内容	计划成本法	实际成本法
涉及账户	“材料采购”“原材料”“材料成本差异”	“在途物资”“原材料”
核算差异	“材料采购”按实际成本核算，“原材料”按计划成本核算，前两者差异记入“材料成本差异”	“在途物资”“原材料”均按实际成本核算
流程差异	所有材料采购均分两步走（即使立即到库），采购时先记入“材料采购”，验收时再记入“原材料”“材料成本差异”；材料发出也按计划成本核算，月末结转差异	立即到库直接记入“原材料”账户，暂未到库直接记入“在途物资”账户，到库后转入“原材料”账户，材料发出直接按实际成本结转

说明：

① 表示采用预付账款方式的预付款项给供应商；

② 表示材料的采购价款（不含增值税价格＋相关运杂费用）；

③ 表示在材料的采购过程中应支付的应交增值税进项税额（与②或⑥同时发生）；

④ 表示采购的材料经过验收合格入库（原材料是材料采购的最终成果）；

⑤ 表示偿还赊购材料时欠下的应付账款或应付票据。

⑥ 表示购买固定资产，需要安装时要通过“在建工程”账户核算，安装完备再转入固定资产。

注：小规模纳税人不设置“应交税费——应交增值税”账户，增值税计入材料成本。

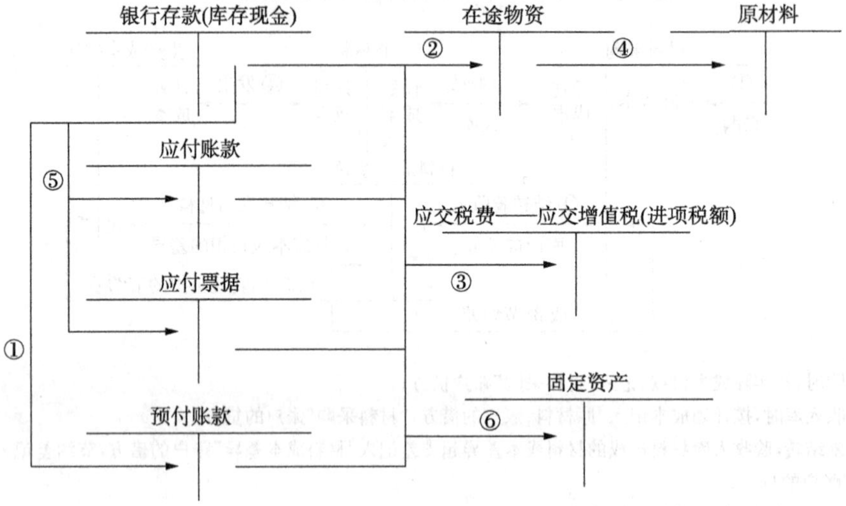

图 5-4 采购过程各账户流转关系图

☺ **测试 5.3 作业 5.3**

第五节 生产业务的账务处理

企业产品的生产过程同时也是生产资料的耗费过程。企业在生产过程中发生的各项生产费用,是企业为获得收入预先垫支并需要得到补偿的资金耗费。这些费用最终都要归集、分配给特定的产品,形成产品的成本。

产品成本的核算是指把一定时期内企业生产过程中所发生的费用,按其性质和发生地点,分类归集、汇总、核算,计算出该时期内生产费用的发生总额,并按适当的方法分别计算出各种产品的实际成本和单位成本等。

一、生产费用的构成

生产费用是指与企业日常生产经营活动有关的费用,按其经济用途可分为直接材料、直接人工和制造费用。

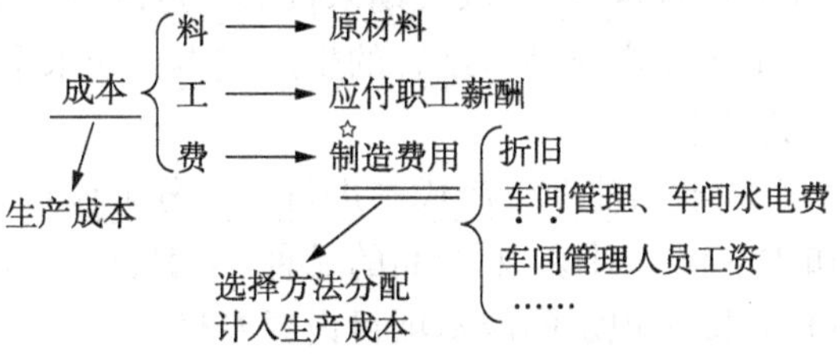

图 5-5　产品成本的内容

(一) 直接材料

直接材料是指构成产品实体的原材料以及有助于产品形成的主要材料和辅助材料。例如,原料及主要材料、辅助材料、半成品、燃料和动力等,这些材料可以是自制的,也可以是外购的。直接材料直接计入产品成本项目。

(二) 直接人工

直接人工是指直接从事产品生产的工人的职工薪酬。不直接从事产品生产的职工薪酬不构成直接人工支出;而应根据具体情况归入制造费用和管理费用等项目。直接人工直接计入产品成本项目。

(三) 制造费用

制造费用是指企业为生产产品和提供劳务而发生的各项间接费用。制造费用不能直接计入各产品成本的费用,如车间管理人员的工资薪酬、固定资产的折旧费、办公费、保险费、水电费、机物料耗费等。在生产多种产品的情况下,需要按照一定的方法,分配计入产品成本。核算中先记入“制造费用”账户,期末再分配结转到“生产成本”账户。

二、账户设置

企业通常设置以下账户对生产费用业务进行会计核算。

(一) “生产成本”账户

“生产成本”账户属于成本类账户,用以核算企业生产各种产品(产成品、自制半成品等)、自制材料、自制工具、自制设备等发生的各项生产成本。

该账户借方登记应计入产品生产成本的各项费用,包括直接计入产品生产成本的直接材料费、直接人工费和其他直接支出，以及期末按照一定的方法分配计入产品生产成本的制造费用；贷方登记完工入库产成品应结转的生产成本。期末余额在借方，反映企业期末尚未加工完成的在产品成本。

该账户可按基本生产成本和辅助生产成本进行明细分类核算。基本生产成本应当分别按照基本生产车间和成本核算对象（如产品的品种、类别、订单、批别、生产阶段等）设置明细账（或成本计算单），并按照规定的成本项目设置专栏。

（二）“制造费用”账户

“制造费用”账户属于成本类账户，用于核算企业生产车间（部门）为生产产品和提供劳务而发生的各项间接费用。

该账户借方登记实际发生的各项制造费用，贷方登记期末按照一定标准分配转入“生产成本”账户借方的应计入产品成本的制造费用。期末结转后，该账户一般无余额。

该账户可按不同的生产车间、部门和费用项目进行明细核算。

成本类账户只有上述两种，“制造费用”貌似是损益类账户实际上是成本类账户。产品的生产成本最终都会归集到“生产成本”账户中，从账户分类看，“生产成本”属于成本类账户，从静态时点看，“生产成本”属于资产类，实质上“生产成本”是企业的“在产品”成本，是企业存货的重要内容之一，期末“生产成本”余额也将反映在“存货”总额中。

（三）“库存商品”账户

“库存商品”账户属于资产类账户，用于核算企业库存的各种商品的实际成本（或进价）或计划成本（或售价），包括库存产成品、外购商品、存放在门市部准备出售的商品、发出展览的商品以及寄存在外的商品等。

该账户借方登记验收入库的库存商品成本，贷方登记发出的库存商品成本。期末余额在借方，反映企业期末库存商品的实际成本（或进价）或计划成本（或售价）。

该账户可按库存商品的种类、品种和规格等进行明细核算。

（四）“应付职工薪酬”账户

“应付职工薪酬”账户属于负债类账户，用于核算企业根据有关规定应付给职工的各种薪酬。

表 5-17　生产业务主要账户的使用

生产成本

期初余额：表示企业期初尚未完工产品(在产品)的成本	
本期产品生产投入的各项成本，包括平时登记应直接计入产品成本的直接材料费和直接人工费，以及月末登记应计入产品成本经分配转入的制造费用	已完工验收入库转入“库存商品”账户的完工产品生产成本转出额
期末余额：表示企业期末尚未完工产品(在产品)的成本	

制造费用

归集平时在车间范围内实际所发生的各项制造费用	**月末一次性分配**转入“生产成本”各明细账户

应付职工薪酬

	期初余额：表示企业前期应付而未付的职工薪酬
本月实际支付的职工薪酬	本月应该承担的职工薪酬数额
	期末余额：本月应付而未付的职工薪酬

库存商品

期初余额：表示企业期初库存产成品的成本	
本期完成全部生产加工过程，并验收入库的产成品的成本	销售等发出产成品的成本
	期末余额：表示企业期末库存产成品的成本

该账户借方登记本月实际支付的职工薪酬；贷方登记本月计算的应付职工薪酬，包括短期薪酬、离职后福利、辞退福利、其他长期职工薪酬。期末余额在贷方，反映企业应付未付的职工薪酬。

该账户可按“短期薪酬”“离职后福利”“辞退福利”“其他长期职工薪酬”等进行明细核算。

除季节性的生产企业外，“制造费用”账户月末经分配结转后应无余额。

“生产成本”账户期初、期末余额在资产负债表“存货”中核算。

三、账务处理

确定成本计算对象后，产品成本账务处理的主要内容有：①将直接材料直接计入产品成本项目；②将直接人工直接计入产品成本项目；③将共同发生的制造费用先归集，月末采用适当的分配标准（如生产工人工资、机器工时、耗用的原材料数量或者成本等）分配计入各产品成本项目；④月末将各种生产成本在完工产品和在产品之间进行分配，计算出完工产品和期末在产品成本；⑤将完工产品成本结转到“库存商品”账户。

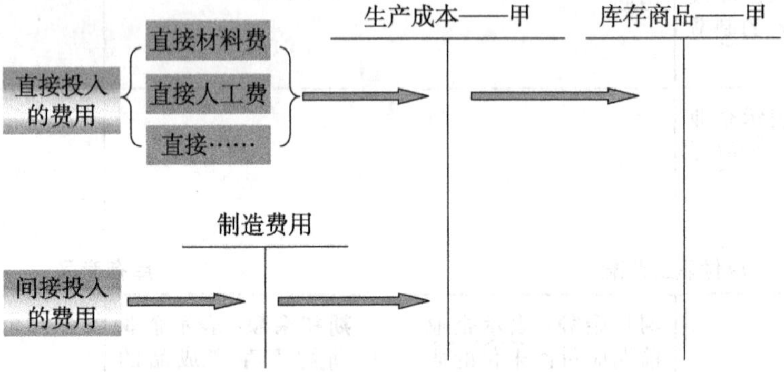

图 5-6　产品的制造成本的计算

(一) 材料费用的归集与分配

1. 材料发出的计价

实际工作中企业发出存货成本的计价方法包括先进先出法、月末一次加权平均法、移动加权平均法和个别计价法等。企业应当根据各类存货的实物流转方式、企业管理要求、存货的性质等实际情况，合理地确定发出存货成本的计价方法。

1）个别计价法

个别计价法又称个别认定法等，采用这种方法是指按各种存货，逐一辨别认清各批发出存货和期末存货所属的购进批别或生产批别，分别以入库时确定的单位成本作为计算确定各批发出存货和期末库存存货的实际成本的一种方法。

优点：采用这种方法，计算发出存货的成本和期末存货的成本比较合理、准确。

缺点：实务操作的工作量繁重，困难较大。

个别计价法适用于一般不能替代使用的存货以及为特定项目专门购入或制造的存货，如珠宝、名画等贵重物品。

2）先进先出法

先进先出法是假设先收到的货物先发出，并据此对发出存货和期末存货计价的一种方法。在每次发出存货时都假定发出的是库存最久的存货，期末存货则是最近入库的存货。

优点：采用先进先出法可以随时结出存货发出成本和结存成本。

缺点：如果存货收发业务较频繁，收入单价不稳定时，核算工作量较大。

影响：在物价持续上涨时，发出存货的成本偏低，使当期利润较高，而期末结存的存货成本则接近市价，在物价持续上涨时，情况则相反。

3）加权平均法

（1）全月一次加权平均法，是指以期初结存存货数量和本期收入存货数量之和为权数，来确定本月发出存货的加权平均单价，并据以计算存货的发出成本和期末结存成本的一种方法。

存货单位成本＝全月可供发出存货总成本÷全月可供发出存货总数量

本月发出存货成本＝本月发出存货数量×加权平均单价

本月结存存货成本＝本月结存存货数量×加权平均单价

优点：采用全月一次加权平均法，只在月末一次计算加权平均单价，比较简单，而且在市场价格上涨或下跌时所计算出来的单位成本平均化，对存货成本的分摊较为折中。

缺点：这种方法平时无法从账上提供发出和结存存货的单价及金额，不利于加强对存货的管理。

【例 5-26】长江公司采用先进先出法计算发出材料和期末材料的成本。20×8 年 9 月甲材料明细账，如表 5-18 所示（金额单位：元）。

表 5-18　甲材料明细账

材料类别：甲材料　　　　计量单位：千克

20×8 年		凭证编号	摘　要	收　入			发　出			结　存		
月	日			数量	单价	金额	数量	单价	金额	数量	单价	金额
9	1		期初余额							3 000	4	12 000
										3 000	4	12 000
	8		购入	2 000	4.4	8 800				2 000	4.4	8 000
							3 000	4	12 000			
	18		领用				1 000	4.4	4 400	1 000	4.4	4 400
										1 000	4.4	4 400

（续表）

20×8年		凭证编号	摘 要	收 入			发 出			结 存		
月	日			数量	单价	金额	数量	单价	金额	数量	单价	金额
	25	（略）	购入	3 000	4.6	13 800				3 000	4.6	13 800
	29		领用				1 000 1 000	4.4 4.6	4 400 4 600	2 000	4.6	9 200
	30		领用				500	4.6	2 300	1 500	4.6	6 900
	30		本月合计	5 000		22 600	6 500		27 000	1 500	4.6	6 900

承上述资料，假定长江公司采用月末一次加权平均法计算发出材料和期末材料的成本。具体计算如下：

存货单位成本＝(12 000＋8 800＋13 800)÷(3 000＋2 000＋3 000)＝4.325(元)

本月发出存货的成本＝6 500×4.325＝28 112.50(元)

本月月末库存存货成本：(12 000＋8 800＋13 800)－28 112.50＝6 487.50(元)

(2) 移动加权平均法是指在每次收入存货以后，立即根据库存存货的数量和总成本，计算出新的平均单位成本，并作为下一次发出存货的单价的一种方法。

存货单位成本＝现有存货总成本÷现有存货总数量

优点：计算的平均单位成本以及发出和结存的存货成本比较客观。

缺点：采用这种方法，每次收货都要计算一次平均单价，计算工作量较大，对收发货较频繁的企业不适用。

【例 5-27】 承上例资料，假定长江公司采用移动加权平均法计算发出材料和期末材料的成本。具体计算如下：

第一批收货后的存货平均单位成本＝(12 000＋8 800)÷(3 000＋2 000)＝4.16(元)

第一批发出存货的成本＝4 000×4.16＝16 640(元)

当时结存的存货成本＝1 000×4.16＝4 160(元)

第二批收货后的存货平均单位成本＝(4 160＋13 800)÷(1 000＋3 000)＝4.49(元)

第二批发出存货的成本＝2 000×4.49＝8 980(元)

第三批发出存货的成本＝500×4.49＝2 245(元)

本月月末库存存货成本＝1 500×4.49＝6 735(元)

本月发出存货成本合计＝16 640＋8 980＋2 245＝27 865(元)

2. 材料发出的账务处理

企业生产产品必定会耗用一定的原材料。生产部门领用原材料时应填制领料单，向仓库办理领料手续。仓库根据领料单发料后，应将领料凭证递交会计部门，据以作为入账的依据。会计部门一般在月末编制汇总领料凭证，据以编制记账凭证。

表 5-19　直接材料对应的核算科目

使用部门或归属对象	会计核算科目
归属于某一种产品	生产成本——××产品
无法直接判断归属于某一种产品	制造费用
行政管理部门耗用的材料	管理费用

表 5-20　材料发出的账务处理

业务细分或详细步骤	会计分录	备注
产品生产领用材料 (某一种产品耗用)	借：生产成本——××产品 ——××产品 贷：原材料——××材料 ——××材料	1. “制造费用”期末按一定标准分配转入“生产成本”，期末将完工产品的“生产成本”转入“库存商品”以便销售核算销售成本 2. “管理费用”直接计入当期损益
生产车间领用材料 (某几种产品共同耗用)	借：制造费用 贷：原材料——××材料 ——××材料	
行管部门领用材料	借：管理费用 贷：原材料——××材料 ——××材料	

【例 5-28】 20×8 年 12 月，长江公司生产领用材料情况，如表 5-21 所示。

表 5-21 材料耗用汇总表

××公司 20×8 年 12 月 单位：元

用 途	甲材料		乙材料		丙材料	
	数 量	金 额	数 量	金 额	数 量	金 额
生产产品用						
生产 A 产品	4 000	20 000	2 000	30 000		
生产 B 产品	600	3 000			500	10 000
小 计	4 600	23 000	2 000	30 000	500	10 000
车间一般耗用	200	1 000				
行政管理部门耗用			100	1 500		
合 计	4 800	24 000	2 100	31 500	500	10 000

其会计分录如下：

借：生产成本——A 产品 50 000
　　　　　——B 产品 13 000
　　制造费用 1 000
　　管理费用 1 500
　贷：原材料——甲材料 24 000
　　　　　——乙材料 31 500
　　　　　——丙材料 10 000

(二) 职工薪酬的归集与分配

职工薪酬是指企业为获得职工提供的服务或解除劳动关系而给予各种形式的报酬或补偿，具体包括短期薪酬、离职后福利、辞退福利和其他长期职工福利。企业提供给职工配偶、子女、受赡养人、已故员工遗属及其他受益人等的福利，也属于职工薪酬。

对于短期职工薪酬，企业应当在职工为其提供服务的会计期间，按实际发生额确认为负债，并计入当期损益或相关资产成本。企业应当根据职工提供服务的受益对象，分别下列情况处理：

(1) 应由生产产品、提供劳务负担的短期职工薪酬，计入产品成本或劳务成本。其中，生产工人的短期职工薪酬应借记“生产成本”账户；生产车间管理人员的短期职工薪酬属于间接费用。

当企业采用计件工资制时，生产工人的短期职工薪酬属于直接费用，应直接计入有关产品的成本。当企业采用计时工资制时，对于只生产一种产品的生产工人的短期职工薪酬也属于直接费用，应直接计入产品成本；对于同时生产多种产品的生产工人的短期职工薪酬，则需采用一定的分配标准（实际生产工时或定额生产工时等）分配计入产品成本。

（2）应由在建工程、无形资产负担的短期职工薪酬，计入建造固定资产或无形资产成本。

（3）除上述两种情况之外的其他短期职工薪酬应计入当期损益。如企业行政管理部门人员和专设销售机构销售人员的短期职工薪酬均属于期间费用，应分别借记“管理费用”“销售费用”等账户，贷记“应付职工薪酬”账户。

表 5-22　职工工作岗位与工资费用的归属

工人工作地点、岗位	成本归属科目
生产车间生产工人短期职工薪酬（归属于某一种产品）	生产成本——××产品
生产车间管理人员短期职工薪酬（无法直接判断归属于某一种产品）	制造费用
在建工程、无形资产人员短期职工薪酬	在建工程、无形资产
管理部门管理人员短期职工薪酬	管理费用
销售部门销售人员短期职工薪酬	销售费用

表 5-23　职工薪酬的主要账务处理

<table>
<tr><th>业务细分或详细步骤</th><th>会计分录</th><th>备注</th></tr>
<tr><td>产品生产人员薪酬（某一种产品耗用）</td><td>借：生产成本——××产品
——××产品
贷：应付职工薪酬</td><td rowspan="3">根据职工提供服务的受益对象分别处理</td></tr>
<tr><td>车间管理人员薪酬（某几种产品共同耗用）</td><td>借：制造费用
贷：应付职工薪酬</td></tr>
<tr><td>企业管理人员薪酬</td><td>借：管理费用
贷：应付职工薪酬</td></tr>
</table>

【例 5-29】月末，长江公司根据考勤记录和产量记录计算的工资如下：

生产工人工资 40 000 元，车间生产 A、B 两种产品，其中 A 产品生产工时为 2 900 小

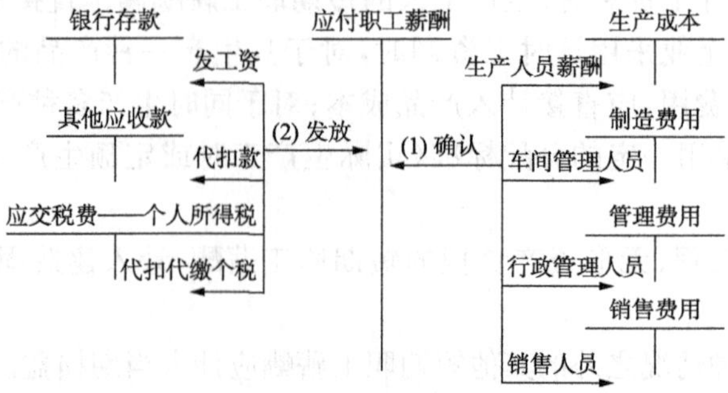

图 5-7 “应付职工薪酬”对应科目关系

时,B 产品生产工时为 1 100 小时(生产工人工资按产品生产工时比例分配);车间管理人员工资 9 000 元;企业行政管理人员工资 7 000 元。

在该项经济业务中,由于车间生产 A、B 两种产品,生产工人工资应在 A、B 两种产品之间进行分配,以确定某种产品应承担的工资费用。

工资费用分配率=40 000÷(2 900+1 100)=10(元/小时)
A 产品应分配的工资费用=2 900×10=29 000(元)
B 产品应分配的工资费用=1 100×10=11 000(元)

其会计分录如下:

借:生产成本——A 产品	29 000	
——B 产品	11 000	
制造费用	9 000	
管理费用	7 000	
贷:应付职工薪酬		56 000

【例 5-30】本月职工福利费实际开支如下:A 产品生产工人 4 060 元,B 产品生产工人 1 540 元,车间管理人员 1 260 元,管理部门人员 980 元,款项通过银行转账支付。

计入相关成本时,其会计分录如下:

借：生产成本——A 产品	4 060
——B 产品	1 540
制造费用	1 260
管理费用	980
贷：应付职工薪酬	7 840

银行转账支付，其会计分录如下：

借：应付职工薪酬	7 840
贷：银行存款	7 840

【例 5-31】月末，长江公司提取现金 56 000 元以备发放职工工资。

其会计分录如下：

借：库存现金	56 000
贷：银行存款	56 000

承上，以现金发放职工工资 56 000 元。

其会计分录如下：

借：应付职工薪酬	56 000
贷：库存现金	56 000

（三）制造费用的归集与分配

企业发生的制造费用，应当按照合理的分配标准按月分配计入各成本核算对象的生产成本。企业可以采取的分配标准包括机器工时、人工工时、计划分配率等。

下面简要介绍按照实际分配率分配制造费用的方法，其计算公式如下：

制造费用分配率＝制造费用总额÷各种产品分配标准总数

某种产品应当承担的制造费用＝该种产品的分配标准×制造费用分配率

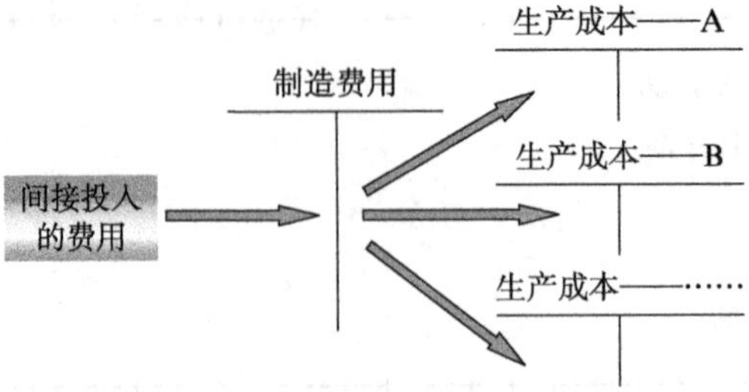

图 5-8 制造费用的归集和分配

【例 5-32】 海阳公司的机械化程度较高，其制造费用是按照机器工时进行分配的。某月该公司第一车间生产 A、B 两种产品，月末共发生制造费用 14 000 元，A、B 两种产品共耗用机器工时分别为 500 小时和 200 小时，则对 A、B 两种产品应当分配的制造费用计算如下：

制造费用分配率＝14 000÷(500＋200)＝20(元/小时)
A 产品应当承担的制造费用＝20×500＝10 000(元)
B 产品应当承担的制造费用＝20×200＝4 000(元)

根据以上计算可以编制制造费用分配表，如表 5-24 所示。

表 5-24 制造费用分配表

车间：第一车间　　××××年××月　　单位：元

借方科目		机器工时	分配率	分配金额
总账科目	明细科目			
生产成本	A 产品	500		10 000
生产成本	B 产品	200		4 000
合　计		700	20	14 000

根据制造费用分配表编制会计分录如下：制造费用共 14 000 元，其中 A 产品分配 10 000元，B 产品分配 4 000 元。

📖 制造费用经过分配后结转到产品的“生产成本”账户中，然后就可以将生产费用在完工产品和月末在产品之间进行分配，这一分配过程是十分重要并且十分复杂的，它可以采用约当产量法、定额比例法和定额成本法等方法进行分配。

表 5-25　生产过程核算主要会计分录

业务细分或详细步骤	会计分录	备注
制造费用归集	借：制造费用 　贷：累计折旧 　　　银行存款 　　　应付职工薪酬 　　　原材料	期末要算出“制造费用”全部借方发生额后再进行分配
制造费用分配	借：生产成本——××产品 　　　　　　——××产品 　贷：制造费用	

【例 5-33】 月末，企业生产车间进行某项辅助作业，领用原材料 1 600 元，并以现金支付其他费用 300 元。其会计分录如下：

借：制造费用　　1 900
　贷：原材料　　1 600
　　　库存现金　　300

【例 5-34】 月末，生产车间摊销年初已支付，应由本月负担的仓库租金 550 元。其会计分录如下：

借：制造费用　　550
　贷：预付账款　　550

【例 5-35】 月末，企业以现金支付生产车间杂费 500 元。其会计分录如下：

借：制造费用　　500
　贷：库存现金　　500

【例 5-36】 月末，生产车间共发生水电费 6 000 元，以银行存款支付。其会计分录如下：

借：制造费用　　6 000
　贷：银行存款　　6 000

【例 5-37】 月末，生产车间提取固定资产折旧费 35 600 元。其会计分录如下：

借：制造费用　　35 600
　贷：累计折旧　　35 600

【例 5-38】 月末，长江公司以生产工人工资为分配标准来分配制造费用。

根据以上经济业务可知，本月共发生和归集的制造费用为：

1 000＋9 000＋1 260＋1 900＋550＋500＋6 000＋35 600＝55 810(元)

以生产工人工资为标准来分配，计入 A、B 两种产品生产成本。根据制造费用分配表，如表 5-26 所示。

表 5-26　制造费用分配表

长江公司　　20×8 年 12 月　　单位：元

借方科目		生产工人工资	分配率	分配金额
总账科目	明细科目			
生产成本	A 产品	29 000		40 462
生产成本	B 产品	11 000		15 348
合　计		40 000	1.395 25	55 810

其会计分录如下：

借：生产成本——A 产品　　40 462
　　　　　——B 产品　　15 348
　贷：制造费用　　55 810

(四) 完工产品生产成本的计算与结转

产品生产成本计算是指将企业生产过程中为制造产品所发生的各种费用按照成本计算对象进行归集和分配，以便计算各种产品的总成本和单位成本。有关产品成本信息是进行库存商品计价和确定销售成本的依据。

企业应设置产品生产成本明细账，用来归集应计入各种产品的生产费用。通过对材料费用、职工薪酬和制造费用的归集和分配，企业各月生产产品所发生的生产费用已记入“生产成本”账户中。

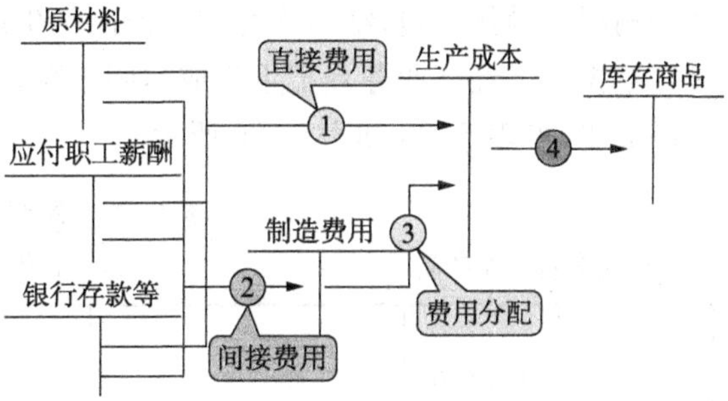

图 5-9　企业库存商品核算流程

如果月末某种产品全部完工，该种产品生产成本明细账所归集的费用总额，就是该种完工产品的总成本，用完工产品总成本除以该种产品的完工总产量即可计算出该种产品的单位成本。如果月末某种产品全部未完工，该种产品生产成本明细账所归集的费用总额就是该种产品在产品的总成本。

如果月末某种产品一部分完工，一部分未完工，此时归集在产品成本明细账中的费用总额还需要采取适当的分配方法在完工产品和在产品之间进行分配，然后才能计算出完工产品的总成本和单位成本。

完工产品与在产品的关系如下：

完工产品成本＝月初在产品成本＋本月发生的费用－月末在产品成本
完工产品单位成本＝完工产品成本÷完工产品数量
若月末没有在产品，则：
完工产品成本＝月初在产品成本＋本月发生的费用

表 5-27　生产过程核算主要会计分录

业务细分或详细步骤	会计分录	备注
完工产品成本结转	借：库存商品——××产品 ——××产品 贷：生产成本——××产品 ——××产品	期末完工的产品成本转入“库存商品”，未完工的“生产成本”作为在产品成本记入“存货”在资产负债表中列示

【例 5-39】月末，该批产品全部完工。其中，A 产品为 2 000 件，B 产品为 800 件，长

江公司根据前例资料，结转本月完工产品的生产成本。

根据以上经济业务登记生产成本明细账，归集应计入产品成本的生产费用，结转完工产品成本，如表 5-28 和表 5-29 所示。

表 5-28　生产成本明细账

产品名称：A 产品　　20×8 年 12 月　　单位：元

20×8 年		凭证号码	摘　要	成本项目			合　计
月	日			直接材料	直接人工	制造费用	
12	31	（略）	分配原材料	50 000			50 000
			分配工人工资		29 000		29 000
			提取职工福利费		4 060		4 060
			分配制造费用			40 462	40 462
			费用合计	50 000	33 060	40 462	123 522
			结转完工产品成本	50 000	33 060	40 460	123 522

表 5-29　生产成本明细账

产品名称：B 产品　　20×8 年 12 月　　单位：元

20×8 年		凭证号码	摘　要	成本项目			合　计
月	日			直接材料	直接人工	制造费用	
12	31	（略）	分配原材料	13 000			13 000
			分配工人工资		11 000		11 000
			提取职工福利费		1 540		1 540
			分配制造费用			15 348	15 348
			费用合计	13 000	12 540	15 348	40 888
			结转完工产品成本	13 000	12 540	15 348	40 888

同时，根据 A、B 两种产品的生产成本明细账，可以编制库存商品成本汇总计算表，如表 5-30 所示。

表 5-30　产品成本汇总表

长江公司　　20×8 年 12 月　　单位：元

成本项目	A 产品(2 000 件)		B 产品(800 件)	
	总成本	单位成本	总成本	单位成本
直接材料	50 000	25	13 000	16.25
直接人工	33 060	16.53	12 540	15.68
制造费用	40 460	20.23	15 348	19.19
合　计	123 520	61.76	40 888	51.12

根据库存商品成本汇总计算表，结转本月完工产品的成本，并编制会计分录如下：

借：库存商品——A 产品　　123 520
　　　　　　——B 产品　　40 888
　贷：生产成本——A 产品　　123 520
　　　　　　　——B 产品　　40 888

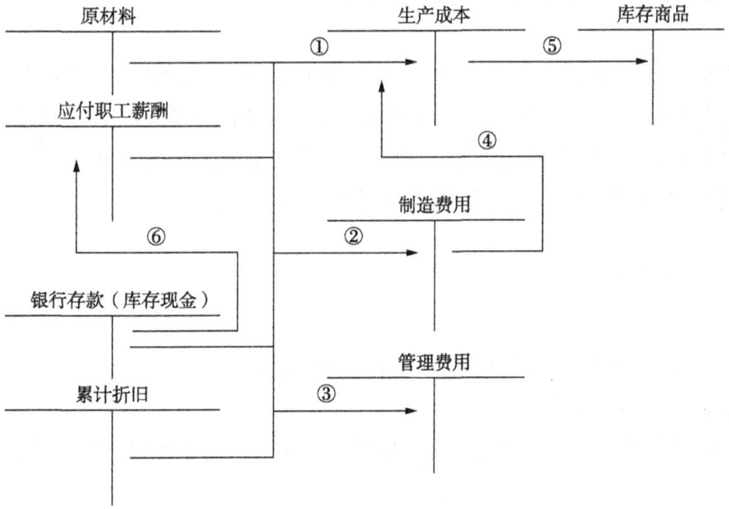

图 5-10　生产过程中各账户的流转关系

📖说明：

① 表示将在生产产品过程中发生的直接材料和直接人工归集到生产成本；

② 表示将在生产产品过程中发生的间接材料和间接人工归集到生产成本；

③ 表示将不直接归属于某个特定产品成本或者某项特定劳务的成本归集到期间费用；

④ 表示对制造费用进行分配；

⑤ 表示结转完工产品的生产成本；

⑥ 表示支付职工薪酬。

☺ **测试 5.4 作业 5.4**

第六节　销售业务的账务处理

销售过程是工业企业基本经济活动的最后阶段。企业通过这一过程，将产品资金转化为货币资金，从而完成一次资金循环。销售业务的账务处理涉及商品销售、其他销售等业务收入、成本、费用和相关税费的确认与计量等内容。

一、商品销售收入的确认与计量

企业销售商品收入的确认，必须同时符合以下条件：①企业已将商品所有权上的主要风险和报酬转移给购货方；②企业既没有保留通常与商品所有权相联系的继续管理权，也没有对已售出的商品实施控制；③收入的金额能够可靠地计量；④相关的经济利益很可能流入企业；⑤相关的已发生或将发生的成本能够可靠地计量。

二、账户设置

企业通常设置以下账户对销售业务进行会计核算：

1. “主营业务收入”账户

“主营业务收入”账户属于损益类账户，用以核算企业确认的销售商品、提供劳务等主营业务的收入。

该账户贷方登记企业实现的主营业务收入，即主营业务收入的增加额；借方登记期末转入“本年利润”账户的主营业务收入（按净额结转），以及发生销售退回和销售折让时应冲减本期的主营业务收入。期末结转后，该账户无余额。

该账户应按照主营业务的种类设置明细账户，进行明细分类核算。

2. “其他业务收入”账户

“其他业务收入”账户属于损益类账户，用以核算企业确认的除主营业务活动以外的其他经营活动实现的收入，包括出租固定资产、出租无形资产、出租包装物和商品、销售材料等。

该账户贷方登记企业实现的其他业务收入，即其他业务收入的增加额；借方登记期末转入“本年利润”账户的其他业务收入。期末结转后，该账户无余额。

该账户可按其他业务的种类设置明细账户，进行明细分类核算。

3. “应收账款”账户

“应收账款”账户属于资产类账户，用以核算企业因销售商品、提供劳务等经营活动产生的应收取的款项。

该账户借方登记由于销售商品以及提供劳务等发生的应收账款，包括应收取的价款、税款和代垫款等；贷方登记已经收回的应收账款。期末余额通常在借方，反映企业尚未收回的应收账款；期末余额如果在贷方，反映企业预收的账款。

该账户应按不同的债务人进行明细分类核算。

4. “应收票据”账户

“应收票据”账户属于资产类账户，用以核算企业因销售商品、提供劳务等而收到的商业汇票。

该账户借方登记企业收到的应收票据，贷方登记票据到期收回的应收票据；期末余额在借方，反映企业持有的商业汇票的票面金额。

该账户可按开出、承兑商业汇票的单位进行明细核算。

5. “预收账款”账户

“预收账款”账户属于负债类账户，用以核算企业按照合同规定预收的款项。预收账款情况不多的，也可以不设置本账户，将预收的款项直接记入“应收账款”账户。

该账户贷方登记企业向购货单位预收的款项等，借方登记销售实现时按实现的收入转销的预收款项等。期末余额在贷方，反映企业预收的款项；期末余额在借方，反映企业已转销但尚未收取的款项。

该账户可按购货单位进行明细核算。

6. “主营业务成本”账户

“主营业务成本”账户属于损益类账户，用以核算企业确认销售商品、提供劳务等主营业务收入时应结转的成本。

该账户借方登记主营业务发生的实际成本，贷方登记期末转入“本年利润”账户的主营业务成本。期末结转后，该账户无余额。

该账户可按主营业务的种类设置明细账户，进行明细分类核算。

7. “其他业务成本”账户

“其他业务成本”账户属于损益类账户，用以核算企业确认的除主营业务活动以外的其他经营活动所发生的支出，包括销售材料的成本、出租固定资产的折旧额、出租无形资产的摊销额、出租包装物的成本或摊销额等。

该账户借方登记其他业务的支出额，贷方登记期末转入“本年利润”账户的其他业务支出额。期末结转后，该账户无余额。

该账户可按其他业务的种类设置明细账户，进行明细分类核算。

8. “营业税金及附加”账户

“营业税金及附加”账户属于损益类账户，用以核算企业经营活动发生的消费税、城市维护建设税、资源税和教育费附加等相关税费。需注意的是，房产税、车船税、土地使用税、印花税通过“管理费用”账户核算，但与投资性房地产相关的房产税、土地使用税通过该账户核算。

该账户借方登记企业应按规定计算确定的与经营活动相关的税费，贷方登记期末转入“本年利润”账户的与经营活动相关的税费。期末结转后，该账户无余额。

9. “销售费用”账户

“销售费用”账户属于损益类账户，用以核算企业发生的各项销售费用。

该账户借方登记发生的各项销售费用，贷方登记期末转入“本年利润”账户的销售费用额。期末结转后，该账户无余额。

该账户可按费用项目设置明细账户，进行明细分类核算。

企业在销售商品过程中发生的包装费、保险费、展览费和广告费、运输费、装卸费等费用，借记“销售费用”账户，贷记“库存现金”“银行存款”等账户。

企业发生的为销售本企业商品而专设的销售机构的职工薪酬、业务费等费用，借记“销售费用”账户，贷记“应付职工薪酬”“银行存款”“累计折旧”等账户。

表 5-31　销售业务主要账户设置

主营业务收入		其他业务收入	
①发生销售退回或者销售折让时应冲减本期的产品销售收入；②期末转入“本年利润”账户	本期实现的主营业务收入	期末转入“本年利润”账户	登记企业实现的其他业务收入

📖“主营业务收入”“其他业务收入”结转后该账户无余额。

应收账款

期初余额：期初未收回的应收货款	
销售业务而增加的应收货款	收回的应收货款
期末余额：期末尚未收回的应收货款	

应收票据

期初余额：期初表示尚未到期的应收票据款	
企业收到对方承兑的汇票金额	对方偿还的应付票据款
期末余额：期末表示尚未到期的应收票据款	

预收账款

	期初余额：企业期初尚未偿付的预收账款金额
企业用商品或劳务抵偿的预收账款金额	企业预收的货款金额
	期末余额：企业期末尚未偿付的预收账款金额

主营业务成本

从“库存商品”账户转入的本期已销售商品的生产成本	期末转入“本年利润”账户

📖“主营业务成本”结转后该账户无余额。

其他业务成本

从“原材料”“周转材料”等转入的本期的其他业务成本	期末转入“本年利润”账户

营业税金及附加

按照规定标准计算出的本期应负担的各种销售税费	期末转入“本年利润”账户

（续表）

销售费用	
企业所发生的各种销售费用	企业期末结转当期损益的销售费用

📖“其他业务成本”“营业税金及附加”“销售费用”结转后该账户无余额。

三、账务处理

表 5-32　销售过程核算账务处理

<table>
<tr><th>典型业务</th><th colspan="2">业务细分或详细步骤</th><th>会计分录</th><th>备注</th></tr>
<tr><td rowspan="7">确认收入</td><td colspan="2">现款销售</td><td>借：银行存款（库存现金）
　贷：主营业务收入——××产品
　　（其他业务收入——××材料）
　　应交税费——应交增值税（销项税额）</td><td rowspan="7">1. “库存商品”是生产和销售的连接点
2. “主营业务收入”“主营业务成本”“销售费用”等期末结转至“本年利润”
3. 应交税费——应交增值税与“本年利润”无关</td></tr>
<tr><td rowspan="2">赊账销售</td><td>销售发生</td><td>借：应收账款——××单位
　（应收票据——××单位）
　贷：主营业务收入——××产品
　　（其他业务收入——××材料）
　　应交税费——应交增值税（销项税额）</td></tr>
<tr><td>收回欠款</td><td>借：银行存款（库存现金）
　贷：应收账款——××单位
　　（应收票据——××单位）</td></tr>
<tr><td rowspan="3">预收款项销售</td><td>取得预收款项</td><td>借：银行存款（库存现金）
　贷：预收账款——××单位</td></tr>
<tr><td>正式销售产品</td><td>借：预收账款——××单位
　贷：主营业务收入——××产品
　　（其他业务收入——××材料）
　　应交税费——应交增值税（销项税额）</td></tr>
<tr><td>收到余款</td><td>借：银行存款（库存现金）
　贷：预收账款——××单位</td></tr>
</table>

（续表）

典型业务	业务细分或详细步骤	会计分录	备注
结转成本		借：主营业务成本——××产品 （其他业务成本——××材料） 贷：库存商品——××产品（原材料）	
发生销售费用		借：销售费用 贷：库存现金 银行存款 应付职工薪酬 累计折旧	
确认营业税费		借：税金及附加 贷：应交税费——应交消费税 ——应交城市维护建设税 ——应交教育费附加 ……	

小规模纳税人相关处理前面已经介绍。

(一) 收入的账务处理

1. 取得主营业务收入的账务处理

1) 现销业务

【例 5-40】20×9 年 1 月 10 日，长江公司向顺源公司发出 B 产品 1 000 件，每件不含增值税售价为 500 元。发票上注明的货款为 500 000 元，增值税额为 65 000 元。货款已存入银行。会计部门根据增值税专用发票记账联及银行收账通知，应编制如下会计分录：

借：银行存款	565 000
贷：主营业务收入	500 000
应交税费——应交增值税（销项税额）	65 000

2) 赊销业务

【例 5-41】20×9 年 1 月 12 日，长江公司向红星公司发出 B 产品 200 件，每件不含增值税售价为 500 元。发票上注明的货款为 100 000 元,增值税额为 13 000 元,货款尚未收到。会计部门根据增值税专用发票记账联,应编制如下会计分录:

借:应收账款——红星公司	113 000	
贷:主营业务收入		100 000
应交税费——应交增值税(销项税额)		13 000

3)预收款销售业务

【例 5-42】 20×9 年 1 月 15 日,长江公司根据销货合同预收恒通公司购货款 10 000 元,货款已存入银行。会计部门根据银行收账通知,应编制如下会计分录:

借:银行存款	10 000	
贷:预收账款——恒通公司		10 000

【例 5-43】 承[例 5-42],20×9 年 1 月 20 日,长江企业向恒通公司发出 B 产品 100 件,每件不含增值税售价为 500 元。发票上注明的货款为 50 000 元,增值税额为 6 500 元。会计部门根据增值税专用发票记账联,应编制如下会计分录:

借:预收账款——恒通公司	56 500	
贷:主营业务收入		50 000
应交税费——应交增值税(销项税额)		6 500

【例 5-44】 承前例,20×9 年 1 月 25 日,长江公司向恒通公司收取余款计 46 500 元,已存入银行。会计部门根据银行收账通知应编制如下会计分录:

借:银行存款	46 500	
贷:预收账款——恒通公司		46 500

2. 取得其他业务收入的账务处理

【例 5-45】 20×9 年 5 月 10 日,长江公司出售一批不需用的原材料 10 000 元,增值税税率 13%,款项尚未收到。会计部门根据增值税专用发票的记账联,应编制如下会计分录：

借：应收账款　　11 300
　贷：其他业务收入　　10 000
　　应交税费——应交增值税(销项税额)　　1 300

(二) 成本、税金的账务处理

1. 结转主营业务成本的账务处理

【例 5-46】 20×9 年 5 月 31 日，长江公司结转已售 A 产品的成本 12 500 元。会计部门根据产品出库单，应编制如下会计分录：

借：主营业务成本——A 产品　　12 500
　贷：库存商品——A 产品　　12 500

2. 结转其他业务成本的账务处理

【例 5-47】 20×9 年 5 月 31 日，长江公司结转已售原材料的成本 6 500 元。会计部门根据原材料出库单，应编制如下会计分录：

借：其他业务成本　　6 500
　贷：原材料　　6 500

3. 发生营业税金及附加的账务处理

【例 5-48】 20×9 年 5 月 31 日，长江公司计算应交相关税金 5 000 元。编制如下会计分录：

借：税金及附加　　5 000
　贷：应交税费——应交××税　　5 000

4. 发生销售费用的账务处理

【例 5-49】 20×9 年 6 月 20 日，长江公司以现金支付销售 A 产品的运杂费 500 元。

会计部门根据取得的运杂费发票，应编制如下会计分录：

借：销售费用　　500
　贷：库存现金　　500

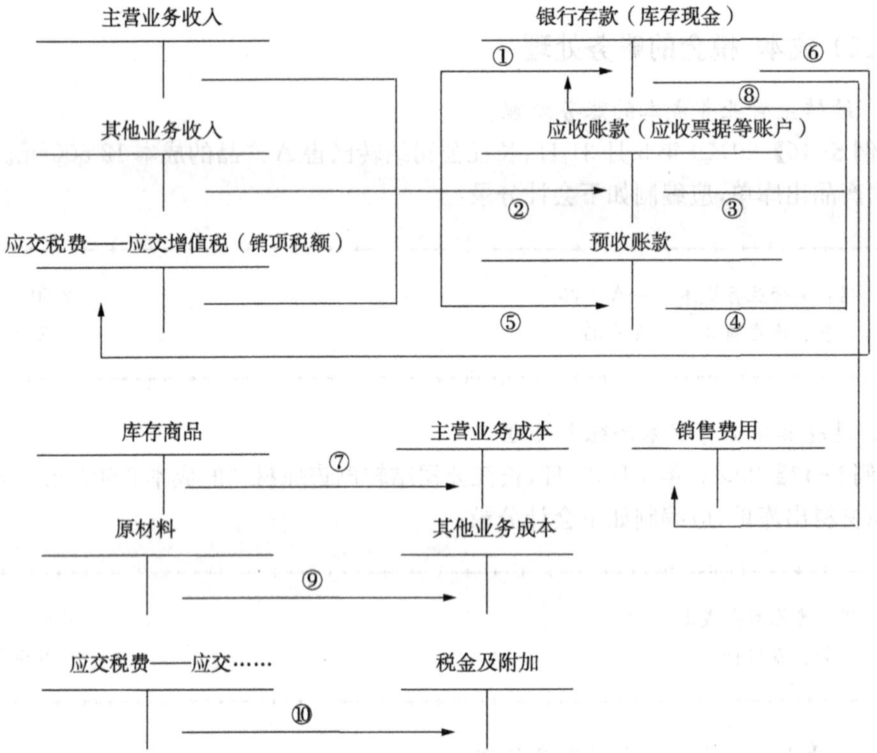

图 5-11　销售业务各账户流转关系

说明：
① 表示企业发生产品现销业务；
②③ 表示企业发生产品赊销业务并收到相关款项；
④⑤ 表示企业采用预收账款方式销售产品；
⑥ 表示向税务机关缴纳增值税(销项税与进项税的差额)；

⑦ 表示结转已经销售产品的生产成本；
⑧ 表示发生销售费用；
⑨ 表示结转其他业务成本；
⑩ 表示核算营业税金及附加。

☺ 测试 5.5 作业 5.5

第七节　期间费用的账务处理

一、期间费用的构成

期间费用是指企业日常活动中不能直接归属于某个特定成本核算对象的，在发生时应直接计入当期损益的各种费用。期间费用包括管理费用、销售费用和财务费用。

管理费用是指企业为组织和管理企业生产经营活动所发生的各种费用。

销售费用是指企业销售商品和材料、提供劳务的过程中发生的各种费用。

财务费用是指企业为筹集生产经营所需资金等而发生的筹资费用。

二、账户设置

企业通常设置以下账户对期间费用业务进行会计核算（财务费用、销售费用前面已经介绍，不再重复，这里主要介绍管理费用）：

“管理费用”账户属于损益类账户，用以核算企业为组织和管理企业生产经营所发生的管理费用。

该账户借方登记发生的各项管理费用，贷方登记期末转入“本年利润”账户的管理费用额。期末结转后，该账户无余额。

该账户可按费用项目设置明细账户，进行明细分类核算。

表 5-33　管理费用的账户设置

管理费用	
企业发生的各项管理费用	期末转入“本年利润”账户

期间费用结转后该账户无余额。

三、账务处理

表 5-34　管理费用核算账务处理

<table>
<tr><th>典型业务</th><th colspan="2">业务细分或详细步骤</th><th>会计分录</th><th>备注</th></tr>
<tr><td colspan="3">发生管理费用</td><td>借：管理费用
贷：银行存款（库存现金）
原材料等科目</td><td rowspan="7">1. 以预付方式支付期间费用是将费用提前给对方，后期需要摊销
2. 业务人员预借款项方式是本单位工作人员预借款项，尚没有正式使用，暂时作为“其他应收款”</td></tr>
<tr><td rowspan="2">以预付方式支付期间费用</td><td colspan="2">预付款项时</td><td>借：预付账款
贷：银行存款（库存现金）</td></tr>
<tr><td colspan="2">摊销管理费用</td><td>借：管理费用
贷：预付账款</td></tr>
<tr><td rowspan="3">业务人员预借款项方式</td><td colspan="2">预借款项时</td><td>借：其他应收款——××
贷：银行存款（库存现金）</td></tr>
<tr><td rowspan="2">报销款项时</td><td>预借款项＞报销费用</td><td>借：管理费用
库存现金
贷：其他应收款——××</td></tr>
<tr><td>预借款项＜报销费用</td><td>借：管理费用
贷：其他应收款——××
银行存款（库存现金）</td></tr>
<tr><td colspan="3">期末结转至“本年利润”</td><td>借：本年利润
贷：管理费用</td></tr>
</table>

企业在筹建期间内发生的开办费，包括人员工资、办公费、培训费、差旅费、印刷费、注册登记费以及不计入固定资产成本的借款费用等在实际发生时，借记“管理费用”账户，贷记“应付利息”“银行存款”等账户。

行政管理部门人员的职工薪酬，借记“管理费用”，贷记“应付职工薪酬”账户。

行政管理部门计提的固定资产折旧，借记“管理费用”账户，贷记“累计折旧”账户。

行政管理部门发生的办公费、水电费、业务招待费、聘请中介机构费、咨询费、诉讼费、技术转让费、企业研究费用，借记“管理费用”账户，贷记“银行存款”“研发支出”等账户。

企业生产车间（部门）和行政管理部门等发生的固定资产修理费用等后续支出，也在本账户核算。

（一）预付费用及其摊销

【例 5-50】 20×8 年 12 月 20 日，长江公司以银行存款预付 20×9 年度报纸、杂志费及财产保险费共计 120 000 元。会计部门根据取得的报纸、杂志费发票，保险费发票及银行付款通知，应编制如下会计分录：

借：预付账款	120 000	
贷：银行存款		120 000

【例 5-51】 承上例，20×9 年 1 月 31 日起，当年的每月月末，长江公司摊销预付的报纸、杂志费及财产保险费时，会计部门根据计算的月摊销额，应编制如下会计分录：

借：管理费用	10 000	
贷：预付账款		10 000

（二）预借款项出差账务处理

【例 5-52】 企业为拓展产品销售业务派王明出差，王明预借差旅费 22 000 元，以现金付讫。其会计分录如下：

借：其他应收款——王明	22 000	
贷：银行存款		22 000

月末王明出差回来，报销差旅费 20 000 元，余款交回现金 2 000 元。会计部门根据差旅费报销单和借款结算单据，应编制如下会计分录：

借：管理费用	20 000
库存现金	2 000
贷：其他应收款——王明	22 000

(三) 发生管理费用的其他账务处理

【例 5-53】20×9 年 6 月 24 日，长江公司业务员报销业务招待费 3 400 元，以现金支付。会计部门根据有关发票，应编制如下会计分录：

借：管理费用	3 400
贷：库存现金	3 400

☺ 测试 5.6 作业 5.6

第八节　利润形成与分配业务的账务处理

一、利润形成的账务处理

(一) 利润的形成

利润是指企业在一定会计期间的经营成果，包括收入减去费用后的净额、直接计入当期损益的利得和损失等。利润由营业利润、利润总额和净利润三个部分构成。

1. 营业利润

营业利润是反映企业管理者的经营业绩，其计算公式如下：

营业利润＝营业收入－营业成本－营业税金及附加－销售费用－管理费用－财务费用
　　－资产减值损失＋公允价值变动收益(－公允价值变动损失)＋投资收益(－投资损失)
其中,营业收入＝主营业务收入＋其他业务收入
　　营业成本＝主营业务成本＋其他业务成本

2. 利润总额

利润总额又称税前利润,是指营业利润加上营业外收入减去营业外支出后的金额,其计算公式如下:

利润总额＝营业利润＋营业外收入－营业外支出

3. 净利润

净利润又称税后利润,是指利润总额扣除所得税费用后的净额,其计算公式如下:

净利润＝利润总额－所得税费用

(二) 账户设置

企业通常设置以下账户对利润形成业务进行会计核算。

1. "本年利润"账户

"本年利润"账户属于所有者权益类账户,用于核算企业当期实现的净利润(或发生的净亏损)。企业期(月)末结转利润时,应将各损益类账户的金额转入该账户,结平各损益类账户。

该账户贷方登记企业期(月)末转入的主营业务收入、其他业务收入、营业外收入和投资收益等;借方登记企业期(月)末转入的主营业务成本、营业税金及附加、其他业务成本、管理费用、财务费用、销售费用、营业外支出、投资损失和所得税费用等。上述结转完成后,该账户余额如在贷方,即为当期实现的净利润;余额如在借方,即为当期发生的净亏损。年度终了,应将本年实现的净利润(或发生的净亏损),转入"利润分配——未分配利润"账户贷方(或借方),结转后本账户无余额。

2. "投资收益"账户

"投资收益"账户属于损益类账户,用于核算企业确认的投资收益或投资损失。

该账户贷方登记实现的投资收益和期末转入“本年利润”账户的投资净损失；借方登记发生的投资损失和期末转入“本年利润”账户的投资净收益。期末结转后，该账户无余额。

该账户可按投资项目设置明细账户，进行明细分类核算。

3. “营业外收入”账户

“营业外收入”账户属于损益类账户，用于核算企业发生的各项营业外收入，主要包括非流动资产处置利得、非货币性资产交换利得、债务重组利得、政府补助、盘盈利得、捐赠利得等。

该账户贷方登记营业外收入的实现，即营业外收入的增加额；借方登记会计期末转入“本年利润”账户的营业外收入额。期末结转后，该账户无余额。

该账户可按营业外收入项目设置明细账户，进行明细分类核算。

4. “营业外支出”账户

“营业外支出”账户属于损益类账户，用于核算企业发生的各项营业外支出，包括非流动资产处置损失、非货币性资产交换损失、债务重组损失、公益性捐赠支出、非常损失、盘亏损失等。

该账户借方登记营业外支出的发生，即营业外支出的增加额；贷方登记期末转入“本年利润”账户的营业外支出额。期末结转后，该账户无余额。

该账户可按支出项目设置明细账户，进行明细分类核算。

5. “所得税费用”账户

“所得税费用”账户属于损益类账户，用于核算企业确认的应从当期利润总额中扣除的所得税费用。

该账户借方登记企业应计入当期损益的所得税；贷方登记企业期末转入“本年利润”账户的所得税。期末结转后，该账户无余额。

表 5-35　利润形成主要账户的设置

营业外收入	
期末转入“本年利润”账户	企业发生的各项营业外收入

营业外支出	
企业发生的各项营业外支出	期末转入“本年利润”账户

“营业外收入”“营业外支出”结转后该账户无余额。

（续表）

投资收益

① 发生的投资损失 ② 期末投资净收益的转出数	① 取得的投资收益 ② 期末投资净损失的转出数

所得税费用

企业当期应当交纳的所得税费用	期末转入“本年利润”账户

“投资收益”“所得税费用”结转后，该账户无余额。

本年利润

① 损益支出类的转入数 ② 结转出全年实现的净利润金额	① 损益收入类的转入数 ② 结转出全年发生的亏损金额

利润分配

期初余额：表示企业期初累计未弥补亏损金额	**期初余额**：表示企业期初累计未分配的利润金额
① 转入的全年亏损金额 ② 按照规定实际分配的利润金额	企业将本年税后净利润转入的金额
期末余额：表示企业期末累计未弥补亏损金额	**期末余额**：表示企业期末累计未分配的利润金额

（三）账务处理

表 5-36　利润形成的账务处理

典型业务	业务细分或详细步骤	会计分录	备注
确认营业外收入		借：相关科目 　贷：营业外收入	1. “营业外收入”与“营业外支出”没有配比关系 2. “营业税金及附加”对应“应交税费”不包括“应交增值税” 3. “所得税费用”必须在结转完其他所有损益类科目计算出税前利润后才可计算和结转
确认营业外支出		借：营业外支出 　贷：相关科目	
确认投资收益		借：相关科目 　贷：投资收益（如亏损作相反的会计分录）	
确认资产减值损失		借：资产减值损失 　贷：相关科目	
确认公允价值变动损益		借：公允价值变动损益 　贷：相关科目（或作相反的会计分录）	

（续表）

<table>
<tr><th>典型业务</th><th>业务细分或详细步骤</th><th>会计分录</th><th>备注</th></tr>
<tr><td rowspan="2">结转损益，计算税前利润</td><td>结转收入类账户</td><td>借：主营业务收入
其他业务收入
营业外收入
投资收益
公允价值变动损益（也可能在贷方，在下一分录中结转）
贷：本年利润</td><td rowspan="3"></td></tr>
<tr><td>结转费用类账户</td><td>借：本年利润
贷：主营业务成本
其他业务成本
税金及附加
资产减值损失
营业外支出
财务费用
管理费用
销售费用</td></tr>
<tr><td colspan="2">计算确认本期所得税，并转入“本年利润”</td><td>借：所得税费用
贷：应交税费——应交所得税
借：本年利润
贷：所得税费用</td></tr>
</table>

1. 取得营业外收入的账务处理

【例 5-54】 20×9 年 6 月 20 日，长江公司对违反本企业管理规定的职工王某罚款 100 元，会计部门收到王某交来的现金。会计部门根据管理部门的罚款通知单，应编制如下会计分录：

借：库存现金　　100
　贷：营业外收入　　100

2. 发生营业外支出的账务处理

【例 5-55】 20×9 年 10 月 8 日，长江公司开出银行转账支票，通过教育局向某小学捐款 100 000 元。会计部门根据捐赠专用收据及银行付款通知，应编制如下会计分录：

借：营业外支出　　100 000
　贷：银行存款　　100 000

3. 结转利润的账务处理

1）计算、结转总利润

【例 5-56】 20×9 年 10 月 31 日，大地公司结转本月实现的各项收入和成本费用到"本年利润"账户。本月实现的主营业务收入为 106 000 元，主营业务成本为 47 494 元，营业税金及附加 10 600 元，其他业务收入 2 800 元，其他业务成本 2 000 元，管理费用11 314 元，财务费用 300 元，销售费用 1 000 元，营业外收入 130 元，营业外支出 10 000 元。会计部门根据各损益类账户的发生额，应编制如下会计分录：

借：主营业务收入	106 000	
其他业务收入	2 800	
营业外收入	130	
贷：本年利润		108 930
借：本年利润	82 708	
贷：主营业务成本		47 494
税金及附加		10 600
其他业务成本		2 000
管理费用		11 314
财务费用		300
销售费用		1 000
营业外支出		10 000

企业的利润总额＝108 930－82 708＝26 222(元)。

2）计算、结转所得税

【例 5-57】 承[例 5-56]，20×9 年 10 月 31 日，大地公司计算本期应交纳的企业所得税，并结转所得税费用。假定适用的所得税税率为 25%，本期的应纳税所得额就是本期的利润总额。

应纳所得税额＝应纳税所得额×所得税税率＝26 222×25%＝6 555.5(元)

会计部门根据企业所得税计算表，应编制如下会计分录：

借：所得税费用	6 555.5	
贷：应交税费——应交所得税		6 555.5
交纳时：		
借：应交税费——应交所得税	6 555.5	
贷：银行存款		6 555.5

同时，结转企业的所得税费用。

借：本年利润　　6 555.5

　贷：所得税费用　　6 555.5

大地公司本期的净利润＝26 222－6 555.5＝19 666.5(元)。

二、利润分配的账务处理

利润分配是指企业根据国家有关规定和企业章程、投资者协议等，对企业当年可供分配利润指定其特定用途和分配给投资者的行为。利润分配的过程和结果不仅关系到每个股东的合法权益是否得到保障，而且还关系到企业的未来发展。

(一) 利润分配的顺序

企业向投资者分配利润，应按一定的顺序进行。按照我国《公司法》的有关规定，利润分配应按下列顺序进行。

1. 计算可供分配的利润

企业在利润分配前，应根据本年净利润(或亏损)与年初未分配利润(或亏损)、其他转入的金额(如盈余公积弥补的亏损)等项目，计算可供分配的利润，即：

可供分配的利润＝净利润(或亏损)＋年初未分配利润－(弥补以前年度的亏损)＋其他转入的金额

如果可供分配的利润为负数(即累计亏损)，则不能进行后续分配；如果可供分配利润为正数(即累计盈利)，则可进行后续分配。

2. 提取法定盈余公积

按照《公司法》的有关规定，公司应当按照当年净利润(抵减年初累计亏损后)的10%提取法定盈余公积，提取的法定盈余公积累计额超过注册资本50%以上的，可以不再提取。

3. 提取任意盈余公积

公司提取法定盈余公积后，经股东会或者股东大会决议，还可以从净利润中提取任意盈余公积。

4. 向投资者分配利润(或股利)

企业可供分配的利润扣除提取的盈余公积后,形成可供投资者分配的利润,即:

可供投资者分配的利润=可供分配的利润-提取的盈余公积

企业可采用现金股利、股票股利和财产股利等形式向投资者分配利润(或股利)。

(二) 账户设置

企业通常设置以下账户对利润分配业务进行会计核算:

1. "利润分配"账户

"利润分配"账户属于所有者权益类账户,用于核算企业利润的分配(或亏损的弥补)和历年分配(或弥补)后的余额。

该账户借方登记实际分配的利润额,包括提取的盈余公积和分配给投资者的利润,以及年末从"本年利润"账户转入的全年发生的净亏损;贷方登记用盈余公积弥补的亏损额等其他转入数,以及年末从"本年利润"账户转入的全年实现的净利润。年末,应将"利润分配"账户下的其他明细账户的余额转入"未分配利润"明细账户,结转后,除"未分配利润"明细账户可能有余额外,其他各个明细账户均无余额。"未分配利润"明细账户的贷方余额为历年累积的未分配利润(即可供以后年度分配的利润),借方余额为历年累积的未弥补亏损(即留待以后年度弥补的亏损)。

该账户应当分别对"提取法定盈余公积""提取任意盈余公积""应付现金股利或利润""转作股本的股利""盈余公积补亏"和"未分配利润"等账户进行明细核算。

2. "盈余公积"账户

"盈余公积"账户属于所有者权益类账户,用于核算企业从净利润中提取的盈余公积。

该账户贷方登记提取的盈余公积,即盈余公积的增加额,借方登记实际使用的盈余公积,即盈余公积的减少额。期末余额在贷方,反映企业结余的盈余公积。

该账户应当设"法定盈余公积""任意盈余公积"账户并进行明细核算。

3. "应付股利"账户

"应付股利"账户属于负债类账户,用以核算企业分配的现金股利或利润。

该账户贷方登记应付给投资者股利或利润即应付股利的增加额;借方登记实际支付给投资者的股利或利润,即应付股利的减少额。期末余额在贷方,反映企业应付未付的现金股利或利润。

该账户可按投资者进行明细核算。

表 5-37 财务成果核算主要账户的设置

利润分配

期初余额：表示企业期初累计未弥补亏损金额	**期初余额**：表示企业期初累计未分配的利润金额
① 转入的全年亏损金额 ② 按照规定实际分配的利润金额	企业将本年税后净利润转入的金额
期末余额：表示企业期末累计未弥补亏损金额	**期末余额**：表示企业期末累计未分配的利润金额

盈余公积

	期初余额：盈余公积期初结存金额
因使用而减少的数额，如弥补亏损、转增资本等	提取的盈余公积
	期末余额：盈余公积期末结存金额

应付股利

	期初余额：期初尚未支付的前期应付股利
实际支付时的金额	已通过的股利分配政策应当支付的利润或者现金股利
	期末余额：表示企业期末尚未支付的应付股利

(三) 账务处理

表 5-38 利润分配的账务处理

业务细分或详细步骤	会计分录	备注
净利润转入利润分配	借：本年利润 贷：利润分配——未分配利润 如为净亏损，则做相反会计分录	对董事会或类似机构通过的利润分配方案中拟分配的现金股利或利润，不做账务处理，但应在附注中披露
提取盈余公积金	借：利润分配——提取法定盈余公积金 贷：盈余公积——法定盈余公积金 借：利润分配——提取任意盈余公积金 贷：盈余公积——任意盈余公积金	

（续表）

业务细分或详细步骤	会计分录	备注
向投资者分配利润或股利	借：利润分配——应付股利 贷：应付股利 借：利润分配——转作股本股利 贷：股本 （对于股票股利，应在办妥增资手续后，按转作股本的金额进行账务处理）	
盈余公积补亏	借：盈余公积 贷：利润分配——盈余公积补亏	
利润分配明细结转	借：利润分配——未分配利润 贷：利润分配——提取法定盈余公积 ——提取任意盈余公积 ——应付现金股利 ——盈余公积补亏 ——转作股本股利	

结转前，如果“利润分配——未分配利润”明细账户的余额在借方，上述结转当年所实现净利润的分录同时反映了当年实现的净利润自动弥补以前年度亏损的情况。因此，在用当年实现的净利润弥补以前年度亏损时，不需另行编制会计分录。

企业发生的亏损，除用当年实现的净利润弥补外，还可使用累积的盈余公积弥补。

结转后，“利润分配”账户中除“未分配利润”明细账户外，所属其他明细账户无余额。“未分配利润”明细账户的贷方余额表示累积未分配的利润，该账户如果出现借方余额，则表示累积未弥补的亏损。

1. 结转本期净利润的账务处理

【例 5-58】 20×9 年 12 月 31 日，汇丰公司将本年实现的净利润 500 000 元转入“利润分配”账户。

借：本年利润　　500 000

　贷：利润分配——未分配利润　　500 000

2. 提取法定盈余公积的账务处理

【例 5-59】 承前例，截至 20×9 年 12 月 31 日，汇丰公司的年末未分配利润为

1 268 700元。2×10 年 1 月 28 日，汇丰公司董事会决定按上年度实现的净利润 500 000 元的 10%提取法定公积 50 000 元。

借：利润分配——提取法定盈余公积	50 000	
贷：盈余公积——法定盈余公积		50 000

3. 提取任意盈余公积的账务处理

【例 5-60】 承[例 5-58]，2×10 年 1 月 28 日，汇丰公司董事会同时决定按上年度实现的净利润 500 000 元的 5%提取任意盈余公积 25 000 元。

借：利润分配——提取任意盈余公积	25 000	
贷：盈余公积——任意盈余公积		25 000

4. 向投资者分配利润的账务处理

【例 5-61】 承[例 4-54]，2×10 年 1 月 28 日，汇丰公司董事会同时决定向投资者分配利润 300 000 元。

借：利润分配——应付现金股利	300 000	
贷：应付股利		300 000

5. 利润分配明细账户结转的账务处理

【例 5-62】 承前例，利润分配结束后，应将“利润分配”账户中其他明细账户的余额结清，转入“利润分配——未分配利润”明细账户，以便结出年末未分配利润总额。

借：利润分配——未分配利润	375 000	
贷：利润分配——提取法定盈余公积		50 000
——提取任意盈余公积		25 000
——应付现金股利		300 000

汇丰公司根据 2×10 年 1 月 28 日董事会决议进行利润分配后，未分配利润的余额＝1 268 700(包括[例 5-58]中 20×9 年实现的利润 500 000 元)－50 000－25 000－300 000＝893 700(元)。

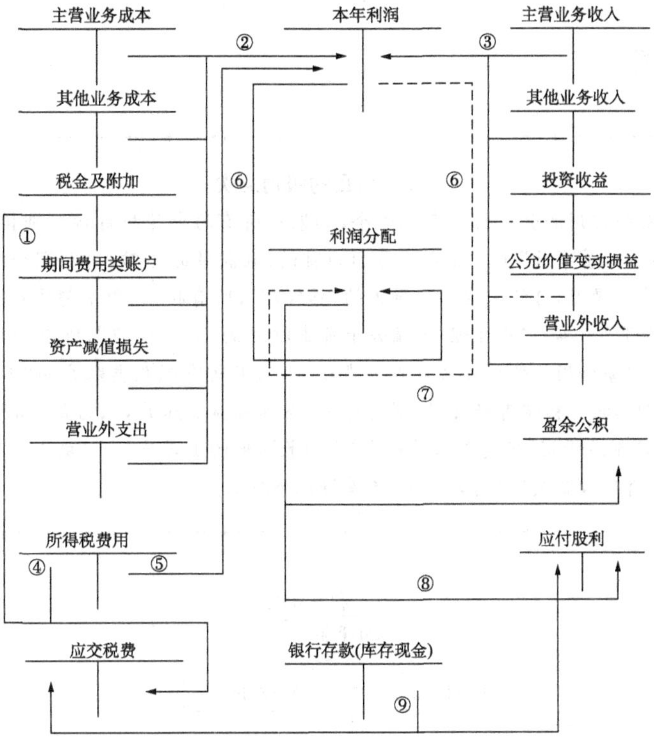

图 5-12　财务成果各账户流转关系

说明：

① 表示确认本期营业税金及附加(增值税以外的税款)；

② 表示期末从各损益支出类账户结转到本年利润的各项费用；

③ 表示期末从各损益收入类账户转入到本年利润的各项收入；

④ 表示按②③结转的收支相抵后计算利润总额并确认本期所得税费用；

⑤ 表示将所得税费用转入本年利润以便计算净利润；

⑥ 表示企业将本年实现的税后净利润或全年亏损金额转入“利润分配”账户；

⑦ 表示企业按照规定提取的盈余公积；

⑧ 表示企业分配利润或现金股利；

⑨ 表示企业缴纳企业所得税及其他税款及支付股利。

注：1. 应交税费要设置明细科目核算不同的税种；

2. 投资收益、公允价值变动损益也可能减少总利润，同成本费用一样在贷方结转到本年利润的借方。

拓展阅读

会计科目的级别层次

企业经济业务常用的会计科目有几十个，如果对所有的会计科目按级别排序，“利润分配”无疑是层次最高的“董事长”了。企业以盈利为目的，利润最终全转入“利润分配”，日常经营不需要“董事长”亲自操刀，自然需要一位得力的“总经理”，所有收入、费用都要对其负责，这位“总经理”非“本年利润”莫属。“总经理”下属若干负责收支的“高级经理”，所有损益类科目就是若干“高级经理”，但每个损益类科目只负责一类业务，只有所有损益类账户向“本年利润”汇总后才可以确认当期利润。初学者经常将“制造费用”当作损益类账户，以为是“高级经理”，从图5-13中一看便知，“制造费用”充其量只是一个“小组长”，他的上司是“生产成本”，“生产成本”的直接领导是“库存商品”，显然离“高级经理”还差好几个级别。

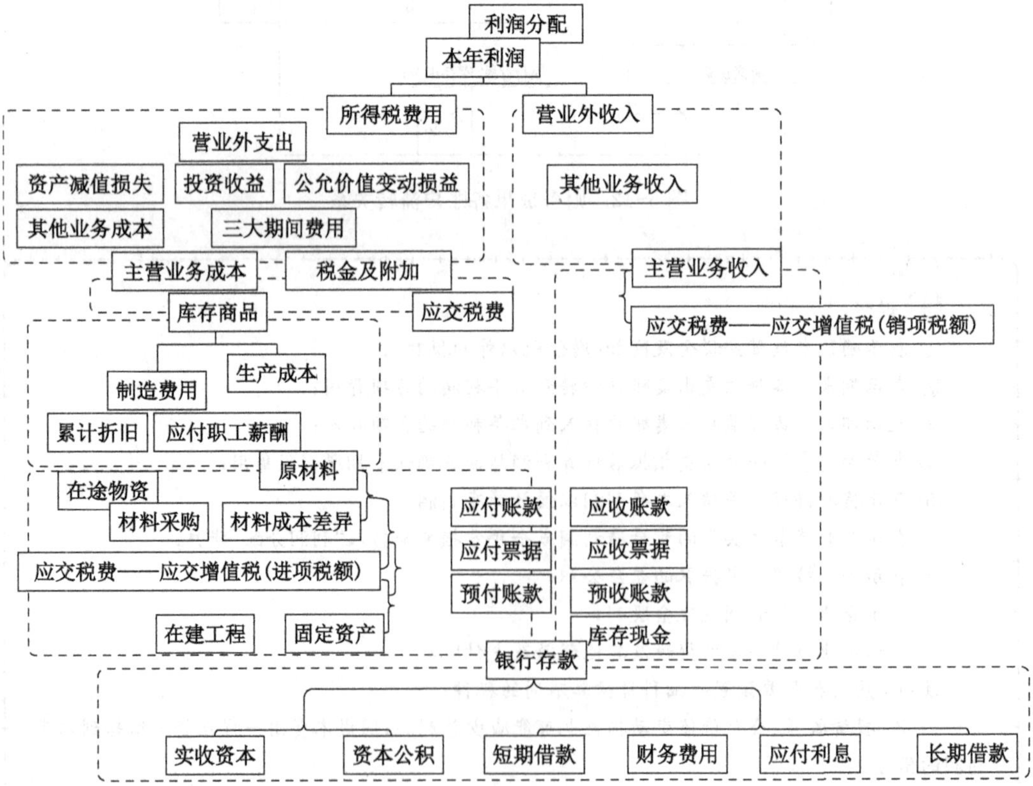

图5-13　常用科目的结构层次

☺ 测试 5.7 作业 5.7

要点提示

(1) 所有者权益筹资账户的设置与处理(关注“资本公积”);

(2) 负债筹资账户的设置与处理(关注“财务费用”“应付利息”“长期借款”,不同用途长期借款利息费用记入的对应科目,一次还本付息长期借款利息处理的区别);

(3) 固定资产的账务处理;

(4) 材料的采购成本(共同费用的分摊),材料采购账户的设置与处理(实际成本法与计划成本法的异同、增值税的原理与账户处理,材料发出的计价);

(5) 生产费用的构成,生产业务的账户设置与处理,材料发出的计价,直接材料的处理,直接人工的处理,制造费用的归集与分配,转出库存商品成本的核算与账务处理;

(6) 收入的确认与计量,销售收入的账务处理,销售成本、税金、费用的账务处理;

(7) 期间费用的构成,管理费用的账务处理;

(8) 利润的构成,利润形成的账务处理(收入类账户的结转、费用类账户的结转、所得税费用的计算与结转),利润分配业务的账务处理。

第六章　会计凭证

学习目标

表 6-1　本章学习目标

能力目标	1. 能够识别、选择、填写、审核各种常用原始凭证； 2. 能够熟练填制收、付、转记账凭证、通用记账凭证； 3. 能够正确审核各种记账凭证
知识目标	1. 了解会计凭证的概念与作用，了解会计凭证的传递； 2. 熟悉原始凭证与记账凭证的种类，熟悉会计凭证的保管； 3. 掌握原始凭证的填制，掌握记账凭证的填制，掌握原始凭证与记账凭证的审核

学习指导

关于内容⇨本章主要介绍会计凭证概述、原始凭证的填制和审核、记账凭证的填制和审核、会计凭证的传递和保管等内容。经济业务发生后应该填制或取得相应的原始凭证，会计人员根据审核无误的原始凭证填制记账凭证，审核无误后作为登记账簿的依据。通过本章的学习，可以完成原始凭证、记账凭证的填制，作为账簿登记的依据。

关于方法⇨本章学习的关键是在掌握凭证填制技术要求的基础上，快速、规范地完成各类凭证的填制。非会计专业重点要掌握原始凭证的填制和审核技能（实际业务中大量原始凭证都是非会计人员填制的），会计专业读者要全面掌握原始凭证、记账凭证的填制和审核技能。

融会贯通⇨本章内容比较琐碎，不仅要会填写各种凭证，而且对细节要了如指掌。信息时代凭证的输入是会计核算的第一道环节，也是确保会计信息客观性的基础环节，正确并熟练的完成会计凭证的填制是会计人员的基本功之一。

本章导入

现在是法制社会，凡事口说无凭，一定要有证据。比如，我们去商场买东西，会有购物小票，这就是我们在商场购物的凭证，我们交电话费，会有话费清单，这是证明话费结清的凭证，乘坐公交车，索要车票，这是我们乘车的凭证等。

小王约了几个朋友晚上聚餐，酒足饭饱后，结账时发现现金不够，要求刷卡，消费金额为446.5元，刷卡后小王将POS单习惯性地随手一扔。到期还款时小王发现本月账单暴涨，最后发现这笔餐费由于收银员的失误而打成了4 465元。由于当时的凭证POS单已丢失，也没有索要就餐发票，没法证明消费的金额，缺乏相应的证据，4 000多元的损失就没有追回。

从会计角度看，经济业务发生都必须取得相应的证据，会计人员拿什么证明已将公司销售产品的钱存入了银行、员工的工资已经发放、贷款已经支付等事情？一定要有相应的会计凭证。销毁、隐匿、涂改会计凭证均是违法行为。

思考：为什么需要会计凭证？会计凭证的具体内容有哪些？如何使用？

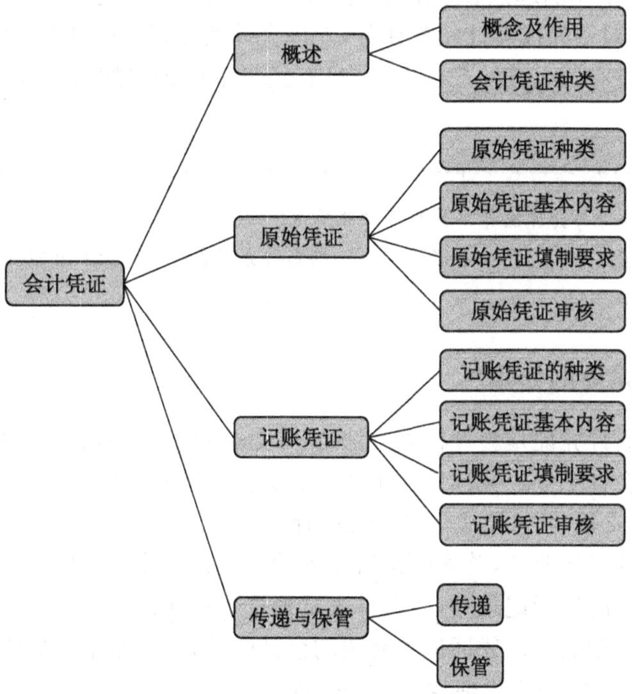

图6-1 本章结构关系图

内容精讲

第一节 会计凭证概述

一、会计凭证的概念与作用

(一) 会计凭证的概念

会计凭证是记录经济业务发生和完成情况的书面证明,也是登记账簿的依据。

为了保证会计资料的客观、真实,单位发生每一项经济业务都必须由有关人员按照规定的程序和要求,取得或者填制具有法律效力的会计凭证,来证明经济业务执行或完成情况,以便如实地反映和监督经济活动,为登记账簿提供重要的依据。填制和审核会计凭证,既是会计核算工作的起点、基础,也是会计核算的一个重要方法。认真做好会计凭证填制与审核工作,对于完成会计核算任务,发挥会计的监督作用具有重要的意义。一切会计凭证都必须经过有关人员的严格审核,只有经过审核无误的会计凭证才能作为登记账簿的依据。

【互动 6-1】单选题·会计核算工作的基础环节是(　　)。
A. 进行财产清查　B. 登记会计账簿　C. 编制财务报表　D. 填制和审核会计凭证

(二) 会计凭证的作用

填制和审核会计凭证是会计核算方法之一,是会计核算的初始阶段和基本环节,是一项重要的基础性会计工作。会计凭证工作的意义主要体现在以下三个方面。

1. 记录经济业务,提供记账依据(记录、计量)

对于任何一项经济业务,首先由执行业务的有关人员或单位填制或取得原始凭证,对经济业务的基本情况进行记录;然后会计人员根据审核无误的原始凭证填制记账凭证;最后需要根据审核无误的记账凭证记入有关的会计账簿,为编制报表提供数据。

2. 明确经济责任,强化内部控制(签章、传递)

任何会计凭证除记录有关经济业务的基本内容外,还必须由经办人及责任人签字盖章，对会计凭证所记录经济业务的真实性、正确性、合法性负责，会计人员在记账凭证填制前要对原始凭证进行审核，在登记账簿前要对记账凭证进行审核，这样，既明确了有关人员及部门的经济责任、增强有关人员的责任感，也强化了单位的内部控制。

3. 监督经济活动，控制经济运行（强调事中控制）

在会计凭证中必须详细记载各项经济业务的主要内容，通过填制与审核会计凭证就可以查明每一项经济业务是否符合国家有关法律、法规和制度的规定，是否符合计划、预算，是否有违法乱纪、铺张浪费的行为。从而可以及时地发现经营管理及会计核算工作中存在的问题，有效地遏制违法行为，发挥会计监督的职能作用，保证各单位经济活动的良性发展。

【互动 6-2】 多选题·会计凭证的作用是（　　）。

A. 记录经济业务，提供记账依据　　B. 明确经济责任，强化内部控制

C. 监督经济活动，控制经济运行　　D. 汇总业务数据，编制会计报表

二、会计凭证的种类

会计凭证按照编制程序和用途一般可以分为原始凭证和记账凭证两类。

（一）原始凭证

原始凭证是在经济业务发生或完成时取得或填制的，用以记录或证明经济业务的发生或完成情况、明确有关经济责任的原始凭据。

如出差乘坐的车船票、采购材料的发货票、到仓库领料的领料单等，都是原始凭证。

【互动 6-3】 单选题·业务发生时取得的单据是（　　）。

A. 记账凭证　　B. 发票　　C. 记账凭单　　D. 原始凭证

（二）记账凭证

记账凭证又称记账凭单，是会计人员根据审核无误的原始凭证对经济业务事项的内容加以归类，并据以确定会计分录后填制的会计凭证。

【互动 6-4】判断题·记账凭证是登记总账的依据,原始凭证是登记明细账的原始依据。(　　)

☺ 测试 6.1

第二节 原始凭证

一、原始凭证的种类

原始凭证种类繁多,形式多样,为方便使用,通常按其来源、填制手续和格式加以分类。原始凭证的种类,如表 6-2 所示。

表 6-2　各种原始凭证的含义及举例

分类标准	原始凭证的种类	含义	来源与填写人或完成次数	举例	关系
按其来源不同	自制原始凭证	由本单位有关部门或人员,在执行或完成某项经济业务时填制的原始凭证	本单位有关部门或人员	如仓库保管员验收材料时填制的收料单、内部职工在领料时填制的领料单、支付职工工资时所填制的工资单等	对于业务双方,一方为自制原始凭证,另一方则为外来原始凭证;反之亦然
	外来原始凭证	由业务经办人员在业务发生或者完成时从外单位取得的原始凭证	外单位有关部门或人员	如购入材料和商品时由供应单位出具的发货票,银行为企业代收款项的收款通知等	
按其填制方法不同	一次性原始凭证	一次记录一项或若干项同类经济业务的原始凭证	一次完成	收料单、领料单、发货票、收据、借款单等	汇总原始凭证是若干张一次性凭证汇总而成

（续表）

分类标准	原始凭证种类	含义	来源与填写人或完成次数	举例	关系
按其填制方法不同	累计凭证	一定时期内连续记录若干项同类经济业务，并将期末累计数作为记账依据的自制原始凭证	多次完成（需在期末才能完成）	限额领料单（便于同定额、计划和预算进行比较，达到控制费用支出的目的）	汇总原始凭证是由若干张一次性凭证汇总而成
	汇总原始凭证	一定时期内反映同类经济业务的若干张同类原始凭证加以汇总编制成的原始凭证	多次完成	发出材料汇总表、工资分配汇总表等	
按格式不同	通用凭证	由有关部门统一负责印制，在一定范围内使用的具有统一格式和使用方法的原始凭证	业务单位从国家相关部门取得	如全国通用的增值税专用发票、某省（市）印制的在该省（市）通用的发货票等	外来凭证一般是通用凭证，自制凭证可能是通用凭证或专用凭证
	专用凭证	专用凭证是指由单位自行印制，仅在本单位内部使用的原始凭证	单位自己设计，通常写上单位名称	既是专用凭证又是自制原始凭证，如“领料单”，差旅费报销单，折旧计算表，工资费用分配表等	

【互动 6-5】 单选题·在会计实务中，自制原始凭证按照填制手续及内容不同，可以分为（　　）。

A. 通用凭证和专用凭证

B. 收款凭证、付款凭证和转账凭证

C. 外来原始凭证和自制原始凭证

D. 一次凭证、累计凭证和汇总凭证

【互动 6-6】 单选题·下列凭证中属于自制原始凭证的是（　　）。

A. 产品入库单

B. 采购时取得的增值税专用发票

C. 银行对账单

D. 职工出差取得的车船票

二、原始凭证的基本内容

由于经济业务内容和经济管理要求不同，各种原始凭证的名称、格式和内容不完全一样。但是，为了满足会计工作的需要，无论哪一种原始凭证都必须详细反映有关经济业务的执行或完成情况，明确经办单位和经办人员的经济责任。原始凭证所包括的基本内容，通常称为凭证要素，主要有：①凭证的名称；②填制凭证的日期；③填制凭证单位的名称或者填制人姓名；④经办人员的签名或者盖章；⑤接受凭证单位的名称；⑥经济业务内容；⑦数量、单价和金额。

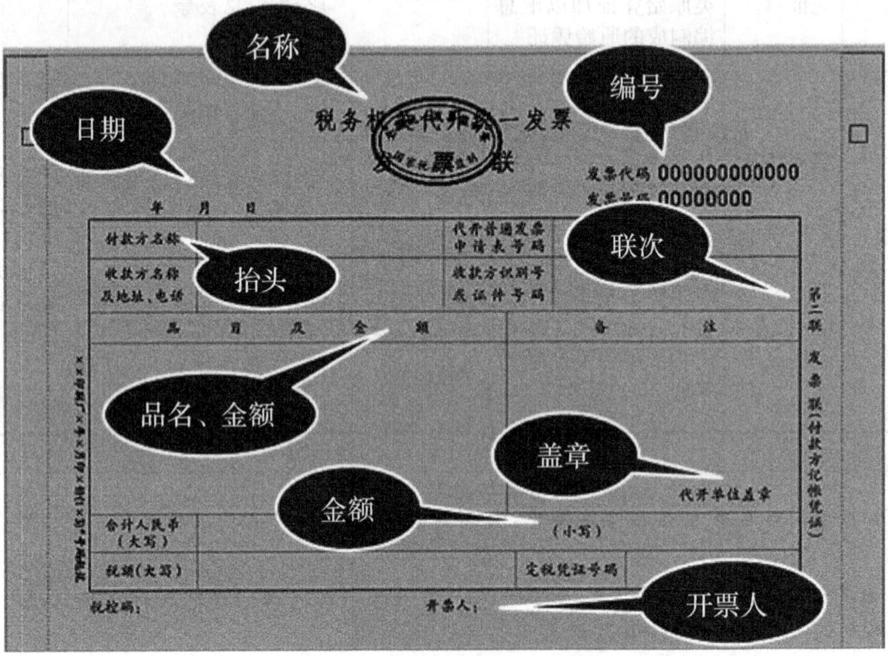

图 6－2　原始凭证的内容

原始凭证除了应当具备上述内容外，还应当符合下列要求：

（1）凭证要有相应的签名或者公章。“公章”，是指具有法律效力和特定用途，能够证明单位身份和性质的印鉴，包括业务公章、财务专用章、发票专用章、结算专用章等。

（2）购买实物的原始凭证，必须有验收证明。这样要求的目的是为了明确经济责任，保证账物相符，防止盲目采购，避免物资短缺和流失。必须由购买人以外的第三者查证核实后，会计人员才据以入账。

(3) 支付款项的原始凭证,必须有收款单位和收款人的收款证明,不能仅以支付款项的有关凭证,如银行汇款凭证等代替。其目的是为了防止舞弊行为的发生。

(4) 发生销货退回的,除填制退货发票外,还必须有退货验收证明;退款时,必须取得对方的收款收据或者汇款银行的凭证,不得以退货发票代替收据。在实际工作中,有些单位发生销售退回,收到的退货没有验收证明,造成退货流失。

(5) 职工借款凭据,必须附在记账凭证之后。

(6) 上级有关部门批准的经济业务,应当将批准文件作为原始凭证附件。如果批准文件需要单独归档的,应当在凭证上注明文件的批准机关名称、日期和文号,以便确认经济业务的审批情况和查阅。

【互动 6-7】 多选题·原始凭证应具备的基本内容是(　　)。

A. 填制日期　　B. 经济业务涉及的会计科目

C. 经济业务的内容　　D. 所附原始凭证的张数

三、原始凭证的填制要求

原始凭证反映的情况和数据是进行会计核算的最原始资料,同时也是具有法律效力的证明文件。为了保证会计核算资料的真实、正确和及时,原始凭证的填制,必须符合一定的规范。

(一) 基本要求

表 6-3　原始凭证的填制要求

填制要求	具体说明
1. 记录要真实	原始凭证所填列的经济业务的内容和数字,必须真实可靠,符合实际情况,不得歪曲经济业务真相,弄虚作假。对实物的数量和金额的计算,要准确无误,不得以匡算和估算填入
2. 内容要完整	原始凭证所要求填列的项目必须逐项填列齐全,不得遗漏和省略
3. 手续要完备	① 从外单位取得的原始凭证,必须盖有填制单位的公章;② 对外开出的原始凭证,必须加盖本单位公章;③ 从个人取得的原始凭证,必须有填制人员的签名或者盖章;④ 自制的原始凭证,必须有经办单位的领导人或者由单位领导人指定的人员签名或者盖章

（续表）

填制要求	具 体 说 明
4. 书写要清楚、规范	① 不得使用未经国务院公布的简化字 ② 大小写金额必须相符且填写规范(注：大小写金额不一致的，并非按大写金额入账，而是此凭证无效) ③ 原始凭证的填制，除需要复写的外，必须用钢笔或碳素笔书写 ④ 小写：金额前要填写人民币符号“￥”，人民币符号“￥”与阿拉伯数字之间不得留有空白；在金额数字一栏填写到角、分，无角、分的，写“00”或符号“—”；有角无分的，分位用“0”，不得用符号“—” ⑤ 大写：大写金额前未印有“人民币”字样的，应加写“人民币”三个字，“人民币”字样和大写金额之间不得留有空白；大写金额到元或角为止的，后面要写“整”或“正”字。如小写金额￥1 008.00，大写金额应写成“人民币壹仟零捌元整”
5. 编号要连续	如果原始凭证已预先印定编号，在写坏作废时，应加盖“作废”戳记，妥善保管，不得撕毁
6. 修改要正式	不得涂改、刮擦、挖补。原始凭证有错误的，应当由出具单位重开或更正，更正处应当加盖出具单位印章。原始凭证金额有错误的，应当由出具单位重开，不得在原始凭证上更正
7. 填制要及时	各种原始凭证一定要及时填写，并按规定的程序及时送交会计机构、会计人员进行审核

【互动 6-8】 多选题·填制原始凭证时，符合书写要求的是(　　)。

A. 阿拉伯金额数字前面应当填写货币币种符号

B. 币种符号与阿拉伯金额之间不得留有空白

C. 大写金额有分的，分字后面要写“整”或“正”字

D. 大写金额可以用阿拉伯数字代替

【互动 6-9】 多选题·在原始凭证上书写阿拉伯数字，正确的是(　　)。

A. 所有以元为单位的，一律填写到角分

B. 无角分的，角位和分位可写“00”，或者符号“—”

C. 有角无分的，分位应当写“0”

D. 有角无分的，分位也可以用符号“—”代替

（二）各类原始凭证填制的具体要求

表 6-4　原始凭证填制的具体要求

凭证种类		具体要求
自制原始凭证	一次凭证填制	一次凭证应在经济业务发生或完成时，由相关业务人员一次填制完成。该凭证往往只能反映一项经济业务，或者同时反映若干项同一性质的经济业务
	累计凭证填制	累计凭证应在每次经济业务完成后，由相关人员在同一张凭证上重复填制完成。该凭证能在一定时期内不断重复地反映同类经济业务的完成情况
	汇总凭证填制	汇总凭证应由相关人员在汇总一定时期内反映同类经济业务的原始凭证后填制完成。该凭证只能将类型相同的经济业务进行汇总，不能汇总两类或两类以上的经济业务
外来原始凭证		外来原始凭证应在企业同外单位发生经济业务时，由外单位的相关人员填制完成。外来原始凭证一般由税务局等部门统一印制，或经税务部门批准由经营单位印制，在填制时加盖出具凭证单位的公章方为有效。对于一式多联的原始凭证必须用复写纸套写或打印机套打

1. 销售发票凭证填制

1）普通发票的填制

普通发票是企业的外来原始凭证。当企业或单位从外单位购入材料物资或接受劳务时，由销货单位开具普通发票，用以证明企业某项经济业务的完成情况。如新华商场销售给消费者价值 3 600 元的商品。新华商场填制的普通发票，如表 6－5 所示。

表 6－5

江苏省南京市商业销售发票

发票联（加盖税务局监制章）　　12302501025856

开票日期：2018 年 12 月 15 日　　No. 12685320

客户名称	泰山服装厂		税务登记代码		321083425							
品名	规格	单位	数量	单价	金额							备注
					万	千	百	十	元	角	分	
办公桌		张	2	1 800		3	6	0	0	0	0	
金额合计（大写）	人民币（大写）：叁仟陆佰元整				¥	3	6	0	0	0	0	

销售单位	（加盖财务专用章或发票专用章）	开户银行	中行泰州分行营业部	结算方式	银行（☑）现金（　）
		账号	321078457839987 8	电话	

开票地址：　　开票人：崔恒丽　　收款人：刘京

第二联（发票联）客户收执

2）增值税专用发票的填制

增值税专用发票是一般纳税人于销售货物时开具的销货发票，一般是三联，分别用作销售单位记账、购买方做账、抵扣。其中，留销货单位的一联作会计机构的记账凭证；交购货单位的两联，一联作购货单位的结算凭证，一联作税款抵扣凭证。

购货单位向一般纳税人购货，应取得增值税专用发票，因为只有用专用增值税发货票税款抵扣联支付的进项税才能在购货单位作为“进项税额”列账。例如，云通公司 2018 年 12 月 30 日由江银钢厂购进材料一批，货款及增值税以银行存款支付。江银钢厂收托资金后开具增值税专用发票，如表 6－6 所示。

表 6－6

江苏省增值税专用发票　　No　13685325

发票联　　开票日期：2018 年 12 月 30 日

购货单位	名　　称：江苏中财实业有限公司 纳税人识别号：1550048815657 地址、电话：海阳市新运大街 231 号 2011456 开户行及账号：工商银行海阳市分行 770186588	密码区	6+-〈2〉6/927+296+/ 446〈600375〈35〉〈4/ 2-2〈2051+24+2618〈7 /3-15〉〉09/5/-1〉〉〉+2	加密版本：01 37009931410 0445

货物或应税劳务名称	规格型号	单位	数量	单价	金额	税率	税额
甲材料	YZ0512	千克	200	100	20 000	17%	3 400
合　计					20 000		3 400
价税合计（大写）	贰万叁仟肆佰元整				（小写）￥23 400.00		

销货单位	名　　称：海阳光明型材厂 纳税人识别号：310112340161111 地址、电话：沪太路 18 号　025-33200001 开户行及账号：中行城北支行 201001152	备注	海阳光明型材厂 3101123401616111 发票专用章

收款人：刘京　　复核人：　　开票人：崔恒丽　　销货单位：（章）

第三联：发票联　购货方记账凭证

3）收据的填写

收据主要是指财政部门印制的盖有财政票据监制章的收付款凭证。收据用于行政事业性收入，即非应税业务。一般没有使用发票的场合，都应该使用收据，是重要的原始凭证。

收据可以分为内部收据和外部收据。外部收据又分为税务部门监制、财务部门监制、部队收据三种。内部收据是单位内部的自制凭据，用于单位内部发生的业务，如材料内部调拨、收取员工押金、退还多余出差借款等，这时的内部自制收据是合法的凭据，可以作为成本费用入账。单位之间发生业务往来，收款方在收款以后不需要纳税的，收款方就可以开具税务部门监制的收据。行政事业单位发生的行政事业性收费，可以使用财政部门监制的收据。单位与部队之间发生业务往来，按照规定不需要纳税的，可以使用部队监制的收据，这种收据也是合法的凭据，可以入账。除上述几种收据外，单位或个人在收付款时使用的其他自制收据，就是日常所说的“白条”，是不能作为凭证入账的。

收据与我们日常所说的“白条”不能画等号，收据也是一种收付款凭证，能否入账，要看收据的种类及使用范围。

2. 现金业务凭证填制

1）借款单的填写

借款单用于借款人从财务部门借款的业务。借款人将借款单取走后按要求填好，请有关领导签字后就可到财务借钱了。财务人员按借款单的金额把钱给借款人，然后把借款单放好，此笔业务就暂时完成了。报销时凭领导签字的发票做账即可。做完账后按实报的金额多退少补，然后将借款单退还借款人即可。

表 6-7

收 款 收 据

No　12685325

日期：2018 年 12 月 30 日

交款单位：施卫华	交款方式：现　金
人民币（大写）叁仟肆佰元整	¥：3 400.00
收款事由：宿舍押金	

收款人：刘京　　复核人：崔恒丽　　单位盖章：海阳光明型材厂 310112340161611l 发票专用章

借款单填制时要写清借款事由、金额，并经相应领导批准。

表 6-8

借　款　单

2018 年 12 月 15 日

部　门	财务部		借款事由	开订货会		
借款金额	金额（大写）叁仟元整			¥3 000.00		
批准金额	金额（大写）叁仟元整			¥3 000.00		
领　导	刘一刀	财务主管	赵锦琳		借款人	吴慧琳

2）差旅费报销单

差旅费报销单是业务人员报销差旅费时自行填制的汇总原始凭证。

差旅费报销单填制时要根据原始凭证如实填写，同时要注意不能违背单位财务核算的相关规定，要经相关权限负责人审核方可正常报销。

3）进账单的填写

银行进账单是持票人或收款人将票据款项存入收款人在银行账户的凭证，也是银行将票据款项记入收款人账户的凭证。进账单只用于支票和汇票。收款时，付款方开出支票后，将进账单和支票一起交给银行。

银行进账单分为三联式银行进账单和二联式银行进账单。不同的持票人应按照规定使用不同的银行进账单。二联式银行进账单的第一联为给持票人的回单（即收账通知），第二联为银行的贷方凭证。

表 6-9

差旅费报销单

部门：销售科　　　　2018 年 12 月 10 日

<table>
<tr><td colspan="2" rowspan="2">姓名</td><td colspan="3" rowspan="2">崔恒丽</td><td colspan="3" rowspan="2">出差事由</td><td colspan="3" rowspan="2">参加产品销售会议</td><td colspan="4">自 2013 年 12 月 3 日</td><td rowspan="2">共 3 天</td></tr>
<tr><td colspan="4">至 2013 年 12 月 5 日</td></tr>
<tr><td colspan="6">起讫时间及地点</td><td colspan="2">车船票</td><td colspan="3">夜间乘车补助费</td><td colspan="3">住宿费</td><td>其他</td><td rowspan="2">合计</td></tr>
<tr><td>月</td><td>日</td><td>起</td><td>月</td><td>日</td><td>讫</td><td>类别</td><td>金额</td><td>时间</td><td>标准</td><td>金额</td><td>日数</td><td>标准</td><td>金额</td><td>金额</td></tr>
<tr><td>9</td><td>3</td><td>上海</td><td>9</td><td>3</td><td>南京</td><td>火车</td><td>80</td><td></td><td></td><td></td><td></td><td></td><td></td><td></td><td>80.00</td></tr>
<tr><td></td><td></td><td></td><td></td><td></td><td></td><td></td><td></td><td></td><td></td><td></td><td>2</td><td>150</td><td>300</td><td></td><td>300.00</td></tr>
<tr><td>9</td><td>5</td><td>南京</td><td>9</td><td>5</td><td>上海</td><td>火车</td><td>80</td><td></td><td></td><td></td><td></td><td></td><td></td><td></td><td>80.00</td></tr>
<tr><td></td><td></td><td></td><td></td><td></td><td></td><td></td><td></td><td></td><td></td><td></td><td></td><td></td><td></td><td></td><td></td></tr>
<tr><td colspan="6">小　计</td><td></td><td></td><td></td><td></td><td></td><td></td><td></td><td></td><td></td><td>¥460.00</td></tr>
<tr><td colspan="16">合计金额（大写）：肆佰陆拾元整</td></tr>
<tr><td colspan="16">备注：预借 500.00　核销 460.00　退补 40.00</td></tr>
</table>

附单据 共 3 张

单位领导：刘一刀　　财务主管：赵锦琳　　审核：单媛　　填报人：崔恒丽

持票人填写银行进账单时，必须清楚地填写票据种类、票据张数、收款人名称、收款人开户银行及账号、付款人名称、付款人开户银行及账号、票据金额等栏目，并连同相关票据一并交给银行经办人员。对于二联式银行进账单，银行应在第一联上加盖转讫章并退给持票人，持票人凭以记账。

银行进账单的注意事项如下：

(1) 进账单与支票配套使用，可以一张支票填制一份进账单，也可以多张支票(不超过四笔)，汇总金额后填制一份进账单，即允许办理一收多付(一贷多借)。对一些收受支票业务量较大的收款单位，如商业(供销)批发、零售等企业经其开户银行审查同意也可以抄附票据清单，汇总填写进账单，委托银行办理收款。这样规定的目的，主要是为了方便客户、简化手续，以减轻客户填制凭证的压力。

(2) 对于办理一收多付(一贷多借)的进账单，客户必须根据不同的票据种类和支票签发人所属的不同票据交换行处分别填制，不得混淆。主要原因：一是票据种类不同，如支票、银行汇票，在银行内部核算处理的方法和要求不一样；二是由于受路途远近、交通情况等客观条件的限制，一些基层交换行处有的参加两次交换，有的只能参加一次交换，在交换票据的处理，资金的抵用时间等方面存在差异。鉴于上述原因，为了保证客户及时用款，故作此规定。

(3) 进账单上填列的收款人名称、账号、金额、内容均不得更改，其他项目内容应根据所附支票的相关内容据实填列。这是因为，银行受理票据后，支票和进账单两者分离，要分别在不同的柜组或行处之间进行核算处理，为了防止差错纠纷和经济案件的发生，便于事后查找，故作此规定。

(4) 进账单第二联最下端的磁码区域必须保持清洁，任何企事业单位或个人不得在此区域内书写或盖章，其目的、作用与支票相同。

表 6-10

银行进账单 (回单)

2018 年 12 月 20 日

付款人	全　　称	海阳光明型材厂	收款人	全　　称	海阳三水化工厂										
	账　　号	201001152		账　　号	3201001234										
	开户银行	中行海阳城北支行		开户银行	建行海阳城中支行										
金额	人民币(大写)伍仟元整				亿	千	百	十	万	千	百	十	元	角	分
									¥	5	0	0	0	0	0
票据种类		票据张数		中国银行 海阳城北支行 开户银行盖章											
票据张数															
复核：张晓芸		记账：李佳													

此联是开户银行交给持(出)票人的回单

4）现金缴款单的填写

现金缴款单是单位去银行账户上交存现金时填写的凭证，第一联银行加盖相关印章后退给单位作为回单，第二联加盖相关印章作为银行的记账凭证，装订入传票。相关印章是指现金收讫章或业务清讫章。

现金缴款单填制时要写清收款单位的相关信息，同时应正确填写大、小写金额。

5）支票的填写

常见支票分为现金支票、转账支票，在支票正面上方有明确标注，转账支票只能用于转账（限同城内）。支票的填写要注意以下几点：

（1）出票日期（大写）的填写。数字必须大写，大写数字写法为：零、壹、贰、叁、肆、伍、陆、柒、捌、玖、拾。例如，2014 年 8 月 5 日，应写为贰零壹肆年零捌月零伍日，捌月前零字可写也可不写，伍日前零字必写；又如，2014 年 2 月 13 日，应写为贰零壹肆年零贰月壹拾叁日。

第一，壹月、贰月前零字必写，叁月至玖月前零字可写可不写。拾月至拾贰月必须写成壹拾月、壹拾壹月、壹拾贰月（前面多写了“零”字也认可，如零壹拾月）。

第二，壹日至玖日前零字必写，拾日至拾玖日必须写成壹拾日及壹拾×日（前面多写了“零”字也认可，如零壹拾伍日，下同），贰拾日至贰拾玖日必须写成贰拾日及贰拾×日，叁拾日及叁拾壹日必须写成叁拾日及叁拾壹日。

表 6-11

NO：201035578855　　　**现 金 缴 款 单 （回单）**

缴款日期：　　　　2018 年 12 月 20 日　　　　编号：2010234567

<table>
<tr><td rowspan="2">收款单位</td><td>全　称</td><td colspan="12">海阳光明型材厂</td></tr>
<tr><td>开户银行</td><td>中行海阳城北支行</td><td>账号</td><td colspan="10">201001152</td></tr>
<tr><td>款项来源</td><td colspan="2">产品销售</td><td>交款单位</td><td colspan="10">海阳光明型材厂</td></tr>
<tr><td colspan="4" rowspan="2">人民币（大写）：伍仟元整</td><td>千</td><td>百</td><td>十</td><td>万</td><td>千</td><td>百</td><td>十</td><td>元</td><td>角</td><td>分</td></tr>
<tr><td></td><td></td><td></td><td>¥</td><td>5</td><td>0</td><td>0</td><td>0</td><td>0</td><td>0</td></tr>
<tr><td colspan="4">备注：
海阳光明型材厂
3101123401616111
发票专用章
交款单位签章</td><td colspan="10">复核：张晓芸　　记账：李佳</td></tr>
</table>

(2) 收款人的填写。

第一，现金支票收款人可写为本单位名称，此时现金支票背面被背书人栏内加盖本单位的财务专用章和法人章，之后收款人可凭现金支票直接到开户银行提取现金。

第二，现金支票收款人可写为收款人个人姓名，此时现金支票背面不盖任何章，收款人在现金支票背面填上身份证号码和发证机关名称，凭身份证和现金支票签字领款。

第三，转账支票收款人应填写对方单位名称。转账支票背面本单位不盖章。收款单位取得转账支票后，在支票背面被背书栏内加盖收款单位财务专用章和法人章，填写好银行进账单后连同该支票交给收款单位的开户银行，委托银行收款。

(3) 付款行名称、出票人账号的填写。付款行名称、出票人即本单位开户行名称及银行账号，如工行高新支行九莲分理处1202027409900088888，账号小写。

(4) 人民币(大写)金额的填写。数字大写写法参考以上内容。应特别注意的是，“万”字不带单人旁，如325.20，应写为叁佰贰拾伍元贰角，角字后面可加“正”字，但不能写“零分”。

(5) 人民币小写的填写。最高金额的前一位空白格用“￥”字头打掉，数字填写要求完整清楚。

(6) 用途的填写。

第一，现金支票的使用有一定限制，一般填写“备用金”“差旅费”“工资”“劳务费”等内容。

第二，转账支票的使用没有具体规定，可填写如“货款”“代理费”等内容。

(7) 盖章。支票正面盖财务专用章和法人章，缺一不可，印泥为红色，印章必须清晰，若印章模糊只能将该张支票作废，换一张重新填写并重新盖章。反面盖章与否见“(2)收款人”的填写。

(8) 常识。

第一，支票正面不能有涂改痕迹，否则该支票作废。

第二，受票人如果发现支票填写不全，可以补记，但不能涂改。

第三，支票的有效期为10天，日期首尾算1天，节假日顺延。

第四，支票见票即付，不记名。因此，丢了支票尤其是现金支票可能就是丢了与票面金额数相同的钱，银行不承担责任。现金支票一般要素填写齐全，假如支票未被冒领，应到开户银行挂失。转账支票假如支票要素填写齐全，应到开户银行挂失；假如要素填写不齐，应到票据交换中心挂失。

支票付款的时候，付款方凭支票小票部分做账；收款方凭进账单厚联的小票部分做账。

出票单位现金支票背面印章盖模糊的，可把模糊印章打叉，重新再盖一次。支票样例，如表6-12和表6-13所示。

表 6－12　支票正面

中国工商银行转账支票存根

支票号码：201023456

科　　目________

对方科目________

签发日期 2010 年 12 月 5 日

收款人：海阳三水化工厂
金　额：8 000.00
用　途：偿还欠款
备　注：

本支票付款期十天

中国工商银行 转 账 支 票

支票号码　201023456

签发日期贰零壹捌年零壹拾贰月零伍日　开户银行名称：城北支行

收款人：海阳三水化工厂	签发人账号：201001152									
人民币(大写)捌仟元整	千	百	十	万	千	百	十	元	角	分
				¥	8	0	0	0	0	0
用途：偿还欠款										
上列款项请从我账户内支付 签发人盖章： 刘一刀印　海阳光明型材厂财务专用章	银行会计分录： 科目(借)........ 对方科目(贷)........ 复核　　记账									

表 6－13　支票背面

附加信息：	被背书人
	海阳光明型材厂财务专用章　刘一刀印
身份证名称：　　发证机关：	
号码	背书人签章 年　月　日

3. 物资流转原始凭证的填制

1）收料单的填制

收料单是记录材料入库的一种原始凭证，属于自制一次性凭证。当企业购进材料验收入库时，由仓库保管人员根据购入材料的实际验收情况，按实收材料的数量填制收料单。收料单一式三联，一联留仓库，据以登记材料物资明细账和材料卡片；一联随发票账单到会计处报账；一联交采购人员存查。

例如，某公司从东方薄板厂购进薄板 10 吨，每吨 1 350 元，运杂费 500 元。材料货款及运费以银行存款付讫。仓库保管员将薄板验收后填制收料单，如表 6-14 所示。

表 6-14

收　料　单

供货单位：东方薄板厂　　　　凭证编号：0203

发票编号：2456＃　　　　2018 年 12 月 25 日

材料类别	材料编号	材料名称及规格	计量单位	数量		金额(元)			
				应收	实收	单价	买价	运杂费	合计
板材	4018	薄板	吨	10	10	1 350	13 500	500	14 000
备注：						合　计			14 000

仓库保管员：任华　　　　收料人：王英

2）领料单的填制

领料单是记录并据以办理材料领用和发出的一种原始凭证，属于自制一次性凭证。企业发生材料出库业务，由领用材料的部门及经办人和保管材料的部门填制，以反映和控制材料发出状况，明确经济责任。为了便于分类汇总，领料单要"一料一单"填制，即一种原材料填写一张单据。领料单一般一式三联，一联由领料单位留存或领料后由发料人退回领料单位；一联由仓库发出材料后，作为登记材料明细分类账的依据；一联交财会部门入账。

表 6-15

领　料　单

领料单位：三车间　　　　凭证编号：3618

用途：A 产品　　　　2018 年 12 月 5 日　　　　发料仓库：2 号库

材料类别	材料编号	材料名称及规格	计量单位	数量		单价	金额
				请领	实发		
钢材类	052	13 mm 圆钢	千克	350	350	1.50	525
备　注：						合计	525

记账：周梅　　　　发料：丁杰　　　　领料部门主管：夏玉　　　　领料：王红

3）限额领料单的填制

限额领料单是一种一次开设、多次使用的累计原始凭证。

限额领料单属于自制凭证，在有效期间内只要领用材料不超过限额，就可以连续领发材料。它适用于经常领用，并规定限额的领用材料业务。在每月开始前，由生产计划部门根据生产作业计划和材料消耗定额，按照每种材料的用途分别编制限额领料单。通常一式两联，一联送交仓库据以发料；另一联送交领料部门据以领料。领发材料时，仓库应按单内所列材料品名、规格在限额内发放，同时把实发数量和限额结余数填写在仓库和领料单位持有的两份限额领料单内，并由领发料双方在两份限额领料单内签章。月末结出实物数量和金额，交由会计部门据以记账；如有结余材料，应办理退料手续。限额领料单的格式，如表 6－16 所示。

表 6－16

限 额 领 料 单

领料单位：四车间　　　　　　　　　　　　　　　　　　　　　　发料仓库：5 号库

用途：生产甲产品　　　　　　　2018 年 12 月 5 日　　　　　　　　　　编号：450

材料类别	材料编号	材料名称及规格	计量单位	单价	领用限额	实际领用	
						数量	金额（元）
黑色金属	6538	25M/M 圆钢	千克	2.50	6 000	5 800	14 500
供应部门负责人（签章）			生产计划部门负责人（签章）				

日期	请领		实发			限额	退库	
	数量	领料单位负责人（盖章）	数量	发料人	领料人	结余	数量	退料单编号
5	1 500	（略）	1 500	（略）	（略）	4 500		
10	1 500		1 500		3 000			
18	1 500		1 500		1 500			
20	1 300		1 300		200			
合计	5 800		5 800			200		

4）发料凭证汇总表的填制

工业企业在生产过程中领发材料比较频繁，业务量大，同类凭证也较多。为了简化核算，需要编制发料凭证汇总表。发料凭证汇总表编制的时间间隔根据业务量的大小确定，可 5 天、10 天、15 天或 1 个月汇总编制一次。汇总时，要根据实际成本计价（或计划成本计价）的领发料凭证、领料部门以及材料用途分类进行。发料凭证汇总表的格式，如表 6－17所示。

表 6-17

发料凭证汇总表

单位：红星工厂　　　　2018 年 12 月 5 日　　　　编号：10 号

应借科目		应贷科目		
		原材料	燃料	合计
生产成本	1—10 日	1 000		1 000
	11—20 日			
	21—31 日	500		500
	小计	1 500		1 500
制造费用	1—10 日	3 000		3 000
	11—20 日	1 000		1 000
	21—31 日			
	小计	4 000		4 000
管理费用	1—10 日			
	11—20 日	400		400
	21—31 日	1 600		1 600
	小计	2 000		2 000
合　计		7 500		7 500

5）库存商品验收单的填制

库存商品验收单是企业购进商品验收入库时填制的自制原始凭证。当商品运达企业后，企业的业务部门应将发票与经济合同核对无误后填制库存商品验收单，一式数联，业务部门留存一联；其他各联连同发货票交供货单位到指定的仓库交货。库存商品验收单，如表 6-18 所示。

表 6-18

库存商品验收单

商品类别：F 类　　　　字第 35 号

收货地点：甲 4 库　　开单日期：2018 年 12 月 12 日　　收货日期：20×8 年 12 月 15 日

交货单位：北方贸易公司			合同：字第 78 号			
货号	品名规格	单位	应收数量	实收数量	单价	金额(元)
D876	G-CCT286	件	100	100	500	50 000
附注：					附单据 3 张	

仓库保管人：王京　　　　收货人：刘东

6）库存商品（产品）出库单的填制

库存商品（产品）出库单是企业发出商品出库时填制的自制原始凭证。当库存商品（产品）销售发出后，企业业务部门应将发票与经济合同核对无误后填制库存商品（产品）出库单。产品出库单，如表 6－19 所示。

表 6－19

产品出库单

存根联

开单日期：2018 年 12 月 15 日

出厂编号	2010089	出库日期	20×8 年 12 月 15 日	产品编号	ZT1968
产品名称	笔记本		型号	ZT－2010	
数　量	200	单价	20.00	出库金额	4 000.00
提货单位	东方教育集团		经办人	张来顺	

主管：　　记账：崔恒丽　　保管员：张三

四、审核原始凭证

为了正确地反映和监督各项经济业务，保证原始凭证的真实、正确和合法性，会计部门和经办业务的有关部门必须对原始凭证进行严格认真的审核。及时、认真地审核原始凭证，是会计的基础工作，也是会计监督的重要环节。

表 6－20　原始凭证审核要点

审核要点	要点详细说明
真实性	要注意审核原始凭证的日期是否真实、业务内容是否真实、数据是否真实。同时，对于外来原始凭证，要注意审核凭证是否有填制单位公章和填制人员签字；对于自制的原始凭证，要注意审核凭证是否有经办部门和经办人员的签名或盖章；对于通用的原始凭证，应审核凭证本身是否真实
合法性	审核原始凭证所反映的经济业务是否符合国家有关法规和制度等，有无违法违规行为，是否履行规定的传递与审核程序，是否有贪污腐化行为
合理性	是否符合企业生产经营需要，是否符合有关方面的经营计划
完整性	原始凭证中的所有项目是否填列齐全，手续是否齐备，有关经办人员是否都已签名或盖章，主管人员是否审核、批准

（续表）

审核要点	要点详细说明
正确性	审核原始凭证的摘要和数字及其他项目填写是否正确，数量、单价、金额、合计数的填写是否正确，大小写金额是否相符；书写错误的要更正
及时性	及时填制、及时传递，注意审核重要凭证的日期

审核原始凭证是一项政策性很强的工作，它不但涉及能否正确处理国家、企业和个人之间的经济关系，有时还会涉及个人的经济利益问题，而且财会工作的许多矛盾也会在审核原始凭证中暴露出来，会计人员应该特别注意做好此项工作。

表 6-21 经审核的原始凭证的处理方式

审核结果	处理方式
完全符合要求	及时据以编制记账凭证入账
真实、合法、合理但内容不够完整、填写有错误	将有关凭证补充完整、更正错误或重开后，再办理正式的会计手续
不真实、不合法	会计机构和会计人员有权不予接受，并向单位负责人报告

【互动 6-10】 单选题·下列内容不属于原始凭证审核的是（ ）。

A. 凭证是否有填制单位的公章和填制人员签章

B. 凭证是否符合规定的审核程序

C. 凭证是否符合有关计划和预算

D. 会计科目的使用是否正确

【互动 6-11】 多选题·对外来原始凭证进行真实性审核的内容包括（ ）。

A. 填制单位公章和填制人员签章是否齐全

B. 经济业务的内容是否真实

C. 是否有本单位公章和经办人签章

D. 填制凭证的日期是否真实

☺ 测试 6.2

第三节 记 账 凭 证

一、记账凭证的种类

表 6－22 记账凭证的种类

分类标准	类别	特 点	说 明
使用范围不同	专用记账凭证	按照经济业务的某种特定属性定向使用的记账凭证	按其是否反映货币资金收付业务，分为收款凭证、付款凭证和转账凭证三种
	通用记账凭证	各类经济业务共同使用、具有统一格式	适合业务比较单纯、业务量较少的单位
填列方法不同	复式记账凭证	将一项经济业务所涉及的会计科目都集中填列在一张记账凭证上	便于了解有关经济业务的全貌，还可以减少凭证的数量，但不便于汇总每一会计科目的发生额和进行分工记账
	单式记账凭证	按一项经济业务所涉及的每个会计科目分别填制	便于汇总每个会计科目的发生额和进行分工记账，但填制工作量大，在一张凭证上反映不出经济业务的全貌，不便于查账

说明：

收款凭证是指专门用于登记现金和银行存款收入业务的记账凭证。收款凭证分为现金收款凭证和银行存款收款凭证，它们分别根据有关现金和银行存款收入业务的原始凭证填制，是登记现金日记账、银行存款日记账以及有关明细账和总账等账簿的依据，也是出纳人员收讫款项的依据。

付款凭证是指专门用于登记现金和银行存款支出业务的记账凭证。付款凭证分为现金付款凭证和银行存款付款凭证，它们分别根据有关现金和银行存款支付业务的原始凭证填制，是登记现金日记账、银行存款日记账以及有关明细账和总账等账簿的依据，也是出纳人员支付款项的依据。

转账凭证是指专门用于登记现金和银行存款收付业务以外的转账业务的记账凭证。转账凭证根据有关转账业务的原始凭证填制，是登记有关明细账和总账等账簿的依据。

【互动 6 - 12】单选题·企业常用的收款凭证、付款凭证和转账凭证均属于(　　)。
A. 单式记账凭证　　B. 复式记账凭证　　C. 一次凭证　　D. 通用凭证

二、记账凭证的基本内容

为了概括地反映经济业务的基本内容,满足登记账簿的需要,记账凭证必须具备下列基本内容(也称记账凭证要素)。

1. 凭证名称

即收款凭证、付款凭证、转账凭证或记账凭证。

2. 记账凭证的填制日期

通常以年、月、日表示。由于发生的收付款业务要在当日记入日记账,所以,填制收、付款凭证的日期应是收付货币资金的实际日期,但与原始凭证所记载的日期不一定相同;而转账凭证是以收到原始凭证的日期作为填制记账凭证的日期。

3. 记账凭证的编号

各类凭证按编号规则连续编号。

4. 经济业务内容摘要

摘要即摘录其主要内容,是对经济业务的简要说明,填写时既要简明,又要确切。对于收付款业务要写明收付款对象的名称、款项内容,使用银行支票的,还应填写支票号码;对于购买材料、商品业务,要写明供应单位名称和主要品种、数量;对于往来业务,应写明对方单位、业务经手人、业务发生时间等内容。

5. 经济业务事项所涉及的会计科目及其记账方向

会计科目的名称包括对应的一级科目和明细科目。因为我们采用的是复式记账法,所以每一笔经济业务发生后,都要以相等的金额在相对应的两个或两个以上的会计科目中进行反映。一级科目反映总括情况;明细科目反映详细情况。会计科目的使用必须正确,应借、应贷账户的对应关系必须清楚。编制会计分录要先借后贷,可以是一借多贷或一贷多借。如果某项经济业务本身需要编制一套多借多贷的会计分录,为了反映该项经济业务的全貌,可以采用多借多贷的会计分录,不必人为地将一项经济业务所涉及的会计科目分开,编制两张记账凭证。

6. 金额

首先,按照借贷记账法的规则,即每一笔经济业务的发生,其借方金额与贷方金额永远是相等的;其次,每一个一级科目下面的各明细科目金额之和,与该一级科目的金额是相等的，而且方向也是一致的。

7. 记账标记

由记账人员记账完毕后做标记，防止重复或遗漏业务。

8. 所附原始凭证的张数

每一份记账凭证都应附有原始凭证。记账凭证所附原始凭证张数的计算原则是，没有经过汇总的原始凭证按自然张数计算，有一张算一张；经过汇总的原始凭证，每一张汇总单或汇总表算一张。

除结账和更正错误外，记账凭证必须附有原始凭证，并注明所附原始凭证的张数。所附原始凭证张数的计算，一般以原始凭证的自然张数为准。与记账凭证中的经济业务记录有关的每一张证据，都应当作为原始凭证的附件。如果记账凭证中附有原始凭证汇总表，则应该把所附的原始凭证和原始凭证汇总表的张数一起计入附件的张数内。但报销差旅费等的零散票券，可将它们粘贴在一张纸上，作为一张原始凭证。一张原始凭证如涉及几张记账凭证的，可以将该原始凭证附在一张主要的记账凭证后面，在其他记账凭证上注明该主要记账凭证的编号或者附上该原始凭证的复印件。

一张原始凭证所列的支出需要由两个以上的单位共同负担时，应当由保存该原始凭证的单位开给其他单位原始凭证分割单。原始凭证分割单必须具备原始凭证的基本内容，包括凭证的名称、填制凭证的日期、填制凭证单位的名称或填制人的姓名、经办人员的签名或盖章、接受凭证单位的名称、经济业务的内容、数量、单价、金额和费用的分担情况等。

9. 制证、审核、记账、会计主管等有关人员的签章，收款凭证和付款凭证还应由出纳人员签名或盖章

【互动 6－13】单选题·下列不是记账凭证的基本内容的是（　　）。

A. 记账标记　　B. 填制单位签章　　C. 填制日期　　D. 凭证编号

三、记账凭证的填制要求

记账凭证填制的正确与否，直接关系到记账的真实性和正确性。所有记账凭证的填制除了必须做到记录真实、内容完整、填制及时、书写清楚外，还必须符合下列要求：

(1) 记账凭证各项内容必须完整。

(2) 记账凭证应连续编号，并根据不同的情况采用不同的编号方法。记账凭证必须

连续编号，以便查考。记账凭证可以按现金收付、银行存款收付和转账业务三类分别编号，也可以按现金收入、现金支出、银行存款收入、银行存款支出和转账五类进行编号，或者将转账业务按照具体内容再分成几类编号。无论采用哪一种编号方法，都应该按月编号，即每月都从 1 号编起，顺序编至月末。一笔经济业务需要填制 2 张或者 2 张以上记账凭证的，可以采用分数编号法编号，如 8 号会计事项分录需要填制 3 张记账凭证，就可以编成 8 1/3、8 2/3、8 3/3。

(3) 记账凭证的书写应清楚、规范。相关要求同原始凭证。记账凭证的金额必须与原始凭证的金额相等；金额的登记方向、大小写数字必须正确，符合数字书写规定。在填写金额数字时，阿拉伯数字的书写要规范，应平行对准借贷栏次和科目栏次，防止错栏串行；金额的数字要填写到分位，如果角、分位没有数字要写“00”字样，如 248.00 元；如果角位有数字，分位没有数字，则要在分位上写“0”字样，如 248.80 元；角、分位与元位的位置应在同一水平线上，不得上下错开；每笔经济业务填入金额数字后，要在记账凭证的合计行填写合计金额，一笔经济业务因涉及会计科目较多需在一张记账凭证上填写多行或填写多张记账凭证的，一般在每张记账凭证的合计行填写合计金额，并应在合计数前面填写货币符号“￥”，不是合计数，则不填写货币符号。

(4) 填制记账凭证的依据，必须是经审核无误的原始凭证，可以根据每一张原始凭证填制，或根据若干张同类原始凭证汇总编制，也可以根据原始凭证汇总表填制，但不得将不同内容和类别的原始凭证汇总填制在一张记账凭证上。以自制的原始凭证或者原始凭证汇总表代替记账凭证使用的，也必须具备记账凭证所应有的内容。

(5) 除结账和更正错误的记账凭证可以不附原始凭证外，其他记账凭证必须附有原始凭证。

(6) 填制记账凭证若发生错误，应当重新填制。如果在填制记账凭证时发生差错，应当重新填制。已经登记入账的记账凭证，在当年内发现填写错误时，可以用红字填写一张与原内容相同的记账凭证，在摘要栏注明“注销某月某日某号凭证”字样，同时再用蓝字重新填制一张正确的记账凭证，在摘要栏注明“订正某月某日某号凭证”字样。如果会计科目没有错误，只是金额错误，也可以将正确数字与错误数字之间的差额，另编一张调整的记账凭证，调增金额用蓝字，调减金额用红字。发现以前年度记账凭证有误的，应当用蓝字填制一张更正的记账凭证。

(7) 记账凭证应按行次逐项填写，不得跳行或留有空行，对记账凭证中的空行，应该划斜线或一条“s”形线或斜线注销，以堵塞漏洞，严密会计核算手续。“s”形线或斜线应从金额栏最后一笔金额数字下的空行划到合计数行上面的空行，要注意斜线两端都不能划到金额数字的行次上。

四、记账凭证的填制

(一) 通用记账凭证的填制

采用通用记账凭证的经济单位,不再根据经济业务的内容分别填制收款凭证、付款凭证和转账凭证。在借贷记账法下,将经济业务所涉及的会计科目全部填列在凭证内,借方在前,贷方在后,将各会计科目所记应借、应贷的金额填列在借方金额或贷方金额栏内,借、贷方金额合计数应相等。制单人应在填制凭证完毕后签名盖章,并填写所附原始凭证的张数。

例如,海阳公司 2018 年 12 月 10 日销售一批产品,售价 40 000 元,增值税销项税额 6 800元,收到款项存入银行。出纳人员根据有关原始凭证填制的通用记账凭证,如表 6-23所示。

表 6-23

记 账 凭 证

2018 年 12 月 3 日　　　　转字第 18 号

摘　要	总账科目	明细科目	✓	借方金额										✓	贷方金额									
				千	百	十	万	千	百	十	元	角	分		千	百	十	万	千	百	十	元	角	分	
销售产品一批	银行存款						4	6	8	0	0	0	0												附单据1张
	主营业务收入																	4	0	0	0	0	0	0	
	应交税费	应交增值税(销项税额)																	6	8	0	0	0	0	
合　计						¥	4	6	8	0	0	0	0				¥	4	6	8	0	0	0	0	

财务主管:　　记账:　　复核:施卫华　　制证:吴慧琳

(二) 专用记账凭证的填制

1. 收款凭证的填制

收款凭证的特点表现为表头所列科目为借方科目。在借贷记账法下,根据收入业务的经济性质,借方科目内应填列“库存现金”“银行存款”科目,而贷方栏目内应填列借方科目的对应科目,并将总账科目和明细科目逐一写清;填写金额数目;合计栏既表明贷方金额又表明借方金额;账页栏内标明所登记的账簿页数或注明“√”以示登记入账;收款凭证编号可按“收字××号”统一编号;也可以按现金收入业务以“现收字××号”顺序编号,银行存款收入业务以“银收字××号”顺序编号;所附单据张数是指附在记账凭证后面的原始凭证件数;最后是有关人员的签字或盖章。

例如海阳公司 2018 年 12 月 30 日收到处理废品收入 98 元,根据有关的单据填制收款凭证,如表 6－24 所示。

表 6－24

收 款 凭 证

借方科目:库存现金　　　　2018 年 12 月 30 日　　　　收第 1 号

摘要	会计科目		金额										记账
	总账科目	明细科目	千	百	十	万	千	百	十	元	角	分	
收到废品款	营业外收入								9	8	0	0	
合　计								¥	9	8	0	0	

附单据 1 张

财务主管:　　记账:　　复核:施卫华　　出纳:单　媛　　制证:吴慧琳

2. 付款凭证的填制

付款凭证应根据审核无误的有关现金和银行存款付出业务的原始凭证填制。

在借贷记账法下,付款凭证的填制方法与收款凭证大致相同,其区别在于,付款凭证左上角表头反映的是贷方科目;表内栏中反映的是借方科目及其金额,其编号原则与收款凭证相同。

对于现金和银行存款之间相互划转的业务,如从银行提取现金,或将现金存入银行,为了避免重复记账,只编制付款凭证,不编制收款凭证。当发生从银行提取现金的业务时,只编制银行存款付款凭证;当发生将现金存入银行的业务时,只编制现金付款凭证。

例如海阳公司 2018 年 12 月 30 日以银行存款支付购进的材料款 6 000 元,增值税进项税额 780 元。根据有关单据填制的付款凭证,如表 6－25 所示。

表 6-25

付 款 凭 证

借方科目：银行存款　　　　2018 年 12 月 30 日　　　　收第 01 号

摘　要	会计科目		金额										记账
	总账科目	明细科目	千	百	十	万	千	百	十	元	角	分	
购进材料	原材料	A12#					6	0	0	0	0	0	
	应交税费	应交增值税(进项税额)						7	8	0	0	0	
合　　计						¥	6	7	8	0	0	0	

附单据 2 张

财务主管：　　记账：　　复核：施卫华　　出纳：单　媛　　制证：吴慧琳

(三) 转账凭证的填制

转账凭证应根据审核无误的有关转账业务的原始凭证填制。在转账凭证中，总账科目和明细科目下填列有关经济业务涉及的一级科目和所属明细科目，借方科目反映的金额，记在与借方科目同行的借方金额栏内，贷方科目反映的金额，记在与贷方科目同行的贷方金额栏内；在合计栏内，借方金额应该等于贷方金额。转账凭证的编号是按“转字第×号”编制的。

例如海阳公司 2018 年 12 月 3 日从仓库发出 A 种材料 900 千克，单价 6 元，其中，产品耗用 600 千克，车间一般消耗 300 千克。根据领料单据填制的转账凭证，如表 6-26 所示。

表 6-26

转 账 凭 证

2018 年 12 月 31 日　　　　转字第 18 号

摘　要	总账科目	明细科目	✓	借方金额										✓	贷方金额									
				千	百	十	万	千	百	十	元	角	分		千	百	十	万	千	百	十	元	角	分
领用材料	生产成本							3	6	0	0	0	0											
	制造费用							1	8	0	0	0	0											
	原材料	A 材料																	5	4	0	0	0	0
	合　　计						¥	5	4	0	0	0	0					¥	5	4	0	0	0	0

附单据 1 张

财务主管：　　记账：　　复核：施卫华　　制证：吴慧琳

五、审核记账凭证

记账凭证在记账前必须经过审核。由于记账凭证是根据经审核的原始凭证填制的，所以记账凭证的审核是对此项经济业务原始凭证的复核以及记账凭证的复查。

表 6-27 记账凭证审核的内容

审核要点	具体说明
内容是否真实	按照规定，每张记账凭证必须附有原始凭证(结账和更正错误的记账凭证可以不附原始凭证)。所附原始凭证应完整，记账凭证上填写的张数应与实际原始凭证的张数相符
项目是否齐全	审核前述内容是否齐全，如有关会计人员的签名或盖章是否齐全，以及填写是否符合规范等
会计分录是否正确(科目、金额、方向)	(包括一级科目、二级科目或明细科目)使用及处理是否正确，金额与原始凭证是否一致，汇总金额是否计算正确、借贷是否一致等
书写是否正确	记录是否工整、清晰，按规定用笔、规范更正等
手续是否完备	凭证相关手续齐全，如附件经过审核、批准可以入账

此外，出纳人员在办理收款或付款后，应在凭证上加盖“收讫”或“付讫”的戳记，以避免重收重付。

☺ **测试 6.3**

第四节 会计凭证的传递和保管

一、会计凭证的传递

会计凭证的传递是指会计凭证从取得或填制时起至归档保管过程中，在单位内部各有关部门和人员之间的传送程序。

一项业务往往是由几个业务部门共同进行的，会计凭证也就随着实际业务的进程在各有关业务部门之间流转。组织好会计凭证的传递，可以明确各有关部门和人员之间的分工协作关系，强化各工作环节之间的监督和制约，分清经济责任，加强经营管理上的责任制。

会计凭证传递的具体内容包括两部分：一是会计凭证在企业内部各部门及经办人员之间传递的线路，即会计凭证的传递程序；二是会计凭证在各环节及其有关人员中的停留及传送时间，即会计凭证的传递时间。

1. 规定会计凭证的传递线路

为了使会计凭证有序地传递，并符合内部牵制的原则，应当为各种会计凭证规定科学合理的传递程序，明确取得或填制会计凭证以后，应交到哪个部门、哪个工作岗位，由何人接办及业务手续，直至归档保管为止。如果凭证为一式数联的，应当具体规定每一联移交何处，有何用途。每一个企业都应该根据其经济业务的主要特点以及经营管理和会计核算方面的要求，按照其不同部门、不同员工，设计一个合理的传递程序，以便使会计凭证流转线路通畅，提高传递速度，增强工作实效。同时，还要根据各业务部门的特点及人员的配置，制订会计凭证在每一个业务部门合理的停留时间及传送时间，确保会计凭证核算的质量，从而加速会计凭证的传递。

2. 规定会计凭证的传递时间

会计凭证的传递时间，是会计凭证从取得或填制至归档保管间隔的时间。各种会计凭证，它们所反映的经济业务的内容、性质不同，所涉及的内部控制制度的规定也有所区别，所以，传递时间的长短也不尽一致。一般来讲，重要的经济事项，严格的控制制度，较多的控制环节，则会计凭证传递的时间相对长一些；反之，则相对短一些。各单位为了使每个工作环节有序衔接，相互督促，提高工作效率，确保会计核算的质量，应当根据办理各项业务手续所需要的时间，规定会计凭证的传递时间。在规定中，应具体明确会计凭证在各部门、各业务环节的停留时间和有关人员的责任，保证及时反应会计信息。

二、会计凭证的保管

会计凭证的保管是指会计凭证记账后的整理、装订、归档和存查工作。会计凭证作为记账的依据，是重要的会计档案和经济资料。任何单位在完成经济业务手续和记账后，必须将会计凭证按规定的立卷归档形成会计档案资料，妥善保管，以便日后随时查阅。

会计凭证的保管要求主要有以下几方面。

(1) 会计凭证应定期装订成册，防止散失。会计部门在依据会计凭证记账以后，应定期（每天、每旬或每月）对各种会计凭证进行分类整理，将各种记账凭证按照编号顺序，连同所附的原始凭证一起加具封面和封底，装订成册，并在装订线上加贴封签，由装订人员在装订线封签处签名或盖章。

从外单位取得的原始凭证遗失时，应取得原签发单位盖有公章的证明，并注明原始凭证的号码、金额、内容等，由经办单位会计机构负责人(会计主管人员)和单位负责人批准后，才能代作原始凭证。若确实无法取得证明的，如车票丢失，则应由当事人写明详细情况，由经办单位会计机构负责人(会计主管人员)和单位负责人批准后，代作原始凭证。

(2) 会计凭证封面应注明相关信息，如单位名称、凭证种类、凭证张数、起止号数、年度、月份、会计主管人员和装订人员等有关事项，会计主管人员和保管人员应在封面上签名，盖章。

(3) 会计凭证应加贴封条，防止抽换凭证。原始凭证不得外借，其他单位如有特殊原因确实需要使用时，经本单位会计机构负责人(会计主管人员)批准，可以复制。向外单位提供的原始凭证复制件，应在专设的登记簿上登记，并由提供人员和收取人员共同签名、盖章。

(4) 原始凭证较多时，可单独装订，但应在凭证封面注明所属记账凭证的日期、编号和种类，同时在所属的记账凭证上应注明"附件另订"及原始凭证的名称和编号，以便查阅。对各种重要的原始凭证，如押金收据、提货单等，以及各种需要随时查阅和退回的单据，应另编目录，单独保管，并在有关的记账凭证和原始凭证上分别注明日期和编号。

(5) 每年装订成册的会计凭证，在年度终了时可暂由单位会计机构保管一年，期满后应当移交本单位档案机构统一保管；未设立档案机构的，应当在会计机构内部指定专人保管。出纳人员不得兼管会计档案。

(6) 严格遵守会计凭证的保管期限要求，期满前不得任意销毁。

【互动 6-14】 多选题 · 企业会计凭证保管的内容包括(　　)。

A. 整理会计凭证

B. 装订会计凭证

C. 归档存查会计凭证

D. 将会计凭证移交检察机关

【互动 6-15】 多选题 · 每年装订完成的会计凭证，正确的保管方法有(　　)。

A. 在年度终了后，可暂由会计机构保管 1 年

B. 会计机构保管 1 年期满后，移交本单位档案机构统一保管

C. 未设立档案机构的，应当在会计机构内部指定专人保管

D. 出纳人员不得兼管会计档案

☺ 测试 6.4

要点提示

(1) 会计凭证的概念,作用(3 点),种类(2 类分类依据,典型票据);

(2) 原始凭证的种类(来源、格式、填制手续等 3 类分类依据、每一类别的典型票据);

(3) 原始凭证的内容、填制的基本要求(7 点)、具体原始凭证的填制(关注支票的填写);

(4) 原始凭证的审核内容(6 点);

(5) 记账凭证的种类(2 类分类依据)及基本内容;

(6) 记账凭证填制的基本要求,收付款及转账凭证的填制要求;

(7) 记账凭证的审核内容(6 点);

(8) 会计凭证的传递与保管(6 点)。

第七章 会计账簿

学习目标

表 7-1 本章学习目标

能力目标	1. 能够熟练登记各种账簿，能够进行新账的更换，能够进行账簿的装订； 2. 能够熟练进行错账更正； 3. 能够熟练进行账证、账账、账实的核对，能够进行月末、季末和年终结账
知识目标	1. 了解会计账簿的概念与分类，了解会计账簿的更换与保管； 2. 熟悉会计账簿的登记要求，熟悉总分类账与明细分类账平行登记的要点； 3. 掌握日记账、总分类账及有关明细分类账的登记方法，掌握对账与结账的方法，掌握错账查找与更正的方法

学习指导

关于内容⇨本章主要介绍会计账簿基础、会计账簿的设置和登记、对账和结账、会计账簿使用规则等内容。账簿处理是会计核算的重要环节，是编制报告的依据。通过本章的学习，可以完成账簿登记，结出期末余额，为报告编制做好准备。

关于方法⇨账簿的学习首先要认识各种账页，掌握各种账页的使用，正确选择账簿、规范登记账簿，同时能够正确更正各种错误。本章学习的关键是要在掌握账簿填制、更正等技术要求的基础上，快速、规范地完成各类账簿的填制。初学时，应该培养良好的职业习惯，认真完成每笔业务的填写，错账更正要严格按照规定的方法进行，账证、账账核对中发生差错是难免的，要细心查找，千万不能心浮气躁或随便修改某一账簿结果任其账证、账账不符、草草了事。

融会贯通⇨账簿的类别与适用范围、各类账簿登记的要点及错账更正方法是传统会计核算中的重要应用点，在信息时代，账簿登记由软件系统完成，传统的账账核对也失去了原有意义，会计人员需要深入领会各类账簿的功能，熟练运用系统生成、查询并解读各类账簿。

本章导入

“帐”“账”的由来

“帐”字本身与会计核算无关，在商代，人们把帐簿叫作“册”；从西周开始又把它更名为“籍”或“籍书”；战国时代有了“簿书”这个称号；西汉时，人们把登记会计事项的帐册称为“簿”。据现有史料考察，“帐”字引申到会计方面起源于南北朝。

南北朝时，皇帝和高官显贵都习惯到外地巡游作乐。每次出游前，沿路派人张记帏帐，帐内备有各种生活必需品及装饰品，奢侈豪华，供其享用，此种帏帐称之为“供帐”。供帐内所用之物价值均相当昂贵，薪费数额巨大，为了维护这些财产的安全，指派专门官吏掌管并实行专门核算，在核算过程中，逐渐把登记这部分财产及供应之费的簿书称为“簿帐”或“帐”，把登记供帐内的经济事项称为“记帐”。

以后“簿帐”或“帐”之称又逐渐扩展到整个会计核算领域，后来的财计官员便把登记日用款目的簿书通称作“簿帐”或“帐”，又写作“账簿”或“账”。

从此，“帐”“账”就取代了一切传统的名称。现在又统一改作“账”。

思考：企业如何设置使用账簿？

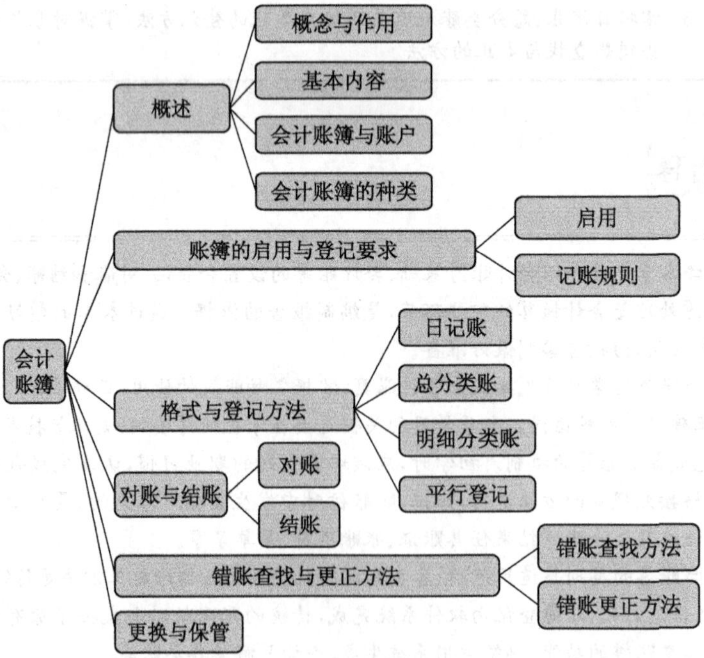

图 7-1　本章结构关系图

内容精讲

第一节 会计账簿概述

一、会计账簿的概念与作用

会计账簿是指由一定格式账页组成的，以经过审核的会计凭证为依据，全面、系统、连续地记录各项经济业务事项的簿籍。

设置和登记账簿，既是填制和审核开机屏障的延伸，也是编制财务报表的基础，是连接会计凭证和财务报表的中间环节。在会计核算中具有重要意义：

(1) 可以记载、储存会计信息。

(2) 可以分类、汇总会计信息。

(3) 可以检查、校正会计信息。

(4) 可以编报、输出会计信息。

二、会计账簿的基本内容

在实际工作中，由于各种会计账簿所记录的经济业务不同，账簿的格式也多种多样，但各种账簿都应具备以下基本内容：①封面；②扉页；③账页。

(一) 封面

封面标明单位和账簿名称。

(二) 扉页

扉页填列账簿启用日期和截止日期，页数、册次，经管账簿人员一览表和签章，会计主管人员签章，以及账户目录等。

为了明确记账责任，保证账簿记录的合法性和会计档案的安全性，启用新的会计账簿时，应填写账簿启用日期和经管人员一览表。写明单位名称、开始使用日期、共计页数（活页和卡片账可在装订成册后注明页数）、会计主管人员和记账人员姓名等，并应加盖公章，由会计主管人员和记账人员分别签章。记账人员调换时,要在表中标明交接日期和交接人员姓名,并签字盖章,明确有关人员的责任,确保会计账簿记录的严肃性。

表 7-2 账簿启用表

<table>
<tr><td colspan="11">账簿启用表</td></tr>
<tr><td>单位名称</td><td colspan="9"></td><td rowspan="4">单位公章</td></tr>
<tr><td>账簿编号</td><td colspan="9">字第　　号第　　册共　　册</td></tr>
<tr><td>账簿页数</td><td colspan="9">本账簿共计　　页　　号</td></tr>
<tr><td>启用日期</td><td colspan="9">年　　月　　日</td></tr>
<tr><td colspan="2">经管人员</td><td colspan="3">接管</td><td colspan="3">移交</td><td colspan="2">会计负责人</td><td rowspan="2">备注</td></tr>
<tr><td>姓名</td><td>盖章</td><td>年</td><td>月</td><td>日</td><td>年</td><td>月</td><td>日</td><td>姓名</td><td>盖章</td></tr>
<tr><td></td><td></td><td></td><td></td><td></td><td></td><td></td><td></td><td></td><td></td><td></td></tr>
<tr><td></td><td></td><td></td><td></td><td></td><td></td><td></td><td></td><td></td><td></td><td></td></tr>
<tr><td></td><td></td><td></td><td></td><td></td><td></td><td></td><td></td><td></td><td></td><td></td></tr>
<tr><td></td><td></td><td></td><td></td><td></td><td></td><td></td><td></td><td></td><td></td><td></td></tr>
<tr><td></td><td></td><td></td><td></td><td></td><td></td><td></td><td></td><td></td><td></td><td></td></tr>
<tr><td>印花税票粘贴处</td><td colspan="10"></td></tr>
</table>

(三) 账页

账页根据其反映经济业务的不同,具有多种格式,基本内容包括:

(1) 账户的名称(总分类账户、二级账户或明细账户)。

(2) 登记账户的日期栏。

(3) 凭证种类和号数栏。

(4) 摘要栏(简要说明所记录经济业务的内容)。

(5) 金额栏(记录经济业务引起账户发生额或余额增减变动的数额)。

(6) 总页次和分户页次。

表 7-3 账页的基本内容

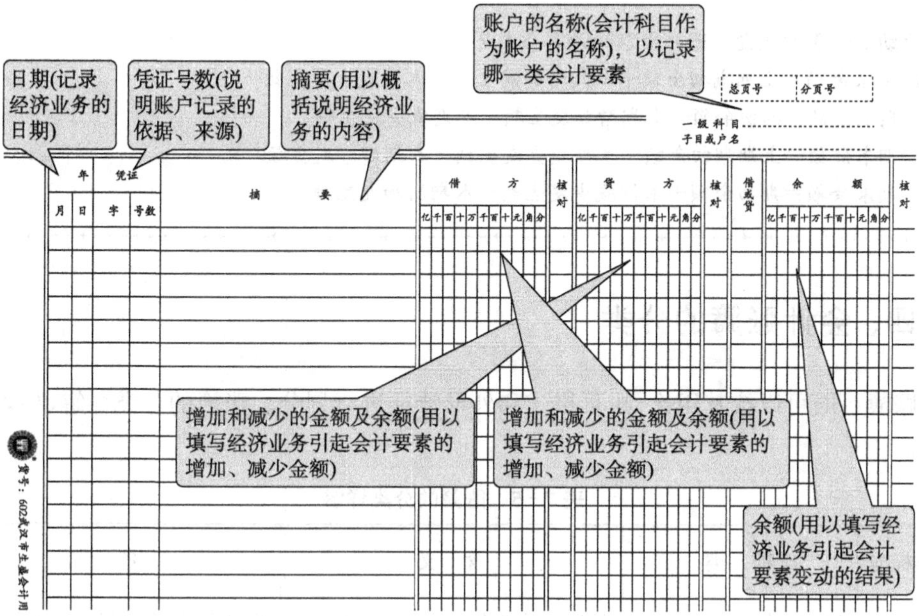

此外，账簿通常还设有账簿目录。

表 7-4 账簿目录(部分)

目 录

编 号	科 目	页 码	编 号	科 目	页 码
1	库存现金	1—3	……	……	……
2	银行存款	3—4	……	……	……
……	……	……	……	……	……
……	……	……	……	……	……
……	……	……	……	……	……

三、会计账簿与账户的关系

账簿与账户的关系是形式和内容的关系。账簿是由若干账页组成的一个整体，账簿中的每一账页就是账户的具体存在形式和载体，没有账簿，账户就无法存在；账簿序时、分类地记录经济业务，是在各个具体的账户中完成的。因此，账簿只是一个外在形式，账户才是它的实质内容。

【互动 7-1】单选题·账户余额的计算公式是(　　)。

A. 期末余额＝上期期初余额＋本期增加发生额－本期减少发生额

B. 期末余额＝期初余额＋本期增加发生额－本期减少发生额

C. 期末余额＝上期期初余额＋本期减少发生额－本期增加发生额

D. 期末余额＝期初余额＋本期减少发生额－本期增加发生额

四、会计账簿的分类

账簿一般可以按其用途、账页格式和外形特征进行划分。账簿的分类详解，如表 7-5 所示。

表 7-5　账簿的分类详解

分类标准	种　类	含　义	备　注
用途	序时账簿（又称日记账）	按照经济业务发生的先后顺序，逐日逐笔登记的会计账簿	通常各个单位只对现金和银行存款的收付业务使用序时账簿
	分类账簿	对各项经济业务进行分类登记的会计账簿	分类账簿又分为总分类账簿和明细分类账簿
	备查账簿（又称辅助账簿）	对某些在序时账簿和分类账簿中未能记载的事项进行补充登记的会计账簿	如租入固定资产登记簿、应收/应付票据登记簿等
外表形式	订本式账簿	在账簿启用前将账页固定装订成册并进行连续编号的会计账簿	一般具有统驭性和重要性的账簿，如银行存款日记账、现金日记账和总分类账等，都采用订本式账簿
	活页式账簿	在启用和使用过程中，把一定数量的账页置于活页夹内，可根据记账内容多少的变化，随时增加或减少部分账页的会计账簿	利于分工记账，适用于各种明细分类账户的登记
	卡片式账簿	用硬纸印制的特定格式的账卡，严格地说，卡片式账簿也是一种活页式账簿	卡片式账簿适用于财产物资的实物登记，并可以跨年度使用。固定资产登记卡片、低值易耗品登记卡片都属于此类账簿

（续表）

分类标准	种　类	含　义	备　注
账页格式	两栏式	只设借方、贷方两个栏目	普通日记账和转账日记账一般采用两栏式
	借贷余三栏式账簿	设有借方、贷方、余额三个栏目的会计账簿	用于只需要进行金额核算而不需要非金额数量核算的总分类账以及债权、债务结算账户的核算登记
	收发存三栏式账簿又称数量金额式账簿	账页设有收入、发出、结存三大栏，每个专栏又分为数量与金额的会计账簿	适用于原材料、库存商品等账户的明细分类核算
	多栏式账簿	将一个一级账户所属的明细账户集中于一张账页上设置专栏进行登记反映的会计账簿	适用于收入、费用等账户的全面核算。费用类一般只设置借方，贷方内容在相应的借方专栏内用红字登记，表示冲销
	横线登记式账簿	又称平行式账簿，将前后密切相关的经济业务登记在同一行，以便检查每笔业务的发生和完成情况	适用于材料采购、在途物资、应收票据和一次性备用金等明细账

【互动 7－2】 单选题·能够提供企业某一类经济业务增减变化总括会计信息的账簿是（　　）。

A. 明细分类账　B. 总分类账　C. 备查簿　D. 日记账

【互动 7－3】 单选题·能够提供企业某一类经济业务增减变化较为详细会计信息的账簿是（　　）。

A. 明细分类账　B. 总分类账　C. 备查簿　D. 记账凭证

【互动 7－4】 单选题·能够序时反映企业某一类经济业务会计信息的账簿是（　　）。

A. 明细分类账　B. 总分类账　C. 备查簿　D. 日记账

【互动 7－5】 单选题·一般情况下，不需根据记账凭证登记的账簿是（　　）。

A. 明细分类账　B. 总分类账　C. 备查簿　D. 日记账

【互动 7－6】 单选题·日记账的最大特点是（　　）。

A. 按现金和银行存款设置账户

B. 可以提供现金和银行存款的每日发生额

C. 可以提供现金和银行存款每日的动态和静态资料

D. 随时逐笔按顺序登记并逐日结出余额

【互动 7－7】 多选题·账簿按用途分类包括（　　）。

A. 日记账　B. 分类账　C. 备查账　D. 总账

【互动 7－8】 多选题·账簿按格式分类包括（　　）。

A. 三栏式账簿B. 多栏式账簿C. 数量金额式账簿D. 卡片式账簿
E. 活页式账簿

【互动 7-9】 多选题 · 账簿按其用途分类，分为（ ）。

A. 总账账簿B. 分类账簿C. 备查账簿D. 序时账簿

【互动 7-10】 单选题 · 下列账簿格式中，不属于按用途分类的是（ ）。

A. 活页账 B. 分类账 C. 日记账 D. 备查账

【互动 7-11】 单选题 · 在我国，单位一般只针对（ ）采用卡片账形式。

A. 库存商品明细账 B. 银行存款日记账 C. 应交增值税明细账 D. 固定资产明细账

【互动 7-12】 多选题 · 下列账簿不宜采用三栏式账页格式的有（ ）。

A. 总账 B. 原材料 C. 实收资本明细账 D. 管理费用明细账

【互动 7-13】 单选题 · 下列账簿应采用多栏式账页格式的是（ ）。

A. 总账 B. 原材料 C. 实收资本明细账 D. 管理费用明细账

【互动 7-14】 单选题 · 企业临时租入固定资产时应在（ ）中登记。

A. 总账 B. 明细账
C. 备查账 D. 无需在账簿中做任何登记

☺ **测试 7.1**

第二节 会计账簿的启用与登记要求

一、会计账簿的启用

启用会计账簿时，应当在账簿封面上写明单位名称和账簿名称，并在账簿扉页上附启用表。

启用订本式账簿应当从第一页到最后一页按顺序编定页数，不得跳页、缺号。

使用活页式账页应当按账户顺序编号，并须定期装订成册；装订后再按实际使用的账页顺序编定页码，另加目录，记明每个账户的名称和页次。

二、会计账簿的登记要求

为了保证账簿记录的正确性，必须根据审核无误的会计凭证登记会计账簿，并符合有关法律、行政法规和国家统一的会计准则制度的规定，主要有：①准确完整；②注明记账符号；③书写留空；④正常记账使用蓝黑墨水；⑤特殊记账使用红墨水；⑥按顺序连续登记；⑦结出余额；⑧过次承前；⑨不得涂改、刮擦、挖补。

表 7-6　登记账簿登记要求

基本要求	具　体　说　明
准确完整	登记会计账簿时，应当将会计凭证日期、编号、业务内容摘要、金额和其他有关资料逐项记入账内，做到数字准确、摘要清楚、登记及时、字迹工整。记账凭证和账簿中的会计科目，必须使用全称，不得任意简化，不准使用科目编号代码。每笔经济业务登记完毕，记账人员要在记账凭证上签名或者盖章，以明确责任
注明 记账符号	账簿登记完毕后，要在记账凭证上签名或者盖章，并在记账凭证的“过账”栏内注明账簿页数或画对勾，注明已经登账的符号，表示已经记账完毕，避免重记、漏记
书写留空	账簿中书写的文字和数字上面要留有适当的空格，不要写满格，一般应占格距的1/2
正常记账 使用 蓝黑墨水	为了保持账簿记录的持久性，防止涂改，登记账簿必须使用蓝黑墨水或碳素墨水或用钢笔书写，不得使用圆珠笔(银行的复写账簿除外)或者铅笔书写。 在下列情况下，可以用红色墨水记账： (1) 按照红字冲账的记账凭证，冲销错误记录； (2) 在不设借贷等栏的多栏式账页中，登记减少数； (3) 在三栏式账户的余额栏前，如未印明余额方向的，在余额栏内登记负数余额； (4) 根据国家统一的会计制度的规定可以用红字登记的其他会计记录。 由于会计中的红字表示负数，因而除上述情况外，不得用红色墨水登记账簿
按顺序 连续登记	在登记各种账簿时，应按页次顺序连续登记，不得隔页、跳行。如无意发生隔页、跳行现象，应在空页、空行处用红色墨水划对角线注销，或者注明“此页空白”或“此行空白”字样，并由记账人员签名或者签章
结出余额	凡需要结出余额的账户，结出余额后，应当在“借或贷”栏目内注明“借”或“贷”字样，以示余额的方向；对于没有余额的账户，应在“借或贷”栏内写“平”字，并在“余额”栏用“θ”表示。现金日记账和银行存款日记账必须逐日结出余额
过次承前	每一账页登记完毕结转下页时，应当结出本页合计数及余额，写在本页最后一行和下页第一行有关栏内，并在摘要栏内注明“过次页”和“承前页”字样；也可以将本页合计数及金额只写在下页第一行有关栏内，并在摘要栏内注明“承前页”字样，以保持账簿记录的连续性，便于对账和结账 对需要结计本月发生额的账户，结计“过次页”的本页合计数应当为自本月初起至本页末止的发生额合计数；对需要结计本年累计发生额的账户，结计“过次页”的本页合计数应当为自年初起至本页末止的累计数；对既不需要结计本月发生额也不需要结计本年累计发生额的账户，可以只将每页末的金额结转次页
不得涂改、 刮擦、挖补	登记错误需要使用正确的方法更正，不得涂改、刮擦、挖补

按照红字冲账的记账凭证，冲销错误记录；在不设借、贷等栏的多栏式账页中，登记减少数；在三栏式账户的余额栏前，如未印明余额方向的，在余额栏内登记负数余额；根据国家统一会计制度的规定可以用红字登记的其他会计记录。

实行会计电算化的单位，总账和明细账应当定期打印。发生收款和付款业务的，在输入收款凭证和付款凭证的当天必须打印出库存现金日记账和银行存款日记账，并与库存现金核对无误。

【互动 7-15】 多选题·在账务处理中可用红色墨水的情况有（ ）。

A. 过次页账

B. 总账

C. 更正会计科目和金额同时错误的记账凭证

D. 更正会计科目正确，多记金额的记账凭证

【互动 7-16】 多选题·下列情况，可以用红字记账的有（ ）。

A. 在不设借贷等栏的多栏式账页中，登记减少数

B. 在三栏式账户的余额栏前，如果未标明余额方向的，在余额栏内登记增加数

C. 按照红字冲账的记账凭证，冲销错误记录

D. 冲销账簿中多记录的金额

【互动 7-17】 多选题·下列情况，可以使用红色墨水记账的是（ ）。

A. 在不设借贷等栏的多栏式账页中，登记增加数

B. 在不设借贷等栏的多栏式账页中，登记减少数

C. 在三栏式账户的余额栏前，如未印明余额方向的，在余额内登记正数余额

D. 在三栏式账户的余额栏前，如未印明余额方向的，在余额内登记负数余额

【互动 7-18】 单选题·下列关于银行存款日记账过次页的表述中正确的有（ ）。

A. 应将本页合计数结转下页

B. 将月初至本页止的发生额合计结转下页

C. 应将年初至本页止的发生额合计结转下页

D. 直接将余额结转下页

☺ 测试 7.2

第三节 会计账簿的格式和登记方法

一、日记账的格式和登记方法

会计核算中常用的日记账是特种日记账。

特种日记账汇总登记同一类经济业务事项，然后将汇总金额记入分类账，可以减少过账工作，并有利于会计人员分工记账(可以由一个记账人员专门登记某一类经济业务事项)，从而提高效率。常见的特种日记账主要指库存现金日记账和银行存款日记账。

(一) 库存现金日记账的格式和登记方法

1. 库存现金日记账的格式

库存现金日记账是用来核算和监督库存现金每天的收入、支出和结存情况的账簿，其格式有三栏式和多栏式两种。无论采用三栏式还是多栏式库存现金日记账，都必须使用订本账。

三栏式库存现金日记账设借、贷、余三栏，逐日逐笔进行登记。

【互动 7－19】 单选题·三栏式账簿是设置有(　　)三个基本栏目的账簿。

A. 日期、摘要、余额　　B. 日期、借方、贷方

C. 摘要、借方、贷方　　D. 借方、贷方、余额

2. 库存现金日记账的登记方法

库存现金日记账由出纳人员根据同库存现金收付有关的记账凭证，按时间顺序逐日逐笔进行登记，并根据"上日余额＋本日收入－本日支出＝本日余额"的公式，逐日结出现金余额，与现金实存数核对，以检查每日现金收付是否有误。

借、贷方分设的多栏式库存现金日记账的登记方法：先根据有关库存现金收入业务的记账凭证登记现金收入日记账，根据有关库存现金支出业务的记账凭证登记库存现金支出日记账，每日营业终了，根据库存现金支出日记账结计的支出合计数，一笔转入库存现金收入日记账的"支出合计"栏中，并结出当日余额。

表 7－7　现金日记账的登记

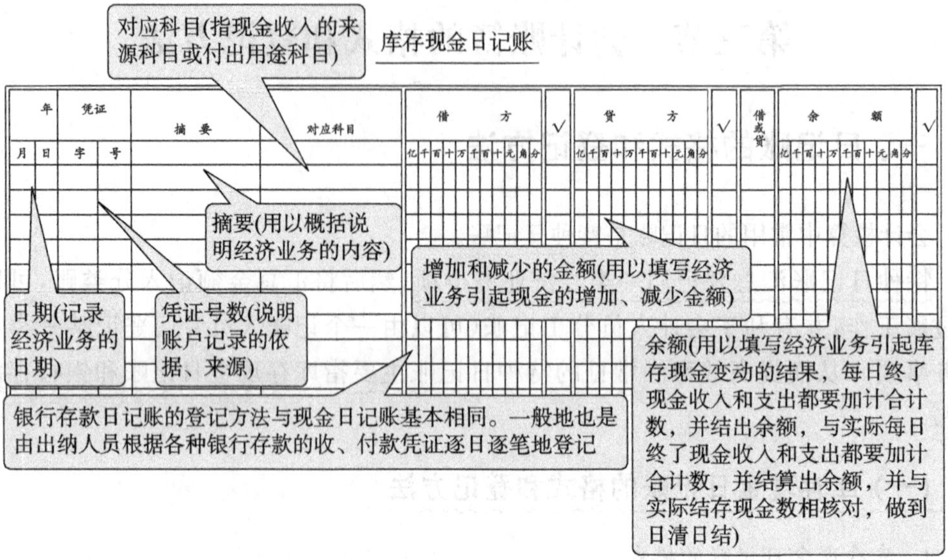

(二) 银行存款日记账的格式和登记方法

银行存款日记账用来核算和监督银行存款每日的收入、支出和结余情况的账簿。银行存款日记账应按会计主体在银行开立的账户和币种分别设置，每个银行账户设置一本日记账。

表 7－8　银行存款日记账的登记

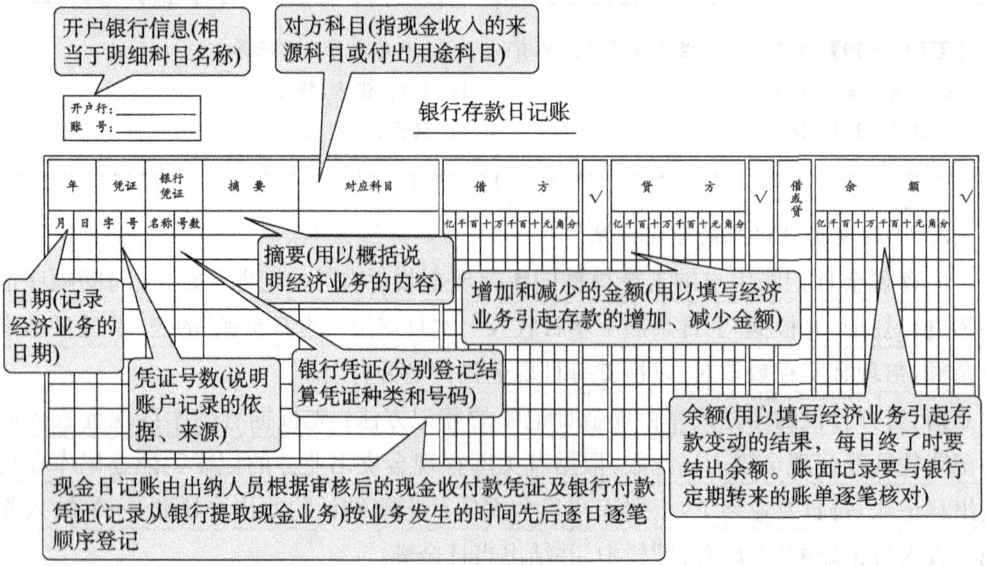

银行存款日记账的格式和登记方法与现金日记账相同。银行存款日记账通常也是由出纳人员根据审核后的银行存款收、付款凭证,逐日逐笔按照先后顺序进行登记。对于将现金存入银行的业务,由于规定只填制现金付款凭证,不填制银行存款收款凭证,因而这种业务的存款收入数,应根据有关现金付款凭证登记。

【互动 7-20】多选题·企业会计实务中,必须采用订本式的账簿有(　　)。
A. 固定资产总账　B. 固定资产明细账　C. 现金日记账　D. 原材料总账

【互动 7-21】多选题·下列关于库存现金日记账登账依据的表述中正确的有(　　)。
A. 收入栏根据现金收款凭证登记
B. 支出栏根据现金付款凭证登记
C. 收入栏根据现金收款凭证与银行付款凭证登记
D. 支出栏根据现金付款凭证与银行收款凭证登记

二、总分类账的格式和登记方法

(一) 总分类账的格式

总分类账的常用格式是三栏式总分类账(订本账)。
总分类账格式的特点是设借、贷、余三栏,并在余额栏前设余额方向栏。
登记方法包括:
(1) 根据会计凭证(记账凭证)逐笔登记。
(2) 根据科目汇总表汇总进行登记。
(3) 根据汇总记账凭证进行登记。

【互动 7-22】判断题·总分类账户最常用的格式为三栏式。(　　)

(二) 总分类账的登记方法

总分类账的登记如表 7-9 所示。

三、明细分类账的格式和登记方法

(一) 明细分类账的格式

明细分类账是根据二级账户或明细账户开设的,通常有三栏式、多栏式、数量金额式

表 7-9　总分类账的登记

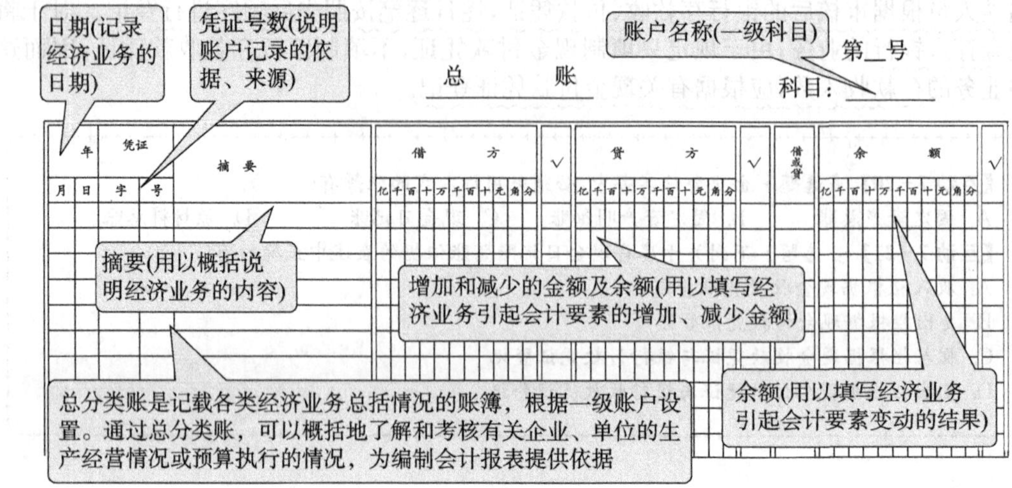

三种格式。

1. 三栏式明细分类账的格式及登记

三栏式明细分类账的特点是：设借、贷、余三栏，并在余额前选择余额方向，该余额方向反映账户的性质。

三栏式明细分类账的登记是：逐日逐笔的进行登记。

三栏式明细分类账适用于：只指供价值指标的核算内容，如债权债务类明细账。

表 7-10　三栏式明细账的登记

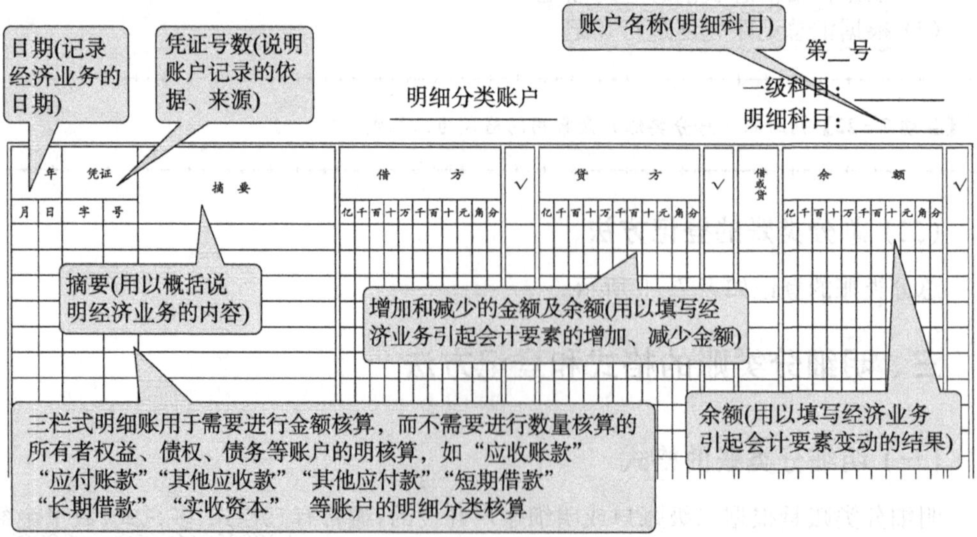

【互动 7－23】多选题·下列账簿可采用三栏式账页的有(　　)。
A. 材料明细账　　B. 其他应收款总账　　C. 库存商品明细账　　D. 银行存款日记账

2. 多栏式明细分类账的格式及登记

多栏式明细分类账的特点是：在借、贷、余三栏中分设专栏进行明细核算。

多栏式明细分类账的登记是：逐日逐笔的进行登记。

多栏式明细分类账适用于只提供价值指标，适用于收入、费用、成本等核算内容。

表 7－11　管理费用明细账的登记

总第________页
分第________页
会计科目或编号________

多栏式明细分类账

把一个科目的几个明细科目登记在一起，一张账页相当于几张三栏式账页。

年		凭证		摘要	合计	(　)方		
月	日	字	号		千百十万千百十元角分	千百十万千百十元角分	千百十万千百十元角分	千百十万千百十元角分

多栏式明细账适合于“生产成本”“制造费用”“管理费用”“财务费用”“营业外收入”“本年利润”等账户的明细核算。

在实际工作中为避免账页过长，通常采用只在借方或贷方一方设多项栏次，另一方记录采用红字登记方法

3. 数量金额式明细分类账的格式及登记

数量金额式明细分类账的特点是：在借、贷、余三栏中分设单价、数量、金额栏。

数量金额式明细分类账的登记是：逐日逐笔的根据记账凭证及明细凭证进行登记。

数量金额式明细分类账适用于不仅提供价值指标，而且提供数量指标的核算内容，如原材料明细账。

4. 横线登记式

将每一相关的业务登记在一行，从而可依据每一行各个栏目的登记是否齐全来判断该项业务的进展情况。横线登记式适用于材料采购业务、应收票据和一次性备用金业务。

(二) 明细分类账的登记方法

不同类型经济业务的明细分类账可根据管理需要，依据记账凭证、原始凭证或汇总原

表 7－12　数量金额式明细账的登记

第__号

明细分类帐

明细科目：______

年		凭证		摘要	借方													√	贷方													√	借或贷	余额													√
					数量	单价	金额											数量	单价	金额												数量	单价	金额										
月	日	字	号				亿	千	百	十	万	千	百	十	元	角	分				亿	千	百	十	万	千	百	十	元	角	分					亿	千	百	十	万	千	百	十	元	角	分	

增加和减少的金额、数量、单价(用以填写经济业务引起材料物资项目的增加、减少的金额、数量、单价)

数量金额式明细账的格式是在“收入”“发出”和“余额”三栏下又分别设置“数量”“价格”“金额”三小栏，应根据材料或库存商品等收发凭证逐笔登记。

这种账页格式适用于既要进行金额核算，又要进行实物数量核算的“原材料”“库存商品”等财产物资账户的明细核算

始凭证逐日逐笔或定期汇总登记。固定资产、债权、债务等明细账应逐日逐笔登记；原材料、库存商品收发明细账以及收入、费用明细账可逐笔登记，也可定期汇总登记。

对于只设有借方的多栏式明细分类账，平时在借方登记“制造费用”“管理费用”“主营业务成本”等账户的发生额，贷方登记月末将借方发生额一次转出的数额，所以平时如果发生贷方发生额，应该用红字在多栏式账页的借方栏中登记表示冲减；对于只设有贷方的多栏式明细分类账，平时在贷方登记“主营业务收入”“营业外收入”等账户的发生额，借方登记月末将贷方发生额一次转出的数额，所以平时如果发生借方发生额，应该用红字在多栏式账页的贷方栏中登记表示冲减。

明细分类账一般应于会计期末结算出当期发生额及期末余额。

【互动 7－24】 多选题 · 下列关于账簿使用的表述中正确的有(　　)。

A. 库存现金日记账应使用订本式

B. 总账应当使用订本式

C. 总账可以使用数量金额式账页

D. 明细账可以使用活页式

【互动 7－25】 多选题 · 下列关于明细账登记方法的表述中正确的有(　　)。

A. 明细账根据记账凭证登记

B. 应收账款明细账应逐日逐笔登记

C. 原材料明细账可以汇总登记

D. 固定资产明细账应逐日逐笔登记

表 7-13 不同账簿及登记

<table>
<tr><th colspan="3">账 簿 类 别</th><th>主要科目</th><th>登 记 方 法</th></tr>
<tr><td rowspan="2">日记账</td><td colspan="2">库存现金日记账</td><td>库存现金</td><td rowspan="2">1. 库存现金日记账由出纳人员根据审核后的现金收、付款凭证及银行付款凭证(记录从银行提取现金的业务)按业务发生的时间先后逐日逐笔按顺序登记
2. 银行存款日记账由出纳人员根据银行收、付款凭证及现金付款凭证逐日逐笔地登记</td></tr>
<tr><td colspan="2">银行存款日记账</td><td>银行存款</td></tr>
<tr><td rowspan="4">分类账</td><td colspan="2">总分类账</td><td>所有科目</td><td>根据核算形式,可以直接按各种记账凭证逐笔进行登记,也可以将各种记账凭证先汇总编制汇总记账凭证或科目汇总表,再据以登记总分类账</td></tr>
<tr><td rowspan="3">明细账</td><td>三栏式明细账</td><td>“应收账款”“应付账款”“其他应收款”“其他应付款”“短期借款”“长期借款”“实收资本”等</td><td rowspan="3">不同类型经济业务的明细账可根据需要,依据记账凭证、原始凭证或汇总原始凭证逐日逐笔或定期汇总登记。固定资产、债权、债务等明细账应逐日逐笔登记;库存商品、原材料、产成品收发明细账及收入、费用明细账可以逐笔登记,也可定期汇总登记</td></tr>
<tr><td>数量金额式明细账</td><td>材料或库存商品</td></tr>
<tr><td>多栏式明细账(分成本费用类、收入类、财务成果类)</td><td>“生产成本”“制造费用”“管理费用”“财务费用”“营业外收入”“本年利润”</td></tr>
</table>

说明:

1. 库存现金日记账每日终了现金收入和支出都要加计合计数,结出余额,并与实际每日终了现金收入和支出的合计数及余额相核对,做到日清日结。如账款不符,应查明原因。

2. 银行存款日记账和现金日记账一样,每日终了时要结出余额。账面记录要与银行定期转来的账单逐笔核对。银行存款日记账证栏分为种类和号数两个专栏,分别登记结算凭证种类和号码,便于和银行对账。

3. 多栏式明细账是根据经营管理需要,在明细账账页中的“借方”或“贷方”设置若干专栏,用以登记某一账户增减变动详细情况的一种明细账。这种明细账适合于账户的明细核算。鉴于这种明细账栏次较多,在实际工作中为避免账页过长,通常采用只在借方或贷方一方设多项栏次,另一方记录采用红字登记方法。

4. 有些单位采用横线登记式明细账,将每一相关业务登记在一行,适用于材料采购、应收票据和一次性备用金业务。

5. 备查账簿的格式与前面介绍的几种账簿格式不同；备查账簿的登记方式是注重用文字记录某项经济业务的发生情况。备查账簿可根据各单位的具体情况和需要设置。例如，某单位为了反映租入固定资产经济业务的情况，需要设置租入固定资产登记簿。

设置明细账的会计科目，其总分类账户与其所属的明细分类账户之间可产生如下的数量关系：

总分类账户本期发生额＝所属明细分类账户本期发生额合计

总分类账户期末余额＝所属明细分类账户期末余额合计

在会计核算过程中，通常利用这种相等的关系来检查总分类账户和明细分类账户记录的完整性和正确性。

四、总分类账和明细分类账的平行登记

（一）平行登记的含义

平行登记就是对发生的每项经济业务，都要记入有关的总分类账户，设有明细分类账的，还要记入有关的明细分类账户。登记总分类账户和明细分类账户的原始依据必须相同，记账方向必须一致，记入总分类账户的金额必须与记入有关明细分类账户的金额之和相等。

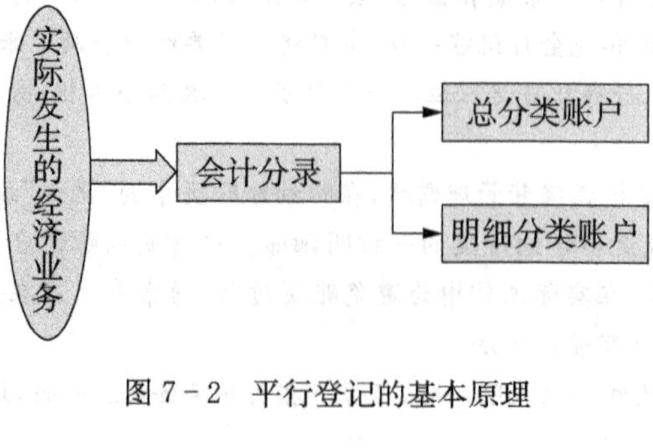

图 7-2 平行登记的基本原理

【互动 7－26】单选题·下列关于平行登记的表述中正确的是（　　）。
A. 平行登记的理论依据是会计恒等式
B. 平行登记要求总分类科目与明细分类科目必须在同一天登记
C. 平行登记是登记总分类科目与其明细分类科目的一种方法
D. 平行登记是借贷记账法下试算平衡的一种方法

（二）总分类科目与明细分类科目的关系

总分类账户是提供各种总括分类的核算资料的账户，它的特点就是总括。

明细分类账户是提供各种具体的、详细的分类核算资料的账户。明细分类账户除了用货币度量外，有些账户还要用实物度量（如件、台、千克等）。

总分类账户和明细分类账户，所记录的经济业务内容是相同的，不同的只是提供核算的资料有详细程度的差别。

总分类账户与其所属的明细分类账户的关系是：总分类账户提供的总括核算资料对明细分类账户起着统驭作用，每一个总分类账户对其所属的明细分类账户进行综合和控制。设有明细分类账户的总分类账户，叫做统制账户。而明细分类账户提供的详细核算资料，对总分类账户则起着补充说明的作用，每一个明细分类账户就是对统制账户核算内容的必要补充。

表 7－14　总账和明细账的关系

比较项目	总　账	明细账
提供信息	总　括	详　细
提供指标	货币金额	货币金额和实物指标
设置依据	会计科目	企业实际情况
两者关系	统驭	被统驭
反映内容	两者相同	

（三）平行登记的方法

1. 平行登记的要点

1）依据一致

每项经济业务发生后，都要根据审核后的会计凭证，一方面记入有关的总分类账户，另一方面记入该总账所属的明细分类账户。登记总分类账户与其所属明细分类账户的原始依据是一致的。

2）期间一致

在登记总分类账户和明细分类账户时，尽管具体记账的时间可能有差别。但总账与明细账对同一笔经济业务的登记必须在同一会计期间内完成。

3）方向一致

在登记总分类账户和明细分类账户时，登账的方向是一致的。对一项经济业务，在总账的借方登记，也应在其明细账的借方登记；在总账的贷方登记，也应在其明细账的贷方登记。

4）金额相等

对每项经济业务，记入总分类账户的金额与记入其所属明细分类账户的金额必须相等。如果同时涉及几个明细账户，那么，记入总分类账户的金额与记入其所属的几个明细账户的金额之和必须相等。

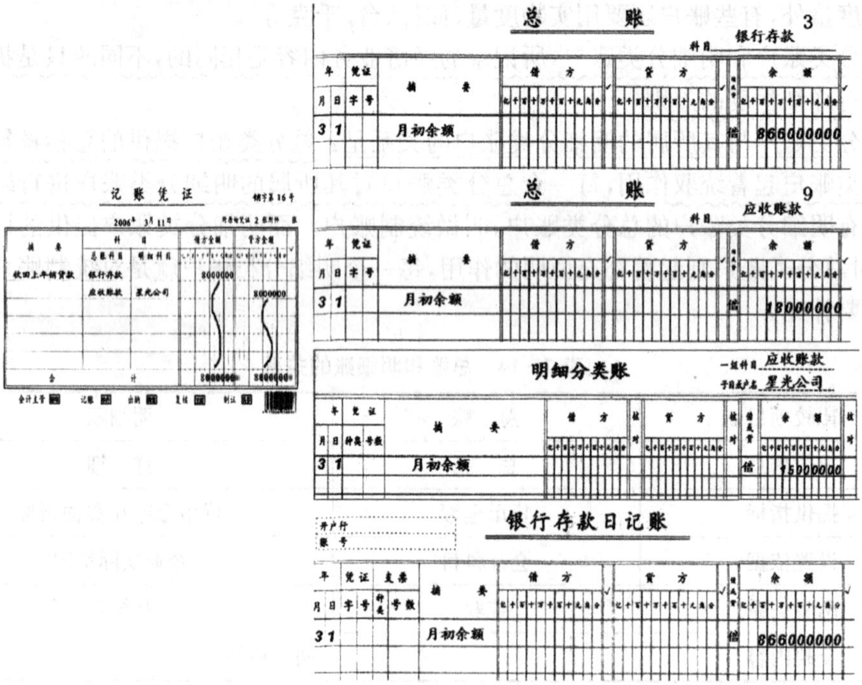

图 7-3　平行登记示范

2. 总分类账户与明细分类账户的核对

采用平行登记的方法登账以后，总分类账户与其所属的明细分类账户之间可产生如下的数量关系：

总账账户的期初余额＝所属明细账户期初余额合计
总账账户本期发生额＝所属明细分类账户本期发生额合计
总账账户期末余额＝所属明细分类账户期末余额合计

在会计核算过程中，通常利用这种相等的关系来检查总分类账户和明细分类账户记录的完整性和正确性。

为了检查账户记录是否正确，应当对总分类账户和明细分类账户登记的结果进行相互核对，核对总分类账户与其所属明细分类账户的发生额和余额是否相等，以便及时发现和更正错账，保证账簿记录的正确性。

【互动 7-27】多选题·总分类账户与明细分类账户平行登记要求做到（　　）。
A. 会计凭证相同　B. 借贷方向相同　C. 会计期间相同　D. 金额相同

下面以"原材料""应付账款"账户为例，说明总分类账户和明细分类账户平行登记及核对的方法。

【例 7-1】某企业 20××年 1 月"原材料"和"应付账款"两个总分类账户和所属各明细分类账户的月初余额如下：

"原材料"总分类账户借方余额为 60 000 元，其所属明细分类账户的月初余额见表7-15。

表 7-15　"原材料"明细账月初余额

名　称	数量(千克)	单价(元)	金额(元)
甲材料	2 000	20	40 000
乙材料	2 000	10	20 000
合　计			60 000

"应付账款"总分类账户贷方余额为 15 000 元，其所属明细分类账户余额为：A 厂贷方余额为 10 000 元。B 厂贷方余额为 5 000 元。

假设本月发生的材料收发业务及与供应单位的结算业务如下(不考虑增值税)：

(1) 1 月 5 日，仓库发出甲材料 1 500 千克，单价 20 元，计 30 000 元，乙材料 1 000 千克，单价 10 元，计 10 000 元，以上共计 40 000 元。上述材料直接用于制造 A 产品。

(2) 1 月 8 日，向 A 厂购进甲材料 1 000 千克，单价 20 元，计 20 000 元，货款未付。

(3) 1月14日，向B厂购进乙材料800千克，单价10元，计8 000元，货款未付。

(4) 1月20日，通过银行结算偿还A厂15 000元，B厂5 000元，共计20 000元。

根据上述资料，采用平行登记的方法登记"原材料"总分类账户和"应付账款"总分类账户及其所属各明细分类账户。具体做法如下：

(1) 将月初余额分别记入"原材料"和"应付账款"两个总分类账户及其所属各明细分类账户。

(2) 根据上列有关经济业务编制会计分录如下：

① 借：生产成本——A产品　40 000
　　贷：原材料——甲材料　30 000
　　　　　　——乙材料　10 000

② 借：原材料——甲材料　20 000
　　贷：应付账款——A厂　20 000

③ 借：原材料——乙材料　8 000
　　贷：应付账款——B厂　8 000

④ 借：应付账款——A厂　15 000
　　　　　　——B厂　5 000
　　贷：银行存款　20 000

(3) 根据上列会计分录平行登记"原材料"和"应付账款"两个总分类账户及其所属各明细分类账户，并分别计算本期发生额和期末余额。登账结果分别见表7-16至表7-23。

表7-16　总分类账户

会计科目：原材料　　　　第×页

20××年		凭证		摘要	借方	贷方	借或贷	余额
月	日	字	号					
1	1			月初余额			借	60 000
	5		(1)	生产领用		40 000	借	20 000
	8		(2)	购　进	20 000		借	40 000
	14		(3)	购　进	8 000		借	48 000
	31			本月发生额及余额	28 000	40 000	借	48 000

表 7-17 原材料明细分类账户

原材料名称：甲材料　　　　计量单位：千克

20××年		凭证		摘要	单价	收入		发出		结存	
月	日	字	号			数量	金额	数量	金额	数量	金额
1	1			月初余额	20					2 000	40 000
	5		(1)	生产领用	20			1 500	30 000	500	10 000
	8		(2)	购　进	20	1 000	20 000			1 500	30 000
	31			本月发生额及余额	20	1 000	20 000	1 500	30 000	1 500	30 000

表 7-18 原材料明细分类账户

原材料名称：乙材料

20××年		凭证		摘要	单价	收入		发出		结存	
月	日	字	号			数量	金额	数量	金额	数量	金额
1	1			月初余额	10					2 000	20 000
	5		(1)	生产领用	10			1 000	10 000	1 000	10 000
	14		(3)	购　进	10	800	8 000			1 800	18 000
	31			本月发生额及余额	10	800	8 000	1 000	10 000	1 800	18 000

表 7-19 总分类账户

会计科目：应付账款　　　　第×页

20××年		凭证		摘要	借方	贷方	借或贷	余额
月	日	字	号					
1	1			月初余额			贷	15 000
	8		(2)	购进材料		20 000	贷	35 000
	14		(3)	购进材料		8 000	贷	43 000
	20		(4)	偿还贷款	20 000		贷	23 000
	31			本月发生额及余额	20 000	28 000	贷	23 000

表 7－20　应付账款明细分类账户

明细科目：A厂

20××年		凭证		摘　要	借方	贷方	借或贷	余额
月	日	字	号					
1	1			月初余额			贷	10 000
	8		(2)	购进材料		20 000	贷	30 000
	20		(4)	偿还贷款	15 000		贷	15 000
	31			本月发生额及余额	15 000	20 000	贷	15 000

表 7－21　应付账款明细分类账户

明细科目：B厂

20××年		凭证		摘　要	借方	贷方	借或贷	余额
月	日	字	号					
1	1			月初余额			贷	5 000
	14		(3)	购进材料		8 000	贷	13 000
	20		(4)	偿还贷款	5 000		贷	8 000
	31			本月发生额及余额	5 000	8 000	贷	8 000

表 7－22　“原材料”总账与明细账的核对

原材料账户	月初余额		发生额		月末余额	
	借方	贷方	借方	贷方	借方	贷方
甲材料明细账户	40 000		20 000	30 000	30 000	
乙材料明细账户	20 000		8 000	10 000	18 000	
总分类账户	60 000		28 000	40 000	48 000	

表 7－23　“应付账款”总账与明细账的核对

应付账款账户	月初余额		发生额		月末余额	
	借方	贷方	借方	贷方	借方	贷方
A厂明细账户		10 000	15 000	20 000		15 000
B厂明细账户		5 000	5 000	8 000		8 000
总分类账户		15 000	20 000	28 000		23 000

☺ 测试 7.3

第四节　对账与结账

一、对账

对账就是核对账目，即对账簿、账户记录的正确与否所进行的核对工作。对账工作是为了保证账证相符、账账相符和账实相符的一项检查性工作，其目的在于使期末用于编制会计报表的数据真实、可靠。

对账工作一般在月末进行，即在记账之后、结账之前进行。对账是把会计账簿记录的有关数字与库存实物、货币资金、有价证券等的相关资料和情况进行核对，包括与往来单位或者个人进行的相关核对。一些基础性工作，一般应在平时进行对账。若遇有特殊情况，比如有关人员因工作调动而办理移交手续之前，或者发生非常事件后，也应随时进行对账。

对账工作的主要内容一般包括账证核对、账账核对和账实核对。

表 7－24　对账的主要内容

核对类别	含义	主 要 内 容	频率
账证核对	账簿记录与记账凭证乃至原始凭证相互核对	会计账簿记录与原始凭证、记账凭证的时间、凭证字号、内容、金额是否一致，记账方向是否相符	经常进行
账账核对	在各种账簿之间进行核对	1. 所有总账账户借方发生额合计与贷方发生额合计的核算 2. 所有总账账户借方余额与贷方余额的核对 3. 总分类账的余额与所属各明细账的余额之和的核对 4. 现金、银行存款日记账与总分类账中有关账户余额的核对 5. 会计部门有关物资明细账的余额合计数与财产物资保管部门或使用部门的有关明细账户余额合计数的核对	平时、期末进行
账实核对（财产清查）	各账簿记录与财产物资的实存数进行核对	1. 现金的账面余额应每天同库存现金数核对 2. 银行存款日记账应定期与银行对账单核对 3. 各种财产物资的账面余额应定期与库存和实存实物核对 4. 本单位与外单位的往来账款与有关单位相互核对	定期与不定期相结合

【互动 7－28】判断题·银行存款日记账账面余额与银行对账单的余额核对是账账核对。（　）

二、结账

为了了解某一会计期间（月份、季度、年度）的经济活动情况，考核经营成果，必须在每一会计期间终结时进行结账。结账是在将本期内所发生的经济业务全部登记入账的基础上，按照规定的方法对该期内的账簿记录进行小结，结算出本期发生额合计和余额，并将其余额结转下期或者转入新账。结账应该在会计期末进行，是编制会计报表的先决条件。

结账的内容通常包括两个方面：

一是结清各种损益类账户，并据以计算确定本期利润。

二是结清各资产、负债和所有者权益账户，分别结出本期发生额合计和余额。

（一）结账的程序

结账一般包括以下程序：

（1）将本期发生的经济业务事项全部登记入账。若发生漏账、错账，应及时补记、更正；既不能提前结账，也不能将本期发生的经济业务推至下期登账。

（2）根据权责发生制的要求，调整有关账项，合理确定本期应计的收入和应计的费用。

（3）将损益类账户转入“本年利润”账户，结平所有损益类账户。

（4）结算出资产、负债和所有者权益账户的本期发生额和余额，并结转下期。

【互动 7－29】多选题·下列属于结账程序的有（　）。

A. 将本期发生的经济业务事项全部登记入账

B. 根据权责发生制的要求，调整有关账项，合理确定本期应计的收入和应计的费用

C. 将损益类账户转入“本年利润”账户，结平所有损益类账户

D. 结算出资产、负债和所有者权益账户的本期发生额和余额，并结转下期

（二）结账的方法

在会计实务中，一般采用划线结账的方法进行结账，结账的标志是划线。月结时通栏划单红线，年结时通栏划双红线。具体方法为：

(1) 库存现金、银行存款日记账和需要按月结计发生额的收入、费用等明细账，每月结账时，要结出本月发生额和余额，在摘要栏内注明“本月合计”字样，并在下面划通栏单红线(划线应划通栏线，即从摘要栏开始到金额栏为止)。

(2) 对不需按月结计本期发生额的账户，每次记账以后，都要随时结出余额，每月最后一笔余额即为月末余额。月末结账时，只需要在最后一笔经济业务事项记录之下划通栏单红线，不需要再结计一次余额。

(3) 需要结计本年累计发生额的某些明细账户，每月结账时，应在“本月合计”行下结出自年初起至本月末止的累计发生额，登记在月份发生额下面，在摘要栏内注明“本年累计”字样，并在下面划通栏单红线。12 月末的“本年累计”就是全年累计发生额，全年累计发生额下划通栏双红线。

表 7-25 库存现金日记账结账示例

09年 月	日	凭证 字	号	摘要	对应科目	借方（亿千百十万千百十元角分）	贷方（亿千百十万千百十元角分）	余额（亿千百十万千百十元角分）	√
12	1			上年结转				500000	
	1	付	1	王新报销办公用品			200000	300000	
	7	付	5	王平借医药费			300000	0	
	7	付	6	提现		1000000		1000000	
	7	付	7	李明报销业务招待费			350000	650000	
	8	收	5	郑凡报销差旅费		126700		776700	
	13	付	14	报销医药费			94520	682180	
	26	付	32	购印花税票			15040	667140	
	26	收	14	收刘杰罚款		20000		687140	
	51	收	17	收徐琪赔款		17550		704690	
	31			本月合计		1154250	959560	704690	

通栏粗线是红线，下同。

表 7－26 不需按月结计本期发生额的账户结账示例

月	日	字号	摘要	借方（亿千百十万千百十元角分）	贷方（亿千百十万千百十元角分）	借或贷	余额（亿千百十万千百十元角分）
1	1		上年结转			借	4000000 0
	15	收43	收到A产品货款		15000000	借	25000000
	23	转62	销售B产品	32505670		借	57505670

表 7－27 要结计本年累计发生额的某些明细账户结账示例

09年 月	日	凭证 字	号	摘要	对应科目	借方（亿千百十万千百十元角分）	贷方（亿千百十万千百十元角分）	余额（亿千百十万千百十元角分）	√
12	1			上年结转				500000	
	1	付	1	王新报销办公用品			200000	300000	
	7	付	5	王平借医药费			300000	0	
	7	付	6	提现		1000000		1000000	
	7	付	7	李明报销业务招待费			350000	650000	
	8	收	5	郑凡报销差旅费		126700		776700	
	13	付	14	报销医药费			94520	682180	
	26	付	32	购印花税票			15040	667140	
	26	收	14	收刘杰罚款		20000		687140	
	31	收	17	收陈琪赔款		17550		704690	
	31			本月合计		1154250	959560	704690	
	31			本年合计		451003540	450798850	704690	

（4）总账账户平时只需结出月末余额，年终结账时，将所有总账账户结出全年发生额和年末余额，在摘要栏内注明“本年合计”字样，并在合计数下划通栏双红线。

表 7－28 总账账户结账示例

编号______页

09年 月	日	凭证 字	号	摘要	借方（亿千百十万千百十元角分）	贷方（亿千百十万千百十元角分）	借或贷	余额（亿千百十万千百十元角分）	√
1	1			上年结转			借	29000000	
1	31	汇	1	本月发生额	10000000	4000000	借	8000000	
2	28	汇	1	本月发生额	85034512	65530000	借	27504500	
				……					
12	31	汇	1	本月发生额	7000000	1000000	借	5000000	
	31			本年合计	125800000	122800000	借	5000000	

需要结出本月发生额的账户，如果一个月内只有一笔发生额，则本月就不存在合计问题。此时，只需在这笔记录下面划一条红线，也即表示本月到此为止的意思。不必在下一

行结计本月合计数。

凡需要结出余额的账户，结出余额后，应在“借或贷”等栏内写明“借”或“贷”的字样，没有余额的账户，应在“借或贷”等栏内写“平”字，并在“余额”栏内用“θ”表示。

(5) 年度终了结账时，有余额的账户，要将其余额结转下年，并在摘要栏注明“结转下年”字样；在下一会计年度新建有关会计账户的第一行余额栏内填写上年结转的余额，并在摘要栏注明“上年结转”字样。

表 7－29　有余额的账户结账结转下年示例

09年		凭证		摘要	借方（亿千百十万千百十元角分）	贷方（亿千百十万千百十元角分）	借或贷	余额（亿千百十万千百十元角分）	√
月	日	字	号						
1	1			上年结转			借	2000000	
1	31	汇	1	本月发生额	10000000	4000000	借	8000000	
2	28	汇	1	本月发生额	85034512	65530000	借	27504500	
				……					
12	31	汇	1	本月发生额	7000000	1000000	借	5000000	
	31			本年合计	125800000	122800000	借	5000000	
	31			结转下年					

☺ **测试 7.4**

第五节　错账查找与更正方法

一、错账查找的方法

在对账过程中，可能发生各种各样的差错。产生差错的原因可能是重记、漏记、数字颠倒、数字错位、数字记错、科目记错、借贷方向记反，从而影响会计信息的正确性，如发现差错，会计人员应及时查找并予以更正。常见的错账查找方法，如图 7－4 所示。

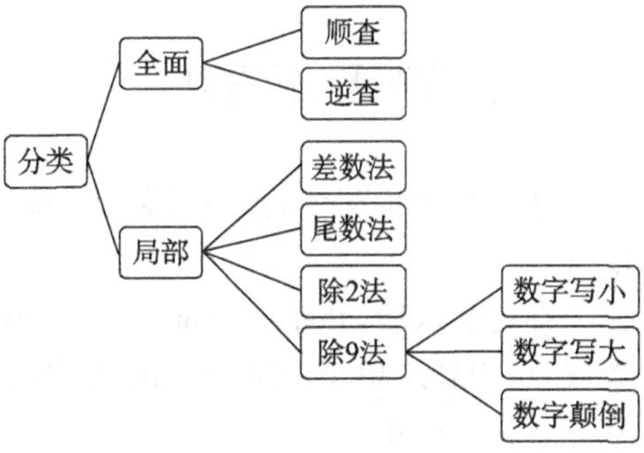

图 7－4　错账查找的方法

错账查找的方法很多，一般分全面检查和局部抽查两种。

(一) 全面检查

全面检查就是对一定时期内的账目逐

笔核对的方法。按照查找的顺序是否与记账程序的方向相同，又可分为顺查法和逆查法。

(1) 顺查法是按照记账的顺序，从原始凭证到记账凭证，再到账簿顺次查找的方法。顺查法按照记账的先后顺序查找，有利于全面检查账簿记录的正确性，但查找的工作量大，适用于错账较多，难以确定查找方向与重点范围的情况。

(2) 逆查法就是与记账顺序相反，从错账的位置开始，逆向查到错误的原因的方法。这种方法能减少查找的工作量，实际工作中使用较多。

(二) 局部抽查

局部抽查就是针对错误的数字抽查账目的方法。局部抽查包括差数法、尾数法、除二法、除九法等具体方法。

表 7-30　局部抽查的方法

抽查方法	具体操作	使用情形	举例典型或情形
差数法	按照错账的差异数查找	重记或漏记	借方金额遗漏，会使该金额在贷方超出；贷方金额遗漏，会使该金额在借方超出
除 2 法	以差异数除以 2	数字记反方向而发生的错误	例如，应记入"原材料——A 材料"账户借方的 3 000 元误记入贷方，则该明细账户的期末余额将小于其总分类账户期末余额 6 000 元，差异数 6 000 元除以 2 的商 3 000 元即为记反方向的数字
除 9 法	以差异数除以 9	将数字写小、写大或数字颠倒	如将 300 元误记为 30 元，错误数字小于正确数字 9 倍，如将 8 714 元误记为 8 174 元
尾数法	只查找"角、分"部分	提高查错的效率	一般抽查均可采用

二、错账更正方法

在记账以前发现凭证错误的须重新编制、审核会计凭证，以正确的凭证作为记账的依据。

在记账以后，在结账以前，如果发现账簿记录中有数字或文字错误，而记账凭证没有错误，可用划线更正法进行更正，如果记账凭证有错误，根据不同情况可用红字更正法或补充登记法更正。

（一）划线更正法

在结账以前，如果发现账簿记录中有数字或文字错误，而记账凭证没有错误，可用划线更正法进行更正。

具体做法：首先，在错误的数字或文字上划一条红线，表示注销；然后，在划线上方空白处填写正确的数字和文字，并在更正处加盖更正人员的印章，以明确责任。但应当注意，对于错误数字，必须全部划掉，不能只划去整个数字中的个别错误数字，而且要保证划去的字迹仍清晰可辨。例如，账簿中将 3 275 元误记为 3 257 元，应将整个数字全部用红线划去，然后在红线上面空白处用蓝字写 3 275。

（二）红字更正法

在记账以后，如果发现记账凭证中应借、应贷科目或金额发生错误，应用红字更正法进行更正。红字在记账中表示减少，起冲销的作用。

具体做法：首先，用红字金额编制一张内容与错误的记账凭证相同的记账凭证，注明更正某年某月某日的错账，据以用红字金额登记有关账簿，冲销原来的错误记录；然后，再用蓝字编制正确的记账凭证，据以登记入账。

（三）补充登记法

在记账以后，如果发现原编制的记账凭证中应借、应贷科目虽然没有错误，但所记金额少于正确金额，可用补充登记法进行更正。更正时，把少记的金额编制一张与原记账凭证相同的蓝字记账凭证并注明补记某月某日的金额，将其补记入账。

【例 7－2】恒丽集团以银行存款 2 500 元支付销售产品广告费。编制记账凭证时误作如下会计分录，并已登记入账。

借：管理费用	2 500	
贷：银行存款		2 500

更正时，首先填制一张与原错误分录内容完全一样的红字金额记账凭证，并据以登记入账，冲销原错误的账簿记录。

借：管理费用	[2 500]	
贷：银行存款		[2 500]

加框代表红字。

其次，用蓝字编制一张正确的记账凭证：

借：销售费用 2 500
　贷：银行存款 2 500

上述分录记账后，“银行存款”“管理费用”“销售费用”账户的记录，如表 7-31 所示。

表 7-31 红字更正各账户关系

银行存款 借	银行存款 贷	管理费用 借	管理费用 贷	销售费用 借	销售费用 贷
	2 500	2 500			
	2 500（加框）	2 500（加框）			
	2 500			2 500	

【例 7-3】某企业以银行存款 50 元支付银行承兑汇票手续费。编制记账凭证时，将金额误写为 5 000 元，并已登记入账。错误会计分录如下：

借：财务费用 5 000
　贷：银行存款 5 000

发现上述错误时，可将多记的 4 950 元用红字金额编制记账凭证，更正原记账错误：

借：财务费用 4 950（加框）
　贷：银行存款 4 950（加框）

上述分录过账后，“财务费用”账户和“银行存款”账户的记录，如表 7-32 所示。

表 7－32　红字冲销各账户关系

借　　银行存款	贷
	5 000
	4 950

借　　财务费用	贷
5 000	
4 950	

【例 7－4】 A 企业收到某单位归还欠款 3 500 元，存入银行。编制记账凭证时，将金额误写为 350 元，并已登记入账。错误会计分录如下：

借：银行存款　　350
　贷：应收账款　　350

发现上述错误时，可将少记的 3 150 元（3 500－350）用蓝字编制记账凭证，更正原记账错误：

借：银行存款　　3 150
　贷：应收账款　　3 150

上述分录过账后，“银行存款”和“应收账款”账户的记录，如表 7－33 所示。

表 7－33　补充登记各账户关系

借　　银行存款	贷
350	
3 150	

借　　应收账款	贷
	350
	3 150

记账错误一经发现，要遵循规则进行更正。账簿记录错误应视不同情况，采用不同的更正方法予以更正。错账类型与更正方法如表 7－34 所示。

表 7－34　错账类型与更正方法

错 账 类 型	更正方法	更 正 步 骤
仅凭证错误的更正（尚未登记入账）	重新填写	原凭证作废，重新填写一张正确凭证替换原凭证
仅账簿错误的更正（结账前，记账凭证正确但登记账簿发生错误）	划线更正法	1. 将错误的用红线划去 2. 在划线的上方用蓝色字迹写上正确的科目或金额 3. 在划线处，加盖更正人图章

（续表）

<table>
<tr><th colspan="3">错账类型</th><th>更正方法</th><th>更正步骤</th></tr>
<tr><td rowspan="3">凭证、账簿同时错误的更正（记账后在当年发现记账凭证错误引发账簿登记错误）</td><td colspan="2">应借应贷科目错误或应借应贷方向错误</td><td rowspan="2">红字更正法</td><td>1. 红字填一张与错误凭证完全相同的凭证
2. 据以红字登记入账注销原记账金额
3. 蓝字填写一张正确的凭证
4. 据以蓝字登记入账</td></tr>
<tr><td rowspan="2">科目没有错误，金额有错误</td><td>所记金额＞应记金额</td><td>1. 将多记金额用红字填制一张凭证，应借、应贷科目相同（只有金额用红字，代表负数）
2. 据以登记入账</td></tr>
<tr><td>所记金额＜应记金额</td><td>补充登记法</td><td>1. 将少记金额用蓝字填制一张凭证（应借应贷科目相同）
2. 据以登记入账</td></tr>
</table>

【互动 7－30】 单选题·如果企业的记账凭证正确，在记账时发生错误导致账簿记录错误，则应采用（　　）进行更正。

A. 划线更正法　　B. 平行登记法　　C. 补充登记法　　D. 红字更正法

【互动 7－31】 多选题·可用于更正因记账凭证错误而导致账簿登记错误的方法有（　　）。

A. 划线更正法　　B. 红字冲正法　　C. 补充登记法　　D. 除 9 法

☺ **测试 7.5**

第六节　会计账簿的更换与保管

一、会计账簿的更换

会计账簿的更换通常在新会计年度建账时进行。

总账、日记账和多数明细账应每年更换一次。在更换新账时，应将各账户的余额结转到新账簿第一行的余额栏内，并注明方向，同时在摘要栏内注明“上年结转”字样。

变动较小的明细账，如固定资产卡片及备查簿可以连续使用，不必每年更换。

新旧账簿有关账户之间的结转余额，无须编制记账凭证。

二、会计账簿的保管

各种账簿与会计凭证、会计报表一样,必须按照国家统一的会计制度的规定妥善保管,做到安全完整,需要时方便查找。

年度终了,各种账户在结转下年、建立新账后,一般都要把旧账送交会计集中统一管理。会计账簿暂由本单位财务会计部门保管1年,期满之后,由财务会计部门编造清册移交本单位的档案部门保管。

保管期满,一定要按规定的审批程序,报经批准后方可销毁。

☺ 测试 7.6

要点提示

(1) 会计账簿的概念与作用(4点);
(2) 会计账簿的基本内容(3部分),会计账簿与账户的关系;
(3) 会计账簿的种类(3类分类依据,典型代表,表7-5);
(4) 账簿的登记要求(8点),日记账、总账、明细账的登记;
(5) 总账、明细账的关系,平行登记的要点;
(6) 对账的概念与内容(3部分),结账的概念和程序,结账的要点(5点);
(7) 错账的查找方法(4种),错账的更正方法(3种,根据具体错误灵活应用);
(8) 会计账簿的更换与保管。

第八章 账务处理程序

学习目标

表 8-1 本章学习目标

能力目标	1. 能够运用各种账务处理程序进行会计业务处理； 2. 能够根据企业需要选用合适的账务处理程序
知识目标	1. 了解企业账务处理程序的概念与意义； 2. 熟悉账务处理程序的一般步骤； 3. 掌握企业账务处理程序的种类，掌握记账凭证账务处理程序的内容，掌握汇总记账凭证账务处理程序的内容，掌握科目汇总表账务处理程序的内容

学习指导

关于内容⇨本章主要介绍账务处理程序概述、记账凭证账务处理程序、汇总记账凭证账务处理程序、科目汇总表账务处理程序等内容，并通过举例说明记账凭证账务处理程序的应用。通过本章的学习，读者要可以根据企业需要选择合适的账务处理程序完成会计核算。

关于方法⇨本章学习的关键是要在各账务处理程序的基础上，根据企业需求具体选择。建议非会计专业的读者只要掌握记账凭证账务处理程序，会计专业的读者还要掌握科目汇总表账务处理、汇总记账凭证账务处理程序。

融会贯通⇨账务处理程序是决定会计工作流程的重要依据，信息时代的处理过程极为快速，会计人员的关注重点应转移到如何充分运用适时的信息加强企业的内控及预算管理。

本章导入

清代乾隆年间,有两个书法家。一个书法家极认真地模仿古人,讲究每一画都要酷似被模仿者,如某一横要像苏东坡的。一旦练到了这一步,他便颇为得意。

另一个书法家则正好相反,不仅苦苦地练,还要求每一笔每一画都不同于古人,讲究自然,直到练到了这一步,才觉得心里踏实。

有一天,第一个书法家嘲讽第二个书法家,说:"请问仁兄,您的字中哪一笔是古人的呢?"

后一个书法家并不生气,而是笑眯眯地反问了一句:"也请问仁兄,您的字究竟哪一笔是您自己的呢?"

第一个书法家听了,顿时张口结舌。

思考:会计工作如何处理好规范与创新的关系,账务处理的基本程序有哪些?如何选择和使用?

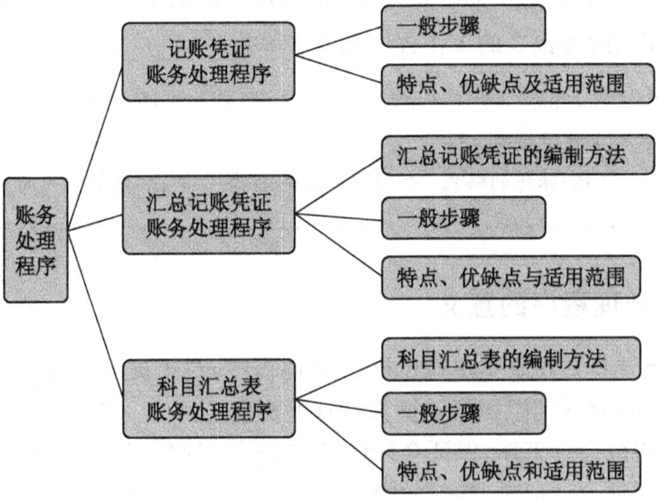

图 8-1 本章结构关系图

内容精讲

第一节　账务处理程序概述

一、账务处理程序的概念与意义

(一) 账务处理程序的概念

账务处理程序也称会计核算组织程序或会计核算形式，是指会计凭证、会计账簿、会计报表相结合的方式。

账簿组织是指会计凭证和会计账簿的种类、格式，会计凭证与账簿之间的联系方法；

记账程序是指由填制、审核原始凭证到填制、审核记账凭证，登记日记账、明细分类账和总分类账，编制财务报表的工作程序和方法等。

【互动 8-1】多选题·账簿组织包括(　　)。
A. 账簿的种类　　B. 账簿的格式　　C. 账簿的名称　　D. 账簿之间的关系

(二) 账务处理程序的意义

科学、合理地选择适用于本单位的账务处理程序，对于提高会计核算工作效率，保证会计核算工作质量，有效地组织会计核算具有重要意义：

(1) 有利于规范会计工作，保证会计信息加工过程的严密性，提高会计信息质量。

(2) 有利于保证会计记录的完整性和正确性，增强会计信息的可靠性。

(3) 有利于减少不必要的会计核算环节，提高会计工作效率，保证会计信息的及时性。

二、账务处理程序的种类

在我国，常用的账务处理程序主要有：记账凭证账务处理程序、科目汇总表账务处理程序和汇总记账凭证账务处理程序。

三种财务处理程序的主要不同之处在于:登记总分类账的依据和方法不同,与此相适应,总分类账的格式也不同;其他程序基本相同(如编汇总原始凭证、记账凭证,登日记账、明细账,账账核对,编报表)。

不同的记账程序规定了“记账凭证——会计账簿”不同步骤和方法,不同的单位应该根据单位管理实际需要确定合理的记账程序。

【互动 8-2】 单选题·下列不是常用的账务处理程序的是(　　)。

A. 原始凭证账务处理程序

B. 记账凭证账务处理程序

C. 汇总记账凭证账务处理程序

D. 科目汇总表账务处理程序

【互动 8-3】 单选题·不同账务处理程序的主要区别在于(　　)。

A. 登记总分类账户的依据不同

B. 会计凭证的传递方法不同

C. 登记明细分类账户的依据不同

D. 会计分工不同

【互动 8-4】 判断题·编制会计报表是企业账务处理程序的组成部分。(　　)

☺ **测试 8.1**

第二节　记账凭证账务处理程序

一、一般步骤与特点

记账凭证账务处理程序是指对发生的经济业务事项,都要根据原始凭证或汇总原始凭证编制记账凭证,然后直接根据每一张记账凭证逐笔登记总分类账的一种账务处理程序。

其特点是直接根据记账凭证逐笔登记总分类账。它是最基本的账务处理程序。其他各种类型的账务处理程序都是在该方法的基础上发展起来的。记账凭证账务处理程序的记账程序,如图表 8-2 所示。其一般程序是:

(1) 根据原始凭证编制汇总原始凭证。

(2) 根据原始凭证或汇总原始凭证，编制记账凭证。

(3) 根据收款凭证、付款凭证逐笔登记现金日记账和银行存款日记账。

(4) 根据原始凭证、汇总原始凭证和记账凭证，登记各种明细分类账。

(5) 根据记账凭证逐笔登记总分类账。

(6) 期末，现金日记账、银行存款日记账和明细分类账的余额同有关总分类账的余额核对相符。

(7) 期末，根据总分类账和明细分类账的记录，编制会计报表。

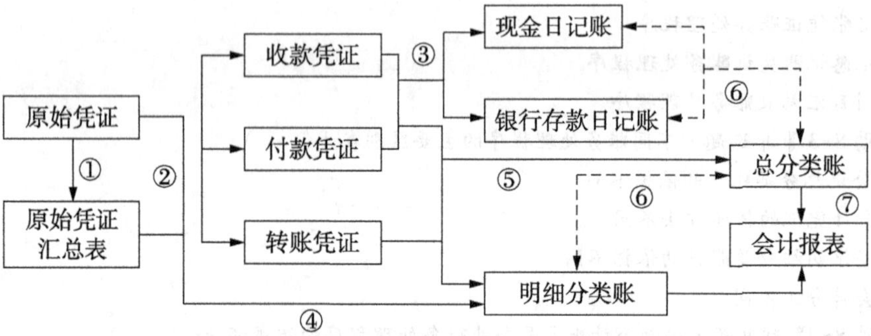

图 8-2　记账凭证账务处理程序的记账程序图

注：(1) 图中的①、②等序号表示记账的顺序；

(2) ——→ 表示填制凭证、登记账簿或编制会计报表；

(3) ←---→ 表示账账之间的核对。

二、优缺点及适用范围

记账凭证账务处理程序的优点是直接根据记账凭证登记总账，简单明了，易于理解，总分类账可以较详细地反映经济业务的发生情况。

记账凭证账务处理程序的缺点是登记总分类账的工作量较大。对于经济业务较多，经营规模较大的企业，总分类账的登记工作过于繁重。

记账凭证账务处理程序的适用范围是规模较小、经济业务量较少的单位。

【例 8-1】下面就记账凭证账务处理程序的应用进行举例：

1. 东方公司自成立以来一直采用记账凭证账务处理程序。该公司 20×3 年 12 月 1 日各总分类账户期初余额表，如表 8-2 所示。

表 8-2 20×3 年 12 月 1 日总分类账户期初余额表

单位：元

账户名称	借方余额	贷方余额
库存现金	45 000	
银行存款	560 000	
应收账款	14 000	
应收票据	6 000	
原材料	410 000	
库存商品	440 000	
预付账款	100	
持有至到期投资	60 500	
固定资产	3 520 000	
无形资产	85 000	
累计折旧		256 000
短期借款		6 500
应付票据		1 200
应付账款		4 500
应付利息		400
实收资本		4 600 000
资本公积		92 000
盈余公积		180 000
合 计	5 140 600	5 140 600

有关明细账户期初余额的资料：
原材料——甲材料 20 吨，单价 2 000 元，共计 40 000 元
原材料——乙材料 30 吨，单价 4 000 元，共计 120 000 元
原材料——丙材料 50 吨，单价 5 000 元，共计 250 000 元
库存商品——A 产品 40 件，单价 5 000 元，共计 200 000 元
库存商品——B 产品 30 件，单价 8 000 元，共计 240 000 元
应收账款——天华公司：14 000 元

应付账款——大庆公司：1 000 元

应付账款——天凯公司：3 500 元

应收票据——大华公司：6 000 元

应付票据——大华公司：1 200 元

2. 东方公司 12 月份发生了下列经济业务：

(1) 12 月 1 日，用现金购买公司办公用品 750 元。

(2) 12 月 2 日，向银行借款 3 500 元，用于偿还所欠天凯公司货款。

(3) 12 月 3 日，收到新兴公司投入的某型设备 1 台，其价值共计 80 000 元。

(4) 12 月 4 日，收回到期票据 6 000 元，款项存入银行。

(5) 12 月 4 日，以票面面值价格购入大华公司债券 80 000 元，款项用银行存款支付。

(6) 12 月 5 日，通过协商，从海洋公司购得某无形资产共计 10 000 元，款项用银行存款支付。

(7) 12 月 6 日，用银行存款支付到期银行承兑汇票 1 200 元。

(8) 12 月 7 日，按照协议规定从南海公司购买甲材料 30 吨，单位成本为 2 000 元，增值税额为 7 800 元。款项未付。

(9) 12 月 9 日，新华公司投入乙材料 20 吨，单价为 4 000 元，共计 80 000 元（不考虑增值税）。

(10) 12 月 10 日，从长城公司购入丙材料 10 吨，单位成本为 5 000 元，增值税额为 6 500 元，款项用银行存款支付。

(11) 12 月 11 日，从新华公司购入乙材料 15 吨，单价为 4 000 元，共计 60 000 元，增值税额为 7 800 元，款项未付。

(12) 12 月 12 日，将所购甲、乙、丙原材料入库。

(13) 12 月 14 日，收取光明公司租金收入为 65 000 元（不考虑税费），款项已经存入银行。

(14) 12 月 15 日，从仓库里发出甲材料 10 吨，计 20 000 元，其中 A 产品生产成本负担 15 000 元，制造费用 4 000 元，企业管理部门负担 1 000 元。

(15) 12 月 16 日，从仓库里发出乙材料 20 吨，计 80 000 元，其中 A 产品生产成本负担 76 000 元，制造费用 4 000 元。

(16) 12 月 17 日，从仓库里发出丙材料 15 吨，计 75 000 元，其中 B 产品生产成本负担 72 000 元，制造费用 3 000 元。

(17) 12 月 18 日，销售海洋公司库存 A 产品 40 件，单价为 6 000 元，共计金额 240 000 元，增值税额为 31 200 元，款项尚未收到。

(18) 12 月 19 日，销售光明公司库存 B 产品 30 件，单价 10 000 元，共计金额 300 000 元，增值税额为 39 000 元，光明公司开出期限为 1 个月的商业汇票。

(19) 12 月 21 日，支付销售 A、B 产品的广告费用 350 元，款项用现金支付。

(20) 12 月 24 日，预提本月应付借款利息 200 元。

(21) 12 月 26 日，用银行存款支付本季应付借款利息 600 元。

(22) 12 月 30 日，计算分配本月应付职工工资共计 46 500 元，其中，A 产品成本负担 25 000 元，B 产品成本负担 17 000 元，制造费用负担 3 300 元，管理费用负担 1 200元。

(23) 12 月 30 日，本月实际支出职工福利费 6 510 元，其中，A 产品成本负担 3 500 元，B 产品成本负担 2 380 元，制造费用负担 462 元，管理费用负担 168 元，款项通过银行转账方式支付。

(24) 12 月 30 日，计提本月固定资产折旧 19 140 元，其中生产车间 17 500 元，管理部门 1 640 元。

(25) 12 月 31 日，结转本月制造费用 32 262 元(按照生产成本数额在 A、B 两种产品之间进行分配)。

(26) 12 月 31 日，本月产品全部完工(没有期初)，结转完工 A、B 产品的实际成本，其中，A 产品共 28 件，总成本为 137 782 元；B 产品共 14 件，总成本为 105 360 元。

(27) 12 月 31 日，结转已经销售的 40 件 A 产品的销售成本。其中，A 产品单位成本为 5 000 元，共计 200 000 元。

(28) 12 月 31 日，结转已经销售的 30 件 B 产品的销售成本。其中，B 产品单位成本为 8 000 元，共计 240 000 元。

(29) 12 月 31 日，计算出本月应交纳已经销售的 A、B 两种产品的消费税 16 200元。

(30) 12 月 31 日，将本期的实现的主营业务收入、其他业务收入转入到“本年利润”账户。

(31) 12 月 31 日，月末将主营业务成本、营业税金及附加、管理费用等成本或费用转入“本年利润”账户。

(32) 12 月 31 日，按照本月已经实现利润的 25%计算应交所得税。

(33) 12 月 31 日，月末将所得税费用转入“本年利润”账户。

(34) 12 月 31 日，按照税后利润的 10%，计提法定盈余公积。

(35) 12 月 31 日，按照税后利润的 40%，计算并支付投资者利润。

(36) 12 月 31 日，结转本月实现的净利润。

3. 根据以上经济业务的原始凭证或者汇总原始凭证，填制记账凭证。

表 8-3 付款凭证

贷方科目：库存现金　　20×3 年 12 月 1 日　　现付字第 1 号

摘　要	借方科目		金额	√
	总账科目	明细科目		
付购买办公用品	管理费用		750.00	

会计主管　　记账　　审核　　出纳　　制证

表 8-4 转账凭证

20×3 年 12 月 2 日　　转字第 1 号

摘　要	借方科目		借方金额	贷方金额	√
	总账科目	明细科目			
借款付欠天凯公司货款	应付账款	天凯公司	3 500.00		
	短期借款			3 500.00	

会计主管　　记账　　审核　　出纳　　制证

表 8-5 转账凭证

20×3 年 12 月 3 日　　转字第 2 号

摘　要	借方科目		借方金额	贷方金额	√
	总账科目	明细科目			
收到股东投资 1 台设备	固定资产		80 000.00		
	实收资本	新兴公司		80 000.00	

会计主管　　记账　　审核　　出纳　　制证

表 8-6　收款凭证

借方科目：银行存款　　　　20×3 年 12 月 4 日　　　　银收字第 1 号

摘　要	贷方科目		金额	√
	总账科目	明细科目		
收回到期票据	应收票据	大华公司	6 000.00	

会计主管　　　　记账　　　　审核　　　　出纳　　　　制证

表 8-7　付款凭证

贷方科目：银行存款　　　　20×3 年 12 月 4 日　　　　银付字第 1 号

摘　要	借方科目		金额	√
	总账科目	明细科目		
购大华公司债券	债权投资	成本	80 000.00	

会计主管　　　　记账　　　　审核　　　　出纳　　　　制证

表 8-8　记账凭证简化格式

20×3 年		凭证号数	摘　要	会计科目		金　额	
月	日			借　方	贷　方	借　方	贷　方
12	5	银付 2	购无形资产	无形资产		10 000.00	
					银行存款		10 000.00
	6	银付 3	支付票据	应付票据		1 200.00	
					银行存款		1 200.00
	7	转 3	购甲材料	材料采购——甲材料		60 000.00	
				应交税费——应交增值税(进项税额)		7 800.00	
					应付账款——南海公司		67 800.00
	9	转 4	收投入材料	原材料——乙材料		80 000.00	
					实收资本		80 000.00

（续表）

20×3年		凭证号数	摘要	会计科目		金额	
月	日			借方	贷方	借方	贷方
12	10	银付4	购丙材料	材料采购——丙材料		50 000.00	
				应交税费——应交增值税(进项税额)		6 500.00	
					银行存款		56 500.00
	11	转5	购乙材料	材料采购——乙材料		60 000.00	
				应交税费——应交增值税(进项税额)		7 800.00	
					应付账款——新华公司		67 800.00
	12	转6	结转采购材料成本	原材料		170 000.00	
					材料采购		170 000.00
	14	银收2	收取租金	银行存款		65 000.00	
					其他业务收入		65 000.00
	15	转7	领用甲材料	生产成本——A产品		15 000.00	
				制造费用		4 000.00	
				管理费用		1 000.00	
					原材料——甲材料		20 000.00
	16	转8	领用乙材料	生产成本——A产品		76 000.00	
				制造费用		4 000.00	
					原材料——乙材料		80 000.00
	17	转9	领用丙材料	生产成本——B产品		72 000.00	
				制造费用		3 000.00	
					原材料——丙材料		75 000.00

（续表）

20×3年		凭证号数	摘　　要	会计科目		金　　额	
月	日			借　　方	贷　　方	借　方	贷　方
12	18	转10	销售A产品	应收账款——海洋公司		271 200.00	
					主营业务收入——A产品		240 000.00
					应交税费——应交增值税(销项税额)		31 200.00
	19	转11	销售B产品	应收票据——光明公司		339 000.00	
					主营业务收入——B产品		300 000.00
					应交税费——应交增值税(销项税额)		39 000.00
	21	现付2	支付广告费	销售费用		350.00	
					库存现金		350.00
	24	转12	预提利息费用	财务费用		200.00	
					应付利息		200.00
	26	银付5	支付利息费用	应付利息		600.00	
					银行存款		600.00
	30	转13	计算分配工资费用	生产成本——A产品		25 000.00	
				生产成本——B产品		17 000.00	
				制造费用		3 300.00	
				管理费用		1 200.00	
					应付职工薪酬——短期薪酬		46 500.00

（续表）

20×3年		凭证号数	摘　要	会计科目		金额	
月	日			借方	贷方	借方	贷方
12	30	转 14	计算分配职工福利费	生产成本——A产品		3 500.00	
				生产成本——B产品		2 380.00	
				制造费用		462.00	
				管理费用		168.00	
					应付职工薪酬——短期薪酬		6 510.00
		银付 6	支付福利费	应付职工薪酬		6 510.00	
					银行存款		6 510.00
	30	转 15	计提折旧费	制造费用		17 500.00	
				管理费用		1 640.00	
					累计折旧		19 140.00
	31	转 16	结转制造费用（*计算见本表后）	生产成本——A产品		18 282.00	
				生产成本——B产品		13 980.00	
					制造费用		32 262.00
	31	转 17	结转完工产品成本	库存商品——A产品		137 782.00	
				库存商品——B产品		105 360.00	
					生产成本——A产品		137 782.00
					生产成本——B产品		105 360.00
	31	转 18	结转销售A产品成本	主营业务成本——A产品		200 000.00	
					库存商品——A产品		200 000.00

（续表）

20×3年		凭证号数	摘要	会计科目		金额	
月	日			借方	贷方	借方	贷方
12	31	转19	结转销售B产品成本	主营业务成本——B产品		240 000.00	
					库存商品——B产品		240 000.00
	31	转20	计算消费税	税金及附加		16 200.00	
					应交税费——应交消费税		16 200.00
	31	转21	结转收入	主营业务收入——A产品		240 000.00	
				主营业务收入——B产品		300 000.00	
				其他业务收入		65 000.00	
					本年利润		605 000.00
	31	转22	结转成本费用	本年利润		461 508.00	
					主营业务成本——A产品		200 000.00
					主营业务成本——B产品		240 000.00
					税金及附加		16 200.00
					管理费用		4 758.00
					财务费用		200.00
					营业费用		350.00
	31	转23	计算应交所得税	所得税费用		35 873.00	
					应交税费——应交所得税		35 873.00
	31	转24	结转所得税	本年利润		35 873.00	
					所得税费用		35 873.00

（续表）

20×3年		凭证号数	摘　要	会计科目		金额	
月	日			借方	贷方	借方	贷方
12	31	转25	结转净利润	本年利润		107 619.00	
					利润分配——未分配利润		107 619.00
	31	转26	提取法定盈余公积	利润分配——提取法定盈余公积		10 761.90	
					盈余公积		10 761.90
	31	转27	分配投资者利润	利润分配——分配股利		43 047.60	
					应付股利		43 047.60
	31	转28	结转利润分配明细	利润分配——未分配股利		53 809.50	
					利润分配——提取法定盈余公积		10 761.90
					利润分配——分配股利		43 047.60

➢ 制造费用结转：

制造费用结转前生产成本——A产品＝15 000＋76 000＋25 000＋3 500＝119 500(元)

制造费用结转前生产成本——B产品＝17 000＋2 380＝19 380(元)

制造费用分配率＝32 260/210 880＝0.152 987

A产品应分配制造费用＝0.152 987×119 500＝18 282(元)

B产品应分配制造费用＝0.152 987×19 380＝13 980(元)

➢ 所得税费用与利润计算：

税前利润＝605 000－461 508＝143 492(元)

所得税费用＝143 492×25％＝35 873(元)

净利润＝143 492－35 873＝107 619(元)

盈余公积＝107 619×10％＝10 761.90(元)

分配股利＝107 619×40％＝43 047.60(元)

4. 根据记账凭证的收款凭证、付款凭证登记现金日记账和银行存款日记账。

(1) 登记库存现金日记账，如表8－9所示。

表 8-9 库存现金日记账

20×3 年		凭证号数	摘　要	借　方	贷　方	借或贷	余　额
月	日						
12			期初余额			借	45 000.00
	1	现付 1	购买办公用品		750.00	借	44 250.00
	21	现付 2	支付广告费		350.00	借	43 900.00
	31		本月发生额及余额		1 100.00	借	43 900.00

(2) 登记银行存款日记账,如表 8-10 所示。

表 8-10 银行存款日记账

20×3 年		凭证号数	摘　要	借　方	贷　方	借或贷	余　额
月	日						
12		期初余额			借	560 000.00	
	4	银收 1	收到期票据	6 000.00		借	566 000.00
	4	银付 1	进行长期债权投资		80 000.00	借	486 000.00
	5	银付 2	购买无形资产		10 000.00	借	476 000.00
	6	银付 3	支付应付票据		1 200.00	借	474 800.00
	10	银付 4	购买丙材料		56 500.00	借	418 300.00
	14	银收 2	取得租金	65 000.00		借	483 300.00
	26	银付 5	支付利息费用		600.00	借	482 700.00
	30	银付 6	支付职工福利费用		6 510.00	借	476 190.00
	31		本月发生额及余额	71 000.00	154 810.00	借	476 190.00

5. 根据记账凭证登记“原材料明细账”“库存商品明细账”“应收账款明细账”“应付账款明细账”(其他各明细账从略),见表 8-11 至表 8-21 所示。

(1) 登记原材料明细分类账。

表 8－11　原材料明细分类账

类别：(略)
名称与规格：甲材料　　编　　号：(略)
存放地点：(略)　　最高储备量：(略)
计量单位：(略)　　最低储备量：(略)
储备定额：(略)　　第　　页：(略)

20×3 年		凭证号数	摘　要	收　入			发　出			结　存		
月	日			数量	单价	金额	数量	单价	金额	数量	单价	金额
12			期初余额							20	2 000	40 000
	12	转 6	原材料入库	30	2 000	60 000						
	15	转 7	领用原材料				10	2 000	20 000			
	31		本月发生额及余额	30	2 000	60 000	10	2 000	20 000	40	2 000	80 000

表 8－12　原材料明细分类账

类别：(略)
名称与规格：甲材料　　编　　号：(略)
存放地点：(略)　　最高储备量：(略)
计量单位：(略)　　最低储备量：(略)
储备定额：(略)　　第　　页：(略)

20×3 年		凭证号数	摘　要	收　入			发　出			结　存		
月	日			数量	单价	金额	数量	单价	金额	数量	单价	金额
12			期初余额							30	4 000	120 000
	9	转 4	原材料投资	20	4 000	80 000						
	12	转 6	原材料入库	15	4 000	60 000						
	15	转 7	领用原材料				20	4 000	80 000			
	31		本月发生额及余额	35	4 000	140 000	20	4 000	80 000	45	4 000	180 000

表 8 - 13　原材料明细分类账

类别：(略)
名称与规格：甲材料　　编　　号：(略)
存放地点：(略)　　最高储备量：(略)
计量单位：(略)　　最低储备量：(略)
储备定额：(略)　　第　　页：(略)

20×3 年		凭证号数	摘　要	收　入			发　出			结　存		
月	日			数量	单价	金额	数量	单价	金额	数量	单价	金额
12			期初余额							50	5 000	250 000
		转 6	原材料入库	10	5 000	50 000						
		转 9	领用原材料				15	5 000	75 000			
			本月发生额及余额	10	5 000	50 000	15	5 000	75 000	45	5 000	225 000

(2) 登记库存商品明细分类账。

表 8 - 14　库存商品明细分类账

编　　号：(略)　　产品名称：A 产品
规　　格：(略)　　计量单位：件

20×3 年		凭证号数	摘　要	收　入			发　出			结　存		
月	日			数量	单价	金额	数量	单价	金额	数量	单价	金额
12			期初余额							40	5 000	200 000
	12	转 17	产品入库	27.6	5 000	137 782						
	17	转 9	出售产品				40	5 000	200 000			
	31		本月发生额及余额	27.6	5 000	137 782	40	5 000	200 000	27.6	5 000	137 782

表 8－15　库存商品明细分类账

编　　号：(略)　　　　　　　　　　　　产品名称：B产品
规　　格：(略)　　　　　　　　　　　　计量单位：件

20×3年		凭证号数	摘　要	收　入			发　出			结　存		
月	日			数量	单价	金额	数量	单价	金额	数量	单价	金额
12			期初余额							30	8 000	240 000
	12	转17	产品入库	13.2	8 000	105 360						
	17	转9	出售产品				30	8 000	240 000			
	31		本月发生额及余额	13.2	8 000	105 360	30	8 000	240 000	13.2	8 000	105 360

(3) 登记应收账款明细分类账。

表 8－16　应收账款明细分类账

户名：天华公司

20×3年		凭证号数	摘　要	借　方	贷　方	借或贷	余　额
月	日						
12			期初余额			借	14 000.00
12	31		本月发生额及余额			借	14 000.00

表 8－17　应收账款明细分类账

户名：海洋公司

20×3年		凭证号数	摘　要	借　方	贷　方	借或贷	余　额
月	日						
12	18	转10	销售A产品	271 200.00		借	271 200.00
	31		本月发生额及余额			借	271 200.00

(4) 登记应付账款明细分类账。

表 8－18 应付账款明细分类账

户名：天凯公司

20×3 年		凭证号数	摘 要	借 方	贷 方	借或贷	余 额
月	日						
12			期初余额			贷	3 500.00
	2	转 1	借款还欠款	3 500.00		平	0
	31		本月发生额及余额	3 500.00		平	0

表 8－19 应付账款明细分类账

户名：大庆公司

20×3 年		凭证号数	摘 要	借 方	贷 方	借或贷	余 额
月	日						
12			期初余额			贷	1 000.00
	31		本月发生额及余额			贷	1 000.00

表 8－20 应付账款明细分类账

户名：南海公司

20×3 年		凭证号数	摘 要	借 方	贷 方	借或贷	余 额
月	日						
12	7	转 3	购买材料欠款		67 800.00	贷	67 800.00
	31		本月发生额及余额		67 800.00	贷	67 800.00

表 8－21 应付账款明细分类账

户名：新华公司

20×3 年		凭证号数	摘 要	借 方	贷 方	借或贷	余 额
月	日						
12	11	转 5	购买材料欠款		67 800.00	贷	67 800.00
	31		本月发生额及余额		67 800.00	贷	67 800.00

6. 根据收款凭证、付款凭证和转账凭证登记总分类账，见表 8－22 至表 8－55 所示。

表 8－22　库存现金(总账)

20×3 年		凭证号数	摘　要	借　方	贷　方	借或贷	余　额
月	日						
12			期初余额			借	45 000.00
	1	现付 1	购买办公用品		750.00	借	44 250.00
	21	现付 2	支付广告费		350.00	借	43 900.00
	31		本月发生额及余额		1 100.00	借	43 900.00

表 8－23　银行存款(总账)

20×3 年		凭证号数	摘　要	借　方	贷　方	借或贷	余　额
月	日						
12			期初余额			借	560 000.00
	4	银收 1	收到期票据	6 000.00		借	566 000.00
	4	银付 1	进行长期债权投资		80 000.00	借	486 000.00
	5	银付 2	购买无形资产		10 000.00	借	476 000.00
	6	银付 3	支付应付票据		1 200.00	借	474 800.00
	10	银付 4	购买丙材料		56 500.00	借	418 300.00
	14	银收 2	取得租金	65 000.00		借	483 300.00
	26	银付 5	支付利息费用		600.00	借	482 700.00
	30	银付 6	支付福利费		6 510.00	借	476 190.00
	31		本月发生额及余额	71 000.00	154 810.00	借	476 190.00

表 8－24　应收账款(总账)

20×3 年		凭证号数	摘　要	借　方	贷　方	借或贷	余　额
月	日						
12	1		期初余额			借	14 000.00
	18	转 10	销售海洋公司 A 产品	271 200.00		借	285 200.00
	31		本月发生额及余额	271 200.00		借	285 200.00

表 8-25　应收票据(总账)

20×3年		凭证号数	摘　要	借　方	贷　方	借或贷	余　额
月	日						
12	1		期初余额			借	6 000.00
	4	银收1	应收票据到期		6 000	平	0
	19	转11	销售B产品	339 000.00		借	339 000.00
	31		本月发生额及余额	339 000.00	6 000	借	339 000.00

表 8-26　材料采购(总账)

20×3年		凭证号数	摘　要	借　方	贷　方	借或贷	余　额
月	日						
12	7	转3	采购材料	60 000.00		借	60 000.00
	10	银付4	采购材料	50 000.00		借	110 000.00
	11	转5	采购材料	60 000.00		借	170 000.00
	12	转6	原材料入库		170 000.00	平	0
	31		本月发生额及余额	170 000.00	170 000.00	平	0

表 8-27　原材料(总账)

20×3年		凭证号数	摘　要	借　方	贷　方	借或贷	余　额
月	日						
12	1		期初余额			借	410 000.00
	9	转4	收原材料投资	80 000.00		借	490 000.00
	12	转6	原材料入库	170 000.00		借	660 000.00
	15	转7	领用原材料		20 000.00	借	640 000.00
	16	转8	领用原材料		80 000.00	借	560 000.00
	17	转9	领用原材料		75 000.00	借	485 000.00
	31		本月发生额及余额	250 000.00	175 000.00	借	485 000.00

表 8-28 库存商品(总账)

20×3年		凭证号数	摘 要	借 方	贷 方	借或贷	余 额
月	日						
12	1		期初余额			借	440 000.00
	31	转 17	结转完工产品成本	243 142.00		借	683 142.00
	31	转 18	结转销售产品成本		200 000.00	借	483 142.00
	31	转 19	结转销售产品成本		240 000.00	借	243 142.00
	31		本月发生额及余额	243 142.00	440 000.00	借	243 142.00

表 8-29 应付利息(总账)

20×3年		凭证号数	摘 要	借 方	贷 方	借或贷	余 额
月	日						
12	1		期初余额			借	100.00
	31		本月发生额及余额			借	100.00

表 8-30 债权投资(总账)

20×3年		凭证号数	摘 要	借 方	贷 方	借或贷	余 额
月	日						
12	1		期初余额			借	60 500.00
	4	银付 1	长期债权投资	80 000.00		借	140 500.00
	31		本月发生额及余额	80 000.00		借	140 500.00

表 8-31 无形资产(总账)

20×3年		凭证号数	摘 要	借 方	贷 方	借或贷	余 额
月	日						
12	1		期初余额			借	85 000.00
	5	银付 2	购无形资产	10 000.00		借	95 000.00
	31		本月发生额及余额	10 000.00		借	95 000.00

表 8-32 固定资产(总账)

20×3年		凭证号数	摘要	借方	贷方	借或贷	余额
月	日						
12	1		期初余额			借	3 520 000.00
	3	转2	收固定资产投资	80 000.00		借	3 600 000.00
	31		本月发生额及余额	80 000.00		借	3 600 000.00

表 8-33 累计折旧(总账)

20×3年		凭证号数	摘要	借方	贷方	借或贷	余额
月	日						
12	1		期初余额			贷	256 000.00
	30	转15	计提累计折旧		19 140.00	贷	275 140.00
	31		本月发生额及余额		19 140.00	贷	275 140.00

表 8-34 短期借款(总账)

20×3年		凭证号数	摘要	借方	贷方	借或贷	余额
月	日						
12	1		期初余额			贷	6 500.00
	2	转1	从银行借款		3 500.00	贷	10 000.00
	31		本月发生额及余额		3 500.00	贷	10 000.00

表 8-35 应付票据(总账)

20×3年		凭证号数	摘要	借方	贷方	借或贷	余额
月	日						
12	1		期初余额			贷	1 200.00
	6	银付3	支付应付票据	1 200.00		平	0
	31		本月发生额及余额	1 200.00		平	0

表 8-36 应付账款(总账)

20×3年		凭证号数	摘 要	借 方	贷 方	借或贷	余 额
月	日						
12	1		期初余额			贷	4 500.00
	2	转 1	借款还欠款	3 500.00		贷	1 000.00
	7	转 3	购买材料欠款		67 800.00	贷	68 800.00
	11	转 5	购买材料欠款		67 800.00	贷	136 600.00
	31		本月发生额及余额	3 500.00	135 600.00	贷	136 600.00

表 8-37 应付利息(总账)

20×3年		凭证号数	摘 要	借 方	贷 方	借或贷	余 额
月	日						
12	1		期初余额			贷	400.00
	24	转 12	预提利息费用		200.00	贷	600.00
	26	银付 5	支付利息费用	600.00		平	0
	31		本月发生额及余额	600.00	200.00	平	0

表 8-38 应付职工薪酬(总账)

20×3年		凭证号数	摘 要	借 方	贷 方	借或贷	余 额
月	日						
12	30	转 13	计提工人工资		46 500.00	贷	46 500.00
	30	转 14	分配职工福利		6 510.00	贷	53 010.00
	30	银付 6	支付职工福利	6 510.00		贷	46 500.00
	31		本月发生额及余额	6 510.00	53 010.00	贷	46 500.00

表 8-39　应交税费(总账)

20×3年		凭证号数	摘　要	借　方	贷　方	借或贷	余　额
月	日						
12	7	转 3	支付进项税额	7 800.00		借	7 800.00
	10	银付 4	支付进项税额	6 500.00		借	14 300.00
	11	转 5	支付进项税额	7 800.00		借	22 100.00
	18	转 10	收取销项税额		31 200.00	贷	9 100.00
	19	转 11	收取销项税额		39 000.00	贷	48 100.00
	31	转 20	计算消费税		16 200.00	贷	64 300.00
	31	转 23	计算所得税		35 873.00	贷	100 173.00
	31		本月发生额及余额	22 100.00	122 273.00	贷	100 173.00

表 8-40　管理费用(总账)

20×3年		凭证号数	摘　要	借　方	贷　方	借或贷	余　额
月	日						
12	1	现付 1	支付办公费	750.00		借	750.00
	15	转 7	领用原材料	1 000.00		借	1 750.00
	30	转 13	分配工资费用	1 200.00		借	2 950.00
	30	转 14	分配福利费	168.00		借	3 118.00
	30	转 15	计提折旧	1 640.00		借	4 758.00
	31	转 22	结转管理费用		4 758.00	平	0
	31		本月发生额及余额	4 758.00	4 758.00	平	0

表 8-41 制造费用(总账)

20×3年		凭证号数	摘 要	借 方	贷 方	借或贷	余 额
月	日						
12	15	转 7	分配原材料	4 000.00		借	4 000.00
	16	转 8	分配原材料	4 000.00		借	8 000.00
	17	转 9	分配原材料	3 000.00		借	11 000.00
	30	转 13	分配工资	3 300.00		借	14 300.00
	30	转 14	分配职工福利费	462.00		借	14 762.00
	30	转 15	计提折旧	17 500.00		借	32 262.00
	31	转 16	结转制造费用		32 262.00	平	0
	31		本月发生额及余额	32 262.00	32 262.00	平	0

表 8-42 生产成本(总账)

20×3年		凭证号数	摘 要	借 方	贷 方	借或贷	余 额
月	日						
12	15	转 7	分配原材料	15 000.00		借	15 000.00
	16	转 8	分配原材料	76 000.00		借	91 000.00
	17	转 9	分配原材料	72 000.00		借	163 000.00
	30	转 13	分配工资	42 000.00		借	205 000.00
	30	转 14	分配职工福利费	5 880.00		借	210 880.00
	30	转 16	结转制造费用	32 262.00		借	243 142.00
	31	转 17	结转生产成本		243 142.00	平	0
	31		本月发生额及余额	243 142.00	243 142.00	平	0

表 8-43 财务费用(总账)

20×3年		凭证号数	摘 要	借 方	贷 方	借或贷	余 额
月	日						
12	24	转 12	预提利息费用	200.00		借	200.00
	31	转 22	结转财务费用		200.00	平	0
	31		本月发生额及余额	200.00	200.00	平	0

表 8-44 税金及附加(总账)

20×3年		凭证号数	摘 要	借 方	贷 方	借或贷	余 额
月	日						
12	31	转 20	计算消费税	16 200.00		借	16 200.00
	31	转 22	结转主营业务税金及附加		16 200.00	平	0
	31		本月发生额及余额	16 200.00	16 200.00	平	0

表 8-45 主营业务收入(总账)

20×3年		凭证号数	摘 要	借 方	贷 方	借或贷	余 额
月	日						
12	18	转 10	销售产品收入		240 000.00	贷	240 000.00
	19	转 11	销售产品收入		300 000.00	贷	540 000.00
	31	转 22	结转销售收入	540 000.00		平	0
	31		本月发生额及余额	540 000.00	540 000.00	平	0

表 8-46 其他业务收入(总账)

20×3年		凭证号数	摘 要	借 方	贷 方	借或贷	余 额
月	日						
12	14	银收 2	转让无形资产收入		65 000.00	贷	65 000.00
	31	转 22	结转其他业务收入	65 000.00		平	0
	31		本月发生额及余额	65 000.00	65 000.00	平	0

表 8－47 主营业务成本(总账)

20×3年		凭证号数	摘要	借方	贷方	借或贷	余额
月	日						
12	31	转 18	结转销售商品成本	200 000.00		借	200 000.00
	31	转 19	结转销售商品成本	240 000.00		借	440 000.00
	31	转 22	结转销售商品成本		440 000.00	平	0
	31		本月发生额及余额	440 000.00	440 000.00	平	0

表 8－48 销售费用(总账)

20×3年		凭证号数	摘要	借方	贷方	借或贷	余额
月	日						
12	21	现付 2	支付广告费用	350.00		借	350.00
	31	转 22	结转营业费用		350.00	平	0
	31		本月发生额及余额	350.00	350.00	平	0

表 8－49 所得税费用(总账)

20×3年		凭证号数	摘要	借方	贷方	借或贷	余额
月	日						
12	31	转 23	计算所得税	47 352.36		借	47 352.36
	31	转 24	结转所得税		47 352.36	平	0
	31		本月发生额及余额	47 352.36	47 352.36	平	0

表 8－50 实收资本(总账)

20×3年		凭证号数	摘要	借方	贷方	借或贷	余额
月	日						
12	1		期初余额			贷	4 600 000.00
	3	转 2	收固定资产投资		80 000.00	贷	4 680 000.00
	9	转 4	收原材料投资		80 000.00	贷	4 760 000.00
	31		本月发生额及余额		160 000.00	贷	4 760 000.00

表 8-51　资本公积(总账)

20×3 年		凭证号数	摘　要	借　方	贷　方	借或贷	余　额
月	日						
12	1		期初余额			贷	92 000.00
	31		本月发生额及余额			贷	92 000.00

表 8-52　盈余公积(总账)

20×3 年		凭证号数	摘　要	借　方	贷　方	借或贷	余　额
月	日						
12	1		期初余额			贷	180 000.00
	31	转 25	提取盈余公积		10 761.90	贷	10 761.90
	31		本月发生额及余额		10 761.90	贷	190 761.90

表 8-53　本年利润(总账)

20×3 年		凭证号数	摘　要	借　方	贷　方	借或贷	余　额
月	日						
12	31	转 21	结转收入		605 000.00	贷	605 000.00
	31	转 22	结转成本费用	461 508.00		贷	143 492.00
	31	转 24	结转所得税	35 873.00		贷	107 619.00
	31	转 25	结转净利润	107 619.00		平	0
	31		本月发生额及余额	605 000.00	605 000.00	平	0

表 8-54　利润分配(总账)

20×3 年		凭证号数	摘　要	借　方	贷　方	借或贷	余　额
月	日						
12	31	转 25	结转净利润		107 619.00	贷	107 619.00
	31	转 26	提取盈余公积金	10 761.90		借	96 857.10
	31	转 27	分配投资者利润	43 047.60		贷	53 809.50

（续表）

20×3年		凭证号数	摘　要	借　方	贷　方	借或贷	余　额
月	日						
	31	转28	结转未分配利润	53 809.50			0
	31	转28			10 761.90	贷	10 761.90
	31	转28			43 047.60	贷	43 047.60
	31		本月发生额及余额	107 619.00	161 428.50	贷	53 809.50

表8-55　应付股利(总账)

20×3年		凭证号数	摘　要	借　方	贷　方	借或贷	余　额
月	日						
12	31	转27	分配投资者利润		43 047.60	贷	43 047.60
	31		本月发生额及余额		43 047.60	贷	43 047.60

7. 根据总分类账编制试算平衡表，如表8-56所示。

表8-56　试算平衡表

编制单位：东方公司　　　　20×3年12月31日

账户名称	期初余额		本期发生额		期末余额	
	借方	贷方	借方	贷方	借方	贷方
库存现金	45 000.00			1 100.00	43 900.00	
银行存款	560 000.00		71 000.00	154 810.00	476 190.00	
其他货币资金					0.00	
交易性金融资产					0.00	
应收票据	6 000.00		339 000.00	6 000.00	339 000.00	
应收账款	14 000.00		271 200.00		285 200.00	
预付账款	100.00				100.00	
其他应收款					0.00	
坏账准备					0.00	
材料采购			170 000.00	170 000.00	0.00	

（续表）

账户名称	期初余额		本期发生额		期末余额	
	借方	贷方	借方	贷方	借方	贷方
原材料	410 000.00		250 000.00	175 000.00	485 000.00	
材料成本差异					0.00	
库存商品	440 000.00		243 142.00	440 000.00	243 142.00	
周转材料					0.00	
债权投资	60 500.00		80 000.00		140 500.00	
长期股权投资					0.00	
固定资产	3 520 000.00		80 000.00		3 600 000.00	
累计折旧		256 000.00		19 140.00		275 140.00
固定资产清理					0.00	
无形资产	85 000.00		10 000.00		95 000.00	
累计摊销					0.00	
待处理财产损益					0.00	
资产合计	**5 140 600.00**	**256 000.00**	**1 514 342.00**	**966 050.00**	**5 708 032.00**	**275 140.00**
短期借款		6 500.00		3 500.00		10 000.00
应付票据		1 200.00	1 200.00			0.00
应付账款		4 500.00	3 500.00	135 600.00		136 600.00
预收账款						0.00
应付职工薪酬			6 510.00	53 010.00		46 500.00
应交税费			22 100.00	122 273.00		100 173.00
应付利息		400.00	600.00	200.00		0.00
应付股利				43 047.60		43 047.60
长期借款						0.00
负债合计	**0**	**12 600.00**	**33 910.00**	**357 630.60**	**0**	**336 320.60**
实收资本		4 600 000.00		160 000.00		4 760 000.00
资本公积		92 000.00				92 000.00

（续表）

账户名称	期初余额		本期发生额		期末余额	
	借方	贷方	借方	贷方	借方	贷方
盈余公积		180 000.00		10 761.90		190 761.90
本年利润			605 000.00	605 000.00		0.00
利润分配			107 619.00	161 428.50		53 809.50
所有者权益合计	**0**	**4 872 000.00**	**712 619.00**	**937 190.40**	**0**	**5 096 571.40**
生产成本			243 142.00	243 142.00		
制造费用			32 262.00	32 262.00		
主营业务收入			540 000.00	540 000.00		
其他业务收入			65 000.00	65 000.00		
营业外收入						
主营业务成本			440 000.00	440 000.00		
其他业务成本						
税金及附加			16 200.00	16 200.00		
销售费用			350.00	350.00		
管理费用			4 758.00	4 758.00		
财务费用			200.00	200.00		
资产减值损失						
营业外支出						
所得税费用			47 352.36	47 352.36		
成本损益合计	**0**	**0**	**1 389 264.36**	**1 389 264.36**	**0**	**0**
合　计	**5 140 600.00**	**5 140 600.00**	**3 650 135.36**	**3 650 135.36**	**5 708 032.00**	**5 708 032.00**

8. 编制资产负债表和利润表，如表 8－57 和表 8－58 所示。

表 8－57　资产负债表

会企 01 表

编制单位：东方公司　　20×8 年 12 月 31 日　　单位：元

资产	期末余额	年初余额	负债和所有者权益（或股东权益）	期末余额	年初余额
流动资产：			流动负债：		
货币资金	520 090.00		短期借款	10 000.00	
交易性金融资产			交易性金融负债		
衍生金额资产			衍生金额负债		
应收票据及应收账款	624 200.00		应付票据及应付账款	136 600.00	
预付款项	100.00		预收款项		
其他应收款			合同负债		
存货	728 142.00		应付职工薪酬	46 500.00	
合同资产			应交税费	100 173.00	
持有待售资产			其他应付款	43 047.60	
一年内到期的非流动资产			持有待售负债		
其他流动资产			一年内到期的非流动负债		
流动资产合计	1 872 532.00		其他流动负债		
非流动资产：			流动负债合计	336 320.60	
债权投资	140 500.00		非流动负债：		
其他债权投资			长期借款		
长期应收款			应付债券		
长期股权投资			长期应付款		
其他权益工具投资			预计负债		
其他非流动金融资产			递延收益		
投资性房地产			递延所得税负债		

（续表）

资产	期末余额	年初余额	负债和所有者权益（或股东权益）	期末余额	年初余额
固定资产	3 324 860.00		其他非流动负债	0	
在建工程			非流动负债合计	351 020.60	
生产性生物资产			负债合计		
油气资产			所有者权益（或股东权益）		
无形资产	95 000.00		实收资本（或股本）	4 760 000.00	
开发支出			其他权益工具		
商誉			其中：优先股		
长期待摊费用			永续债		
递延所得税资产			资本公积	92 000.00	
其他非流动资产			减：库存股		
非流动资产合计	3 560 360.00		其他综合收益		
			盈余公积	190 761.90	
			未分配利润	53 809.50	
			所有者权益（或股东权益）合计	5 096 571.40	
资产总计	5 432 892.00		负债和所有者权益（或股东权益）总计	5 432 892.00	

表 8－58　利润表

会企 02 表

编制单位：东方公司　　20×8 年 12 月 31 日　　单位：元

项　　目	本期金额	上期金额
一、营业收入	605 000.00	
减：营业成本	440 000.00	
税金及附加	16 200.00	
销售费用	350.00	

（续表）

项　　目	本期金额	上期金额
管理费用	47 580.00	
研发费用		
财务费用	200.00	
其中：利息费用		
利息收入		
资产减值损失		
信用减值损失		
加：其他收益		
投资收益(损失以“—”号填列)		
其中：对联营企业和合营企业的投资收益		
净敞口套期收益(损失以“—”号填列)		
公允价值变动损益(损失以“—”号填列)		
资产处理收益(损失以“—”号填列)		
二、营业利润(亏损以“—”号填列)	143 492.00	
加：营业外收入		
减：营业外支出		
三、利润总额(亏损总额以“—”号填列)	143 492.00	
减：所得税费用	35 873.00	
四、净利润(净亏损以“—”号填列)	107 619.00	
(一) 持续经营净利润(净亏损以“—”号填列)		
(二) 终止经营净利润(净亏损以“—”号填列)		
五、其他综合收益的税后净额		
(一) 不能重分类进损益的其他综合收益		
……		
(二) 将重分类进损益的其他综合收益		
……		
六、综合收益总额	107 619.00	

（续表）

项　目	本期金额	上期金额
七、每股收益		
（一）基本每股收益		
（二）稀释每股收益		

第三节　汇总记账凭证账务处理程序

一、一般步骤与特点

汇总记账凭证账务处理程序是根据原始凭证或汇总原始凭证编制记账凭证，定期根据记账凭证分类编制汇总收款凭证、汇总付款凭证和汇总转账凭证，再根据汇总记账凭证登记总分类账的一种账务处理程序。

其特点是定期根据记账凭证分类编制汇总收款凭证、汇总付款凭证和汇总转账凭证，再根据汇总记账凭证登记总分类账。在这一程序中，除设置收款凭证、付款凭证和转账凭证外，还应设置汇总收款凭证、汇总付款凭证和汇总转账凭证，账簿的设置与记账凭证账务处理程序基本相同。

汇总记账凭证账务处理程序的记账程序图，如图 8－3 所示。

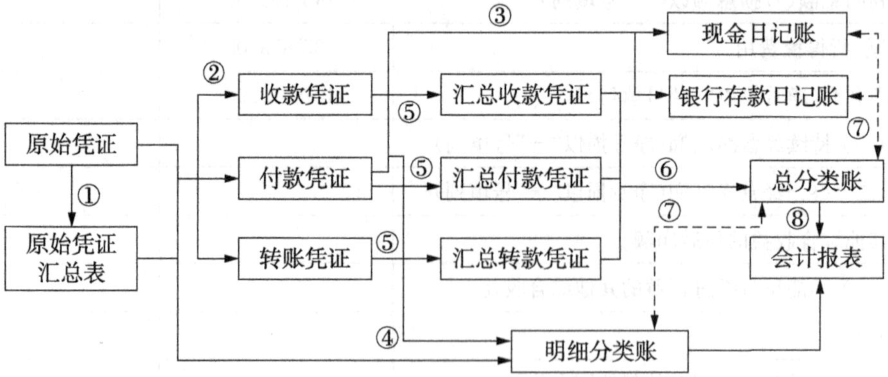

图 8－3　汇总记账凭证账务处理程序的记账程序图

注：(1) 图中的①、②等序号表示记账的顺序；

(2) ——→ 表示填制凭证、登记账簿或编制会计报表；

(3) ←---→ 表示账簿之间的核对。

汇总记账凭证账务处理程序一般为：

(1) 根据各种原始凭证编制原始凭证汇总表。

(2) 根据原始凭证、原始凭证汇总表编制记账凭证。为了便于编制汇总记账凭证，要求收款凭证按一个借方科目填制，付款凭证按一个贷方科目填制，转账凭证按一贷一借或一贷多借的科目相对应填制。

(3) 根据收款凭证、付款凭证登记现金日记账和银行存款日记账。

(4) 根据原始凭证、原始凭证汇总表和各种记账凭证登记各种明细账。明细账的格式根据各单位的实际情况及管理上的要求可分别采用三栏式、数量金额式和多栏式。

(5) 根据各种记账凭证编制汇总收款凭证、汇总付款凭证和汇总转账凭证。

(6) 定期或月终根据汇总记账凭证登记总账。

(7) 月末，按照对账的要求，将现金日记账、银行存款日记账和各种明细账与总分类账进行核对。

(8) 月末，根据总分类账和明细分类账编制会计报表。

二、汇总记账凭证编制

汇总记账凭证是根据收款凭证、付款凭证和转账凭证定期(一般为每隔 5 天或者 10 天)汇总编制而成的，它包括汇总收款凭证、汇总付款凭证和汇总转账凭证三种。

表 8-59　汇总记账凭证种类与编制方法

种类	编制依据	编制方法	注意点
汇总收款凭证	库存现金收款凭证 银行存款收款凭证	按照“库存现金”“银行存款”账户的借方设置，并按照其对应的贷方账户归类汇总，一般为 5 天或者 10 天汇总填制 1 次，每月编制 1 张； 月末，结算出汇总收款凭证的合计数，分别记入“库存现金”“银行存款”账户的借方以及与其相对应的各个账户的贷方	按借方设置，与其他汇总凭证不一样
汇总付款凭证	库存现金付款凭证 银行存款付款凭证	按照“库存现金”“银行存款”账户的贷方设置，并按照其对应的借方账户归类汇总，一般为 5 天或者 10 天汇总填制 1 次，每月编制 1 张； 月末，结算出汇总付款凭证的合计数，分别记入“库存现金”“银行存款”账户的贷方以及与其相对应的各个账户的借方	库存现金和银行存款之间的相互划转业务，汇总时应以付款凭证为根据，收款凭证就不再汇总，以免重复

（续表）

种类	编制依据	编 制 方 法	注意点
汇总转账凭证	转账凭证	按照除"库存现金""银行存款"账户以外的每一账户的贷方设置，并按照其对应的借方账户归类汇总，一般为5天或者10天汇总填制1次，每月编制1张 月末，结算出汇总转账凭证的合计数，分别记入总分类账中各个应借账户的借方以及该汇总转账凭证所开设的应贷账户的贷方	汇总转账凭证按每一账户的贷方设置，为了便于汇总转账凭证的编制，在平时编制转账凭证时，应使会计分录只有一个贷方账户，即要"一贷一借"或者"一贷多借"，应避免"一借多贷"或者"多借多贷"

汇总收款凭证、汇总付款凭证和汇总转账凭证的格式，如表8-60至表8-62所示。

表8-60 汇总收款凭证

借方科目：库存现金（或银行存款） ______年___月 汇收第___号

贷方科目	金额				总账页数	
	1～10号 收款凭证 第 号至第 号	11～20号 收款凭证 第 号至第 号	21～30号 收款凭证 第 号至第 号	合计	借方	贷方
合计						

会计主管： 记账： 复核： 制证：

表8-61 汇总付款凭证

贷方科目：库存现金（或银行存款） ______年___月 汇付第___号

借方科目	金额				总账页数	
	1～10号 付款凭证 第 号至第 号	11～20号 付款凭证 第 号至第 号	21～30号 付款凭证 第 号至第 号	合计	借方	贷方
合计						

会计主管： 记账： 复核： 制证：

表 8－62 汇总转账凭证

贷方科目：(总账科目) 年 月 汇转第 号

借方科目	金额				总账页数	
	1～10号 转账凭证 第 号至第 号	11～20号 转账凭证 第 号至第 号	21～30号 转账凭证 第 号至第 号	合计	借方	贷方
合计						

会计主管： 记账： 复核： 制证：

【互动 8－5】单选题·汇总转账凭证是按(　　)科目设置。

A. 贷方　B. 借方和贷方　C. 借方　D. 借方或贷方

【互动 8－6】多选题·关于汇总记账凭证的编制，下列表述中正确的是(　　)。

A. 汇总收款凭证，应分别按库存现金、银行存款账户的贷方设置，并按其对应的借方账户归类汇总

B. 汇总付款凭证，应分别按库存现金、银行存款账户的借方设置，并按其对应的贷方账户归类汇总

C. 汇总付款凭证，应分别按库存现金、银行存款账户的贷方设置，并按其对应的借方账户归类汇总

D. 汇总收款凭证、应分别按库存现金、银行存款账户的借方设置，并按其对应的贷方账户归类汇总

【例 8－2】兴华机械厂 20×3 年 3 月 1—10 日发生如下业务并编制分录如下：

(1) 3 月 2 日，销售产品 500 件给丙客户，价款为 100 000 元，增值税额为 17 000 元，收到一张商业汇票。

(2) 3 月 3 日，从洋明公司购入 B 材料 1 000 千克，价款 400 000 元，增值税额为 68 000 元，材料已验收入库，货款已从存款户支付。

(3) 3 月 4 日，销售产品一批 100 件给丙客户，金额为 100 000 元，增值税额为 17 000 元，货款已收到存入银行。

(4) 3 月 6 日，销售产品 500 件给甲客户，价款为 500 000 元，增值税额为 85 000 元，货款尚未收到。

(5) 3 月 8 日，销售产品 800 件给乙客户，价款计 800 000 元，增值税额为 136 000 元，货款已收到存入银行。

(6) 3月10日，购入辅助生产用C材料20千克，每千克30元，计600元，增值税额为102元，以现金支票支付。

表8-63 兴华机械厂1—10日会计分录

题号	凭证编号	分录
1	转1	借：应收票据——丙公司 100 000 贷：主营业务收入 100 000
1	转2	借：应收票据——丙公司 17 000 贷：应交税费——应交增值税(销项税额) 17 000
2	付1	借：原材料——B材料 400 000 应交税费——应交增值税(进项税额) 68 000 贷：银行存款 468 000
3	收1	借：银行存款 117 000 贷：主营业务收入 100 000 应交税费——应交增值税(销项税额) 17 000
4	转3	借：应收账款 500 000 贷：主营业务收入 500 000
4	转4	借：应收账款 85 000 贷：应交税费——应交增值税(销项税额) 85 000
5	收2	借：银行存款 936 000 贷：主营业务收入 800 000 应交税费——应交增值税(销项税额) 136 000
6	付2	借：原材料——C材料 600 应交税费——应交增值税(进项税额) 102 贷：银行存款 702

编制汇总凭证如下：

表8-64 汇总收款凭证

借方科目：银行存款　　20×3 年 3 月　　汇收第 1 号

贷方科目	金额		总账页数	
	1~10号收款凭证 收第 1 号至第 2 号	合计	借方	贷方
主营业务收入	100 000(收1)+900 000(收2)	900 000		
应交税费——应交增值税(销项税额)	17 000(收1)+136 000(收2)	153 000		
合计		526 500		

会计主管：　　记账：　　复核：施卫华　　制证：吴慧琳

表 8-65 汇总付款凭证

贷方科目：银行存款　　　　20×3 年 3 月　　　　汇付第 1 号

借方科目	金额	总账页数		
	1～10 号付款凭证 收第 1 号至第 2 号	合计	借方	贷方
原材料	400 000(付 1)+600(付 2)	400 600		
应交税费	68 000(付 1)+102(付 2)	68 102		
合计		468 702		

会计主管：　　记账：　　复核：施卫华　　制证：吴慧琳

表 8-66 汇总转账凭证

贷方科目：主营业务收入　　　　20×3 年 3 月　　　　汇转第 1 号

借方科目	金额	总账页数		
	1～10 号转账凭证 收第 1 号至第 2 号	合计	借方	贷方
应收票据	100 000(转 1)	100 000		
应收账款	500 000(转 3)	500 000		
合计		600 000		

会计主管：　　记账：　　复核：施卫华　　制证：吴慧琳

三、优缺点及适用范围

汇总记账凭证账务处理程序的优点是减轻了登记总分类账的工作量，便于了解账户之间的对应关系。

汇总记账凭证账务处理程序的缺点是按每一贷方科目编制汇总转账凭证，不利于会计核算的日常分工，当转账凭证较多时，编制汇总转账凭证的工作量较大。

汇总记账凭证账务处理程序的适用范围是规模较大、经济业务较多的单位。

第四节　科目汇总表账务处理程序

一、一般步骤与特点

科目汇总表账务处理程序是根据一定会计期间的全部记账凭证，按照其相同的会计科目归类汇总编制科目汇总表，以此登记总分类账的账务处理程序。

科目汇总表是指根据一定时期内的全部记账凭证，按相同科目进行归类，并计算出每一总账科目本期借方、贷方发生额所编制的汇总表。

【互动 8-7】单选题·科目汇总表定期汇总的是（　　）。
A. 每一账户的本期借、贷方余额　　B. 每一账户本期借、贷方发生额
C. 每一账户的本期贷方发生额　　D. 每一账户的本期借方发生额

其特点是定期将记账凭证编制科目汇总表，再根据汇总记账凭证登记总分类账。

科目汇总表的作用与汇总记账凭证相似，但它们的结构不同，填制的方法也不相同。汇总记账凭证是以每一账户的贷方（或借方）分别按相对应的借方（或贷方）账户汇总一定时期内的借贷方发生额；科目汇总表则定期汇总每一账户的本期借、贷方发生额，并不按对应账户汇总。

科目汇总表账务处理程序的记账程序图，如图 8-4 所示。

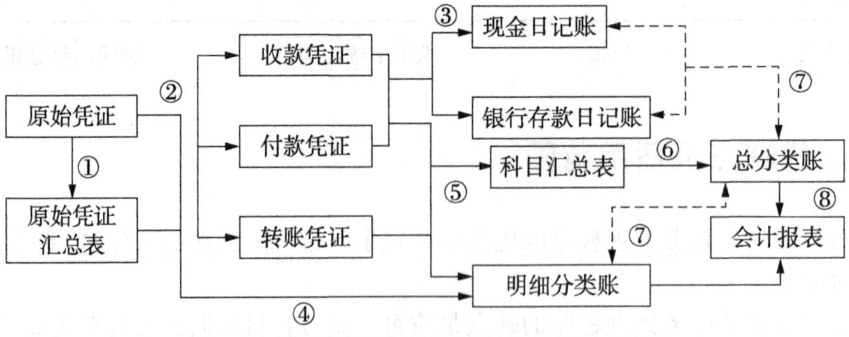

图 8-4　科目汇总表账务处理程序的记账程序图

注：(1) 图中的①、②等序号表示记账的顺序；
(2) ——→ 表示填制凭证、登记账簿或编制会计报表；
(3) ←---→ 表示账簿之间的核对。

科目汇总表账务处理程序一般为：

(1) 根据各种原始凭证编制原始凭证汇总表。

(2) 根据原始凭证、原始凭证汇总表编制记账凭证。为了便于编制科目汇总表，所有记账凭证中的科目对应关系，最好以一个借方科目和一个贷方科目相对应。转账凭证最好一式两份，以便分别归类汇总借方科目和贷方科目的本期发生额。

(3) 根据收款凭证、付款凭证登记现金日记账和银行存款日记账。现金日记账和银行存款日记账通常采用收、付、余三栏式日记账簿。

(4) 根据原始凭证、原始凭证汇总表和各种记账凭证登记各种明细账。明细账的格式根据各单位的实际情况及管理上的要求可分别采用三栏式、数量金额式或多栏式。

(5) 根据各种记账凭证汇总编制科目汇总表。编制的时间间隔可以是 10 天，也可以是 15 天或者是 1 个月。

(6) 定期或月末根据科目汇总表登记总账。

(7) 月末，按照对账的要求，将现金日记账、银行存款日记账和各种明细账与总分类账进行核对。

(8) 月末，根据总分类账和明细分类账编制会计报表。

二、科目汇总表编制

科目汇总表的格式，如表 8-67 和表 8-68 所示。

表 8-67　科目汇总表(格式一)

年　月　日至　日　　　　　　第　　号

会计科目	账页	本期发生额		记账凭证起讫号数
		借方	贷方	
合计				

表 8-68　科目汇总表(格式二)

会计科目	账页	自 1 日至 10 日		自 11 日至 20 日		自 21 日至 30 日		本月合计	
		借方	贷方	借方	贷方	借方	贷方	借方	贷方
合计									

在会计实务中，科目汇总表是根据收款凭证、付款凭证和转账凭证，按照相同的账户归类，可利用T形账，定期汇总计算每一账户的借方发生额和贷方发生额，并将发生额填入科目汇总表的相应栏目内编制而成的。科目汇总表可以每月汇总1次编制1张，也可以5天或者10天汇总1次，每月编制1张。

【互动8-8】 单选题·根据科目汇总表登记总账，在简化登记总账工作的同时，也起到了（　　）的作用。

A. 反映账户对应关系　　B. 简化报表的编制

C. 简化明细账工作　　D. 发生额试算平衡

为了便于编制科目汇总表，使得分别汇总计算其借方和贷方金额时不易发生差错，平时填制转账凭证时，应尽可能使账户的对应关系保持"一借一贷"，避免"一借多贷""一贷多借"和"多借多贷"。

三、优缺点及适用范围

科目汇总表账务处理程序优点是可以简化总分类账的登记工作，减轻了登记总分类账的工作量，并可做到试算平衡，简明易懂，方便易学。

科目汇总表账务处理程序缺点是科目汇总表不能反映账户对应关系，不便于查对账目。

科目汇总表账务处理程序适用范围是经济业务较多的单位。（不用考虑经营规模）

【互动8-9】 单选题·汇总记账凭证账务处理程序与科目汇总表账务处理程序的相同点是（　　）。

A. 保持了账户间的对应关系　　B. 登记总账的依据

C. 记账凭证的汇总方法　　D. 简化了登记总分类账的工作量

【互动8-10】 单选题·直接根据记账凭证逐笔登记总分类账的账务处理程序是（　　）。

A. 记账凭证账务处理程序　　B. 汇总记账凭证账务处理程序

C. 科目汇总表账务处理程序　　D. 日记总账账务处理程序

【互动8-11】 多选题·记账凭证账务处理程序、汇总记账凭证账务处理程序和科目汇总表账务处理程序应共同遵循的程序有（　　）。

A. 根据原始凭证、汇总原始凭证和记账凭证登记各种明细分类账

B. 期末，库存现金日记账、银行存款日记账和明细分类账的余额与有关总分类账的余额核对相符

C. 根据记账凭证逐笔登记总分类账

D. 根据总分类账和明细分类账的记录，编制会计报表

【互动 8-12】多选题·各种会计核算组织程序下，登记明细账的依据可能是（　　）。

A. 汇总记账凭证　B. 记账凭证　C. 原始凭证　D. 汇总原始凭证

【互动 8-13】多选题·月末应与总账进行核对的是（　　）。

A. 会计报表　B. 备查账　C. 明细分类账　D. 银行存款日记账

【互动 8-14】判断题·科目汇总表账务处理程序，是以科目汇总表作为登记总账和明细账的依据。（　　）

【互动 8-15】判断题·记账凭证账务处理程序直接根据记账凭证登记总账，易于理解，登记总分类账的工作量较小，适用于经营规模较大的企业。（　　）

【互动 8-16】判断题·为了减轻登记总分类账的工作量，便于了解账户之间的对应关系，规模较大、经济业务较多的企业应该采用汇总记账凭证账务处理程序。（　　）

三种账务处理程序的步骤、特点、优点、缺点、适用范围(详见表 8-69)。

表 8-69　账务处理程序的比较与选择

账务程序	记账凭证账务处理程序	汇总记账凭证账务处理程序	科目汇总表账务处理程序
共同点	1. 编制记账凭证的直接依据相同 2. 登记明细分类账簿的直接依据相同 3. 账账核对内容相同 4. 编制会计报表的直接依据相同		
主要区别	根据记账凭证登记总账	根据汇总记账凭证登记总账	根据科目汇总表登记总账
优点	1. 简单明了，易于操作和掌握 2. 总账详细反映经济业务情况，方便会计核对和查账	1. 简化了总账的记账工作 2. 汇总记账凭能够明确地反映账户间的对应关系，便于了解业务来龙去脉	1. 简化了总账的记账工作 2. 科目汇总表可以进行试算平衡 3. 科目汇总表的编制也比较简单，易于掌握
缺点	登记总账的工作量很大	1. 汇总记账凭证按每一个贷方科目归类汇总，不考虑经济业务的性质，不利于会计核算工作的分工 2. 编制汇总记账凭证的工作量可能会较大	只反映科目借、贷发生额，不反映账户对应关系，不便于查对账目
适用范围	规模较小、业务量较少的单位	规模较大、经济业务量较多的单位	经济业务量较多的单位
分录要求	无特殊要求	“一借一贷”或者“多借一贷”	“一借一贷”

☺ 测试 8.2

要点提示

(1) 账务处理程序的概念与意义(3 点);

(2) 账务处理程序的种类及各类账务处理程序的基本流程;

(3) 汇总记账凭证的编制;

(4) 科目汇总表的编制;

(5) 账务处理程序的比较(表 8-69)。

第九章　财产清查

学习目标

表 9-1　本章学习目标

能力目标	1. 能够进行货币资金、实物、往来款项的清查； 2. 能够完成货币资金、实物、往来款项的清查结果的账务处理
知识目标	1. 了解财产清查的意义与种类； 2. 熟悉财产清查的一般程序，熟悉货币资金、实物资产和往来款项的清查方法； 3. 掌握银行存款余额调节表的编制，掌握财产清查结果的账务处理

学习指导

关于内容⇨财产清查是保证账实相符的有效手段。本章主要介绍财产清查概述、财产清查的方法、财产清查结果的账务处理等内容。通过本章的学习，可以完成企业各项资产的清查工作并进行相应的会计处理，为报告编制做准备。

关于方法⇨本章学习的关键是要在掌握财产清查要求的基础上，根据不同情况、不同资产确定具体的清查方法并组织实施，清查结果要根据不同情况进行相应的会计处理。

融会贯通⇨财产清查是确保会计信息客观性的重要方式，是企业提升管理水平的重要抓手。现代企业需要从内部控制的角度全面系统的加强企业管理。

本章导入

M企业的副经理王某，将企业正在使用的一台设备借给其朋友使用，未办理任何手续。清查人员在年底盘点时发现盘亏了一台设备，原值为20万元，已提折旧5万元，净值为15万元。经查，属王副经理所为。于是，M企业派人向借方追索。但借方声称，该设备已被人偷走。当问及王副经理对此的处理意见时，王某建议按正常报废处理。

作为会计人员，你认为王经理对盘亏设备的处理方法正确吗？为什么？如果不正确，应该如何处理？

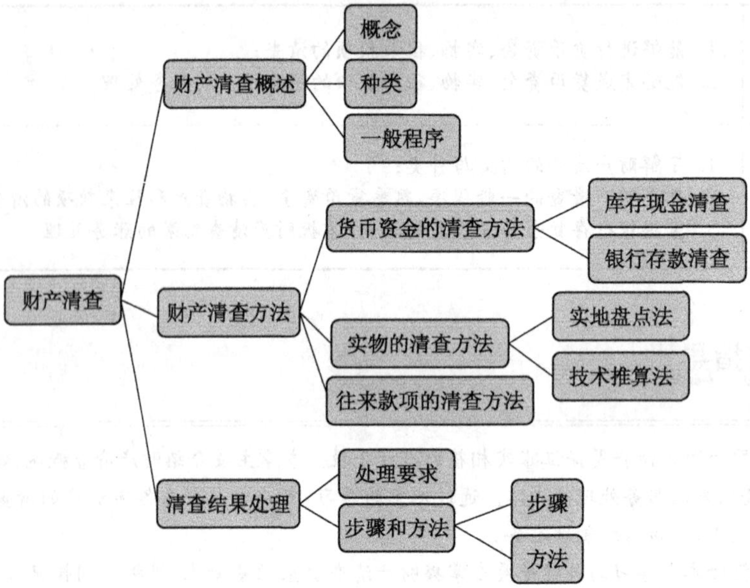

图9-1　本章结构关系图

内容精讲

第一节　财产清查概述

一、概念及分类

（一）财产清查的概念

财产清查是指通过对货币资金、实物资产和往来款项的盘点或核对，确定其实存数，查明账存数与实存数是否相符的一种专门方法。

（二）财产清查的种类

表 9-2　财产清查的分类与使用

分类标准	种类	含义与特点	主要内容	特点与使用情况
按清查的对象和范围分	全面清查	对全部财产进行盘点和核对；范围广，参加的部门、人员多	① 现金、银行存款和银行借款等货币资金； ② 所有的固定资产、材料、在产品，产成品及其他物资； ③ 各项在途材料，在途商品及在途物资； ④ 各项债权、债务及预算缴拨款项； ⑤ 各项其他单位加工或保管的材料，商品及物资等	① 年终决算前； ② 撤销、分立、合并、改变隶属关系； ③ 中外合资、联营； ④ 开展清产核资； ⑤ 单位主要负责人调离工作
	局部清查	对一部分财产物资进行的清查；范围小，内容少，涉及的人也少，但专业性较强	其清查的主要对象是流动性较大的财产，如现金、材料、在产品和产成品等	① 贵重物资，每月一次； ② 库存现金，每日一次； ③ 银行存款、银行借款，每月同银行核对一次； ④ 往来款项的核对，年度内至少核对 1～2 次
按照清查的时间划分	定期清查	根据管理制度的规定或预先计划安排的时间对财产所进行的清查	这种清查的对象不定，可以是全面清查也可以是局部清查	一般是在年末、季末或月度末结账时进行

（续表）

分类标准	种类	含义与特点	主 要 内 容	特点与使用情况
按照清查的时间划分	不定期清查	指根据需要所进行的临时清查	清查对象是局部清查	① 更换财产物资和现金保管员； ② 发生自然灾害或意外损失； ③ 上级主管部门对企业进行检查； ④ 会计主体发生变更或改变隶属关系

注意下列情况与清查种类：

1. 编制年报：全面、定期清查；
2. 编制月报：局部、定期清查；
3. 更换仓库保管员：局部、不定期清查；
4. 企业撤销：全面、不定期清查；
5. 车间发生自然灾害：局部、不定期清查。

【互动 9－1】 单选题·对于发生自然灾害或因贪污盗窃受损的财产物资进行财产清查，通常采用（　）。

A. 定期清查　　B. 分期清查

C. 不定期清查　　D. 集中清查

【互动 9－2】 单选题·因更换出纳员而对库存现金进行盘点和核对，属于（　　）。

A. 全面清查和不定期清查　　B. 全面清查和定期清查

C. 局部清查和不定期清查　　D. 局部清查和定期清查

【互动 9－3】 多选题·按财产清查的时间可将财产清查方法分为（　　）。

A. 定期清查　　B. 不定期清查

C. 局部清查　　D. 全面清查

【互动 9－4】 多选题·按财产清查范围和时间的不同，可将财产清查分为（　　）。

A. 全面不定期清查　　B. 全面定期清查

C. 局部定期清查　　D. 局部不定期清查

二、财产清查的意义

1. 校准数量,明确责任

通过财产清查,可以查明各项财产物资的实有数量,确定实有数量与账面数量之间的差异,查明原因和责任,以便采取有效措施,消除差异,改进工作,从而保证账实相符,提高会计资料的准确性。

2. 掌握质量,规范管理

通过财产清查,可以查明各项财产物资的保管情况是否良好,有无因管理不善,造成霉烂、变质、损失浪费,或者被非法挪用、贪污盗窃的情况,以便采取有效措施,改善管理,切实保障各项财产物资的安全完整。

3. 合理安排,提高效益

通过财产清查,可以查明各项财产物资的库存和使用情况,合理安排生产经营活动,充分利用各项财产物资,加速资金周转,提高资金使用效果。

【互动 9-5】 单选题·对财产清查结果进行正确账务处理的主要目的是保证(　　)。

A. 账实相符　　B. 账表相符

C. 账证相符　　D. 账账相符

三、财产清查的一般程序

(1) 建立财产清查组织。

(2) 组织清查人员学习有关政策规定,掌握有关法律、法规和相关业务知识,以提高财产清查工作的质量。

(3) 确定清查对象、范围,明确清查任务。

(4) 制定清查方案,具体安排清查内容、时间、步骤、方法,以及必要的清查前的准备。

(5) 清查时本着先清查数量、核对有关账簿记录等,后认定质量的原则进行。

(6) 填制盘存清单。

(7) 根据盘存清单填制实物、往来账项清查结果报告表。

财产清查的一般程序,如图 9-2 所示。

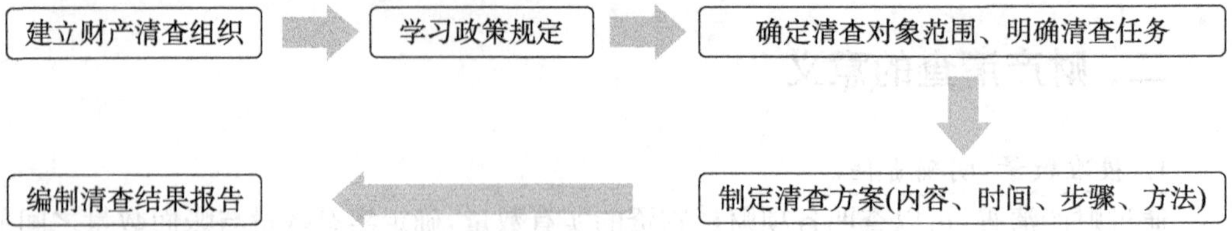

图 9－2　财产清查的一般程序

【互动 9－6】 单选题·在财产清查中，实物盘点的结果应如实登记在(　　)中。
A. 对账单　　B. 盘存单　　C. 盘盈盘亏报告表　　D. 账存实存对比表

四、财产盘存制度

财产清查的重要环节是盘点财产物资的实存数量，为使盘点工作顺利进行，应建立一定的盘存制度。一般说来，财产物资的盘存制度有两种，即永续盘存制和实地盘存制。

(一) 永续盘存制

永续盘存制亦称账面盘存制，平时对各项财产物资的增加数和减少数，都要根据会计凭证连续记入有关账簿，并且随时结出账面余额。

账面期末余额＝账面期初余额＋本期增加额－本期减少额

采用永续盘存制，需要对各项财产物资定期进行财产清查，以查明账实是否相符，以及账实不符的原因。

(二) 实地盘存制

实地盘存制平时只根据会计凭证在账簿中登记财产物资的增加数，不登记减少数，到月末，对各项财产物资进行盘点，根据实地盘点所确定的实存数，倒挤出本月各项财产物资的减少数。

本期减少数＝账面期初余额＋本期增加数－期末实际结存数

根据以上的计算倒挤出的本期减少数，再登记有关账簿，所以每月末，对各项财产物资进行实地盘点的结果，是计算确定本月财产物资减少数的依据。两种盘存制度比较，如表 9-3 所示。

表 9-3 两种盘存制度比较

盘存制度	优 点	缺 点	适用范围
永续盘存制	可随时反映出财产物资的收入、发出和结余情况，从数量和金额上进行双重控制，加强了对财产物资的管理	在财产品种复杂、繁多的企业，其明细分类核算工作量较大	为大多数企业所采用
实地盘存制	工作简单、工作量小	无法结算出日常的账面余额，不能及时了解和掌握日常财产物资的账面结存额和财产物资的溢缺情况，且手续不严密，不利于管理	只对那些品种多、价值低、收发交易比较频繁，数量不稳定、损耗大且难以控制的存货，可以采用这种方法

【互动 9-7】单选题·企业通过实地盘点法先确定期末存货数量，然后倒挤出本期发出存货的数量，这种处理制度称为（　　）。

A. 收付实现制　　B. 账面盘存制

C. 实地盘存制　　D. 权责发生制

【互动 9-8】单选题·对各项财产物资的增减数都须根据有关凭证逐笔或逐日登记有关账簿并随时结出账面余额的方法称为（　　）。

A. 收付实现制　　B. 实地盘存制

C. 权责发生制　　D. 永续盘存制

【互动 9-9】判断题·永续盘存制与实地盘存制都是确定各项实物资产账面结存数量的方法。（　　）

【互动 9-10】判断题·只有在永续盘存制下才可能出现财产的盘盈、盘亏现象。（　　）

☺ 测试 9.1

第二节 财产清查的方法

财产清查是一项涉及面广、工作量大的工作，为了保证财产清查工作的质量，提高工作效率，达到财产清查的目的，确定各项财产清查的方法是很有必要的。

表 9-4　财产清查的方法

清查对象	清查方法
库存现金	实地盘点
银行存款	与开户银行核对账目
往来款项	与对方单位核对账目
实　　物	实地盘点

一、货币资金的清查方法

(一) 库存现金的清查

库存现金清查的主要方法是通过盘点库存现金的实存数,然后再与库存现金日记账的账面余额相核对,确定账存与实存是否相等以及盈亏情况。

表 9-5　库存现金清查的两种情况

库存现金清查情况	含　义
经常性的现金清查	由出纳人员每日清点库存现金实有数,并与库存现金日记账的账面余额核对
定期或不定期清查	由清查小组对库存现金进行定期或不定期清查

定期或不定期清查时,出纳人员必须在场,库存现金由出纳人员经手盘点,清查人员从旁监督。同时,清查人员还应认真审核库存现金收付凭证和有关账簿,检查财务处理是否合理合法,账簿记录有无错误,以确定账存与实存是否相符等。

库存现金清查结束后应填写"库存现金盘点报告表",并据以调整库存现金日记账的账面记录。现金盘点报告表是重要的原始凭证,它既起到盘存单的作用,又起到实存账存对比表的作用,也应严肃认真地填写。现金盘点报告表应由盘点人和出纳员共同签章方能生效。库存现金盘点报告表的一般格式,如表 9-6 所示。

表 9-6　库存现金盘点报告表

单位名称：　　　　　　　　　　年　月　日

实存金额	账存金额	对比结果		备　注
		盘盈	盘亏	

盘点人(签章)：____________　　　　出纳员(签章)：____________

有价证券如国库券、国家重点建设债券等的清查方法与现金清查方法相同。

(二) 银行存款的清查

银行存款清查是通过与开户银行转来的对账单进行核对,来查明银行存款的实有数额。

如果在核对中发现属于企业方面的记账差错,经确认后企业应立即更正;属于银行方面的记账差错,则应通知银行更正。即使双方均无记账错误,企业的银行存款日记账余额与银行对账单余额也往往不一致,这种不一致一般是由于未达账项造成的。

未达账项指企业与银行之间,由于凭证传递上的时间差,一方已登记入账,而另一方因尚未接到凭证而未登记入账的款项。未达账项的种类,如表 9-7 所示。

表 9-7 未达账项的种类

种 类	举例说明
企业已收 银行未收	例如企业销售产品收到转账支票,送存银行后即可根据银行盖章和退回的“进账单”回联登记银行存款的增加,而银行由于款项尚未收妥,不能立刻入账,则形成企业已收,银行未收款
企业已付 银行未付	例如企业开出一张支票支付购料款,企业可根据支票存根、发货票及收料单等凭证,记银行存款的减少,而此时由于银行尚未接到支付款项的凭证,并未办妥转账手续。如果此时对账,则形成企业已付,银行未付款
银行已收 企业未收	例如外地某单位给企业汇来款项,银行收到汇款单后,马上登记存款增加,企业由于尚未收到汇款凭证尚未记银行存款增加,以及银行付给企业的存款利息等。如果此时对账就形成了银行已收,企业未收款
银行已付 企业未付	例如银行代企业支付款项(如购料款等),银行已取得支付款项的凭证并已记存款减少,企业尚未接到凭证尚未记银行存款减少,如果此时对账,则形成银行已付,企业未付款

上述任何一种未达账项的存在,都会使企业银行存款日记账余额与银行转来的对账单的余额不符。因此,在与银行对账时,应首先查明有无未达账项,如果存在由于未达账项所造成的差异,应在查明原因后,编制银行存款余额调节表,对未达账项调整后,再确定企业与银行双方记账是否一致,双方的账面余额是否相符。编制银行存款余额调节表的方式,如图 9-3 所示。

为了更好地理解与运用这一公式,可记住以下四句通俗易懂、好记好用的口诀:“银行未收银行加,银行未付银行减;企业未收企业加,企业未付企业减。”

现举例说明“银行存款余额调节表”的具体编制方法。

【例 9-1】某企业 20×8 年度 12 月 31 日银行存款日记账的余额为 56 000 元,银行转

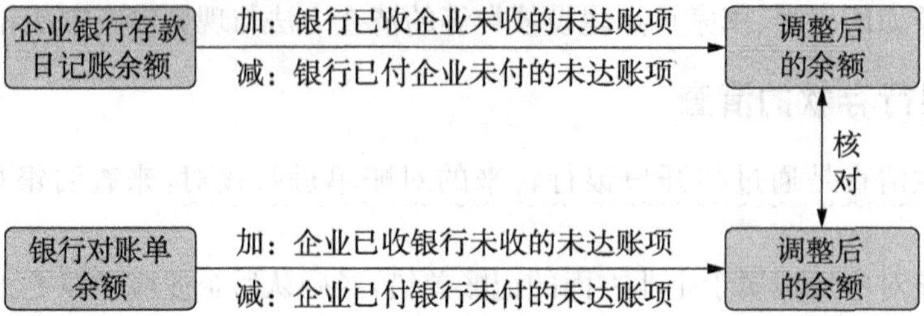

图 9-3 未达账项的调整方法

来对账单的余额为 74 000 元，经过逐笔核对有如下未达账项：

(1) 企业收销货款 2 000 元，已记银行存款增加，银行尚未记增加。

(2) 企业付购料款 18 000 元，已记银行存款减少，银行尚未记减少。

(3) 接到上海甲工厂汇来购货款 10 000 元，银行已登记增加，企业尚未记增加。

(4) 银行代企业支付购料款 8 000 元，银行已登记减少，企业尚未记减少。

根据以上资料编制银行存款余额调节表，调整双方余额。

银行存款余额调节表的格式，如表 9-8 所示。

表 9-8 银行存款余额调节表

2013 年 12 月 31 日　　单位：元

项　目	金额	项　目	金额
企业银行存款日记账余额	56 000	银行对账单余额	74 000
加：银行已收企业未收款	10 000	加：企业已收银行未收款	2 000
减：银行已付企业未付款	8 000	减：企业已付银行未付款	18 000
调节后的存款余额	58 000	调节后的存款余额	58 000

对于银行存款的清查，结合上述举例应注意如下几点：

(1) 经过银行存款余额调节表调整后的左、右两方存款余额已经消除了未达账项的影响。经该表调节后，若双方账目没有错，它们应该相符，且其金额表示企业可动用的银行存款实有数；若不符，则表示本单位及开户银行的一方或双方存在记账错误，应进一步查明原因，采用正确的方法进行更正。

(2) 编制银行存款余额调节表的目的是为了消除未达账项的影响，核对银行存款账目有无错误。该表本身并非原始凭证，不能根据该表在银行存款日记账上登记，而要等到银行转为有关原始凭证后再按记账程序登记入账。

(3) 在清查过程中，若发现长期存在的未达账项，应查明原因及时处理。

【互动 9－11】单选题·12 月末，某企业银行存款日记账余额为 200 000 元，银行对账单余额为 210 000 元，经过未达账项调节后的余额为 190 000 元，则对账日企业可以动用的银行存款实有数额为（　　）元。

A. 200 000　　B. 210 000　　C. 190 000　　D. 不能确定

【互动 9－12】多选题·使企业银行存款日记账的余额大于银行对账单余额的未达账项有（　　）。

A. 银行已付款记账而企业尚未付款记账　　B. 银行已收款记账而企业尚未收款记账

C. 企业已付款记账而银行尚未付款记账　　D. 企业已收款记账而银行尚未收款记账

上述银行存款清查方法，也适用于对银行借款的清查。

二、实物的清查方法

实物包括存货和固定资产，数量大，占用的资金多，是管理的重点，也是清查的重点。不同品种的财产物资，由于其实物形态、体积重量、堆放方式不同，而采用不同的清查方法，一般采用的实物清查方法有实地盘点和技术推算盘点两种。实物的清查方法，如表 9－9 所示。

表 9－9　实物的清查方法

名　称	含　义	适用范围
实地盘点法	逐一清点数量或用计量仪器确定其实存数	大多数财产物资的清查
技术推算法	利用技术方法推算财产物资实存数	煤炭、砂石等大宗物资的清查

实地盘点是指在财产物资堆放现场进行逐一清点数量或用计量仪器确定实存数的一种方法。这种方法适用范围广，要求严格，数字准确可靠，清查质量高，但工作量大，如事先按财产物资的实物形态进行科学的码放，如五五排列、三三制码放等，有助于提高清查的速度。

技术推算盘点是利用技术方法，如量方计尺等对财产物资的实存数进行推算的一种方法。这种方法适用于大量成堆，难以逐一清点的财产物资。

为了明确经济责任，进行财产物资的盘点时，有关财产物资的保管人员必须在场，并参加盘点工作。对各项财产物资的盘点结果，应逐一如实地登记在盘存单上，并由参加盘点的人员和实物保管人员同时在盘存单上签章方可生效。盘存单是记录各项财产物资实存数量盘点的书面证明，也是财产清查工作的原始凭证之一。盘存单一般格式，见表 9－10所示。

表 9-10 盘存单

单位名称：________ 盘点时间：________ 编号：________
财产类别：________ 存放地点：________

编 号	名 称	计量单位	数 量	单 价	金 额	备 注

盘点人员(签章)：________ 保管人员(签章)：________

盘点完毕，将盘存单中所记录的实存数额与账面结存额相对，发现某些财产物资账实不符时，应填制实存账存对比表，确定财产物资盘盈或盘亏的数额。实存账存对比表是财产清查的重要报表，是调整账面记录的原始凭证，也是分析盈亏原因，明确经济责任的重要依据，应严肃认真地填报。实存账存对比表一般格式，如表 9-11 所示。

表 9-11 实存账存对比表

单位名称：________ ____年___月___日

编号	名称	规格	计量单位	单价	实存		账存		差 异				备注
									盘 盈		盘 亏		
					数量	金额	数量	金额	数量	金额	数量	金额	

盘点人：(签章)________ 会计：(签章)________

三、往来款项的清查方法

往来款项是单位与其他单位或个人之间的各种应收账款、应付账款、预收账款、预付账款及其他应收、应付款项。往来款项的清查一般用发函询证的方法进行核对，即派人或以通讯的方式，向结算往来单位核实账目。具体步骤是：

(1) 确定本单位的往来款项记录准确无误，总分类账与明细分类账的余额相等，各明细分类账的余额相符。

(2) 在保证本单位账簿记录正确的情况下，编制往来结算款项对账单，应通过信函、电函、面询等多种方式，请对方企业核对，确定各种应收、应付款的实际情况。

对账单应按明细账户逐笔摘抄，一式两联，其中一联是回单，对方单位核对后将回单盖章退回本单位；如果发现双方账目不相符，应在回单上注明，以便进一步查对。

(3) 收到回单以后，要据以编制往来款项清查表，由清查人员和记账人员共同签名盖章，注明核对相符与不相符的款项，将不相符的款项按有争议、未达账项、无法收回等情况归类，并针对具体情况及时采取措施予以解决。

往来款项对账单

×××单位：

贵单位于××年××月××日从我单位购入乙产品200件，已付款40 000元，尚有60 000元货款尚未支付，请核对后将回联单寄回。

清查单位：（盖章）

______年____月____日

如核对相符，请在数据无误处盖章确认（沿此虚线剪下，将以下回联单寄回）；如数据存在差异，请注明贵公司记载的金额。

——————————剪————————裁————————线——————————————————

往来款项对账单(回联)

×××清查单位：

贵单位寄来的“往来款项对账单”已收到，经核对相符无误。

×××单位：（盖章）

______年____月____日

往来款项的清查，填制往来款项登记表，应由清查人员和记账人员共同签名盖章，其格式如表9－12所示。

表9－12　往来款项登记表

总账名称：________　　______年____月____日

明细账		清查结果		核对不符原因			备　注
名称	账面余额	核对相符金额	核对不符金额	未达账项金额	有争议款项金额	其他	

清查人员(签章)：____________　　记账人员(签章)：____________

【互动9－13】单选题·以下资产可以采用发函询证方法进行清查的是(　　)。

A. 煤炭　B. 银行存款　C. 固定资产　D. 应收账款

【互动9－14】单选题·下列记录可以作为调整账面数字的原始凭证的是(　　)。

A. 实存账存对比表　B. 银行存款余额调节表

C. 往来款项对账单　D. 盘存单

☺ 测试 9.2

第三节 财产清查结果的处理

一、财产清查结果处理的要求

财产清查的结果，必须按国家有关财务制度的规定，严肃认真地给予处理。对于财产清查中发现的问题，如财产物资的盘盈、盘亏、毁损或其他各种损失，应核实情况，调查分析产生的原因，按照国家有关法律法规的规定，进行相应的处理。

财产清查结果处理的具体要求有：

(1) 分析产生差异的原因和性质，提出处理建议。

(2) 积极处理多余积压财产，清理往来款项。

(3) 总结经验教训，建立和健全各项管理制度。

(4) 及时调整账簿记录，保证账实相符。

二、财产清查结果处理的步骤与方法

(一) 审批之前的处理

根据“清查结果报告表”“盘点报告表”等已经查实的数据资料，填制记账凭证，记入有关账簿，使账簿记录与实际盘存数相符，同时根据权限，将处理建议报股东大会或董事会，或经理(厂长)会议或类似机构批准。

(二) 审批之后的处理

企业清查的各种财产的损益，应于期末前查明原因，并根据企业的管理权限，经股东大会或董事会，或经理(厂长)会议或类似机构批准后，在期末结账前处理完毕。企业应严格按照有关部门对财产清查结果提出的处理意见填制有关记账凭证，登记有关账簿，并追回应由责任者承担的财产损失。

期末结账前，如果企业清查的各种财产的损益尚未经批准，在对外提供财务报表时，先按上述规定进行处理，并在附注中作出说明；其后批准处理的金额与已处理金额不一致的,应调整财务报表相关项目的年初数。

【互动 9-15】判断题·财产清查结果应该根据审批意见进行差异处理,但不得调整账项。(　　)

三、财产清查结果的处理

(一) 账户设置

为了记录、反映财产的盘盈、盘亏和毁损情况,应设置“待处理财产损溢”账户。“待处理财产损溢”账户是资产类账户,用来核算企业在清查财产过程中查明的各种财产物资的盘盈、盘亏和毁损。在该账户下应设置“待处理固定资产损溢”和“待处理流动资产损溢”两个明细账户,分别核算固定资产和流动资产的待处理的损溢。“待处理财产损溢”账户的基本结构,如表 9-13 所示。

表 9-13 “待处理财产损溢”账户的使用

待处理财产损溢

期初:待处理财产物资的盘亏、毁损净值	期初:待处理财产物资的盘盈净值
发生额:财产物资盘亏、毁损或 经批准转销的盘盈数	发生额:财产物资盘盈或 经批准转销的盘亏、毁损数
期末余额:尚未处理的盘亏、毁损净值	期末余额:尚未处理的盘盈净值

【互动 9-16】判断题·对于盘盈或盘亏的财产物资,需在期末结账前处理完毕,如在期末结账前尚未经批准处理,待批准后进行处理。(　　)

(二) 账户处理

财产清查账务处理,如表 9-14 所示。

表 9－14　财产清查的账务处理

清查项目	业务情形		会计分录
固定资产	盘盈	确认盘盈	借：固定资产 贷：以前年度损益调整
		结转为留存收益	贷：以前年度损益调整 贷：盈余公积——法定盈余公积 利润分配——未分配利润
	盘亏	确认盘亏	借：待处理财产损溢 累计折旧 贷：固定资产
		转出不可抵扣的进项税额	借：待处理财产损溢 贷：应交税费——应交增值税（进项税额转出）
		过失人、保险公司赔偿部分记入其他应收款	借：其他应收款 贷：待处理财产损溢
		其余记入营业外支出	借：营业外支出 贷：待处理财产损溢
存货	盘盈	确认盘盈	借：有关账户 贷：待处理财产损溢
		处理盘盈	借：待处理财产损溢 贷：管理费用
	盘亏	确认损失	借：待处理财产损溢 贷：有关账户（原材料） 应交税费——应交增值税（进项税额转出）
		定额内的自然损耗，按规定转作管理费用	借：管理费用 贷：待处理财产损溢
		过失人、保险责任范围的，记入其他应收款	借：其他应收款 贷：待处理财产损溢
		自然灾害等扣除保险公司赔款和残值后，记入营业外支出	借：营业外支出 贷：待处理财产损溢
货币资金	盘盈	确认盘盈	借：库存现金 贷：待处理财产损溢

（续表）

清查项目	业务情形		会计分录
货币资金	盘盈	无法查明原因的，记入营业外收入	借：待处理财产损溢 　贷：营业外收入
	盘亏	确认盘亏	借：待处理财产损溢 　贷：库存现金
		过失人责任范围的，记入其他应收款	借：其他应收款 　贷：待处理财产损溢
		无法查明原因的，记入管理费用	借：管理费用 　贷：待处理财产损溢

【互动 9－17】 多选题·与"待处理财产损溢"账户借方发生对应关系的账户可能有（　　）。

A. 固定资产　　B. 应收账款

C. 原材料　　D. 营业外收入

（三）业务举例

【例 9－2】 某企业在财产清查中发现账外小型设备一台，其重置价值为 5 000 元，估计磨损价值 1 000 元。

在报批前，作如下会计分录：

借：固定资产	4 000	
贷：以前年度损益调整		4 000

企业在财产清查中发现管理部门的固定资产专用设备一台盘亏，原价为 3 000 元，已提折旧 1 200 元。在报批前，作如下会计分录：

借：待处理财产损溢——待处理固定资产损溢	1 800	
累计折旧	1 200	
贷：固定资产		3 000

转出不可抵扣的进项税额 234 元(1 800×13%),作如下会计分录:

借:待处理财产损溢——待处理固定资产损溢	234
贷:应交税费——应交增值税(进项税额转出)	234

按规定程序报批后,应按盘亏固定资产的原值扣除累计折旧和过失人及保险公司赔款后的差额,借记"营业外支出"账户,同时按过失人及保险公司的应赔偿款,借记"其他应收款"账户,按盘亏固定资产的净损失,贷记"待处理财产损溢"账户。

上述盘亏固定资产按规定程序报经批准后转销,转销金额为 2 034 元(1 800+234),作如下会计分录:

借:营业外支出——财产盘亏损失	2 034
贷:待处理财产损溢——待处理固定资产损溢	2 034

仍以[例 9-2],如果经查明是由于过失人造成的毁损,应由过失人赔偿 1 000 元,其账务处理如下:

借:其他应收款——××	1 000
营业外支出——财产盘亏损失	800
贷:待处理财产损溢——待处理固定资产损溢	1 800

【例 9-3】某企业在财产清查过程中盘盈一批材料,价值为 600 元;盘盈一批已加工完成的产品,价值为 2 500 元。

在批准前,根据实存账存对比表所载明的盘盈数,作如下会计分录:

借:原材料	600
产成品	2 500
贷:待处理财产损溢——待处理流动资产损溢	3 100

存货的盘盈一般都是由于计量上的差错引起的,对于这种盘盈一般应冲减当期的管理费用。在报经批准后,作如下会计分录:

借：待处理财产损溢——待处理流动资产损溢　3 100
　贷：管理费用　3 100

【例 9-4】 某企业在财产清查中发现乙种材料盘亏 1 000 元、丙种材料盘亏 5 000 元。经查，乙种材料盘亏中由于管理人员过失造成的应赔偿 150 元，其余为正常损耗，丙材料的毁损是由自然灾害造成的，经整理收回残料价值 200 元，已入库，可以从保险公司取得赔款 3 000 元。

盘亏材料应转出进项税额 780 元[(5 000＋1 000)×13％]。在报批以前，根据实存账存对比表作如下会计分录：

借：待处理财产损溢——待处理流动资产损溢　6 780
　贷：原材料——乙材料　1 000
　　　　　——丙材料　5 000
　　应交税费——应交增值税(进项税额转出)　780

根据盘亏、毁损的原因及审批意见，乙种材料的盘亏定额内部分记入“管理费用”账户；管理人员过失造成的损失应由相应的责任人赔偿，记入“其他应收款”账户；扣除残料价值和保险赔偿款后的净损失，记入“营业外支出”账户。乙材料需处理的损溢金额为 1 130 元[1 000×(1＋13％)]，丙材料需处理的损溢金额为 5 650 元[5 000×(1＋13％)]，会计分录如下：

① 借：管理费用　980
　　其他应收款——××　150
　贷：待处理财产损溢——待处理流动资产损溢　1 130
② 借：原材料　200
　　其他应收款——保险赔款　3 000
　　营业外支出　2 450
　贷：待处理财产损溢——待处理流动资产损溢　5 650

【互动 9－18】多选题·对于盘亏毁损的存货经批准后进行账务处理时，可能涉及的借方账户有（　　）。

A. 原材料　　B. 营业外支出　　C. 管理费用　　D. 其他应收款

【例 9－5】 某企业某月份进行现金清查时，发现实际现金比现金日记账余额多 10 元，经查明，日记账无误。

先作会计分录如下：

借：库存现金　　10
　贷：其他应付款——现金长款　　10

经反复调查，未查明原因。经批准，作营业外收入处理，分录如下：

借：其他应付款——现金长款　　10
　贷：营业外收入　　10

【例 9－6】 如果企业某月份进行现金清查时，发现实际现金比现金日记账余额少 50 元。先作会计分录如下：

① 借：待处理财产损溢　　50
　　贷：库存现金　　50

经检查，属于出纳人员责任，应由其赔偿，会计分录如下：

② 借：其他应收款——××（出纳）　　50
　　贷：待处理财产损溢　　50

③ 当出纳人员赔偿时：

借：库存现金　　50
　贷：其他应收款——××（出纳）　　50

【例 9-7】某企业在财产清查中发现有一笔应收款已超过规定年限,按规定转为坏账处理,金额为 6 000 元。

根据有关凭证及审批手续,作如下会计分录:

借:管理费用　　6 000
　贷:应收账款——××客户　　6 000

【例 9-8】某企业在财产清查中发现一笔应付款项,因债权单位已不存在,无法支付,按规定应予核销,金额为 3 000 元。

根据有关确认凭证及审批手续,作如下会计分录:

借:应付账款——××客户　　3 000
　贷:营业外收入　　3 000

【互动 9-19】单选题·库存现金清查中,对无法查明原因的长款,经批准应计入(　　)。
A. 营业外收入　　B. 其他应收款
C. 管理费用　　D. 其他应付款

☺ 测试 9.3

要点提示

(1) 财产清查的概念与意义(3 点);
(2) 财产清查的种类(3 类分类,表 9-2);
(3) 财产清查的一般程序与各类项目的清查方法;
(4) 财产清查结果处理的要求(4 点),处理步骤与方法;
(5) 库存现金、存货盘存的账务处理(比较其异同);
(6) 固定资产盘存的账务处理(与存货比较,盘盈的处理);
(7) 往来款项盘存的账务处理。

第十章　财务报表

学习目标

表 10-1　本章学习目标

能力目标	1. 能够编制资产负债表； 2. 能够编制利润表
知识目标	1. 了解财务报表的概念与分类； 2. 熟悉财务报表编制的基本要求，熟悉资产负债表的列示要求与编制方法，熟悉利润表的列示要求与编制方法； 3. 掌握资产负债表、利润表的作用

学习指导

关于内容⇨本章主要介绍财务会计报告概述、资产负债表、利润表等内容。财务会计报告是企业的成绩单，也是会计人员工作的最终成果。通过本章的学习，可以完成资产负债表、利润表的编制，为有关方面提供决策参考。

关于方法⇨本章学习的关键是要在掌握资产负债表、利润表结构的基础上，完成相关内容的计算与填写。考虑到部分业务还没有接触，暂时只要能够完成日常项目(已经学习过的)的填写。在资产负债表中，要关注货币资金、存货、往来款项、固定资产等项目的填写，利润表要能分析其层次关系及计算，对于资产减值损失、公允价值变动收益、投资收益可留待财务会计中再深入学习。

融会贯通⇨资产负债表需要特别关注非直接填列项目的计算，利润表需要掌握利润计算的不同层次及涉及的相关项目。会计人员不仅要会正确的编制财务报告，更要会合理的解读财务报表，为企业评价与决策提供参考。

本章导入

人类社会进入 21 世纪，迎接我们的是一个全球化、信息化、网络化和以知识驱动为基本特征的崭新的经济时代——知识经济时代。企业所处的财务环境受整个经济环境的影响，也发生了较大的变革。财务与会计作为企业中一项重要的管理活动，如何面对变化的环境，更好地发挥其职能作用是需要我们不断研究的一个课题。

财务会计报告是一定时期和某一时点某一会计主体对投资者、债权人及其他相关利益主体，披露会计信息的载体，直接影响报告使用者的正确决策，其编制和披露的合法性、真实性、公允性，直接对我国的社会生活和经济秩序产生重要影响。

思考：为什么要编制会计报表？如何编制？

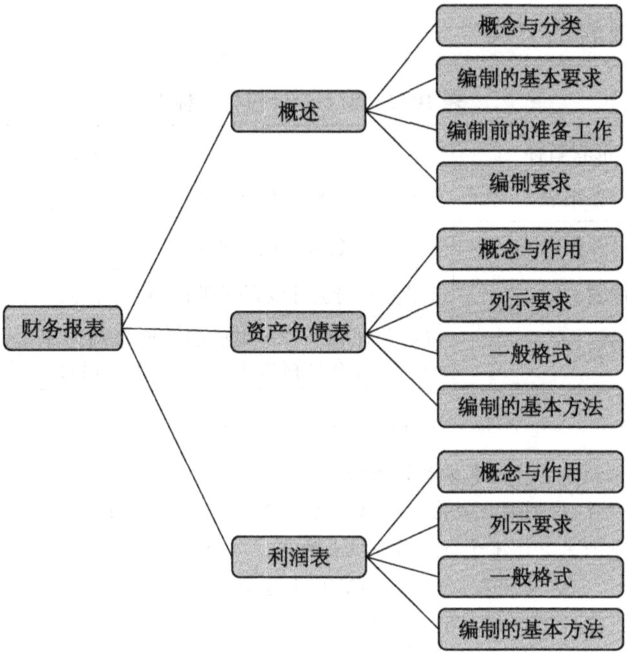

图 10-1　本章结构关系图

内容精讲

第一节　财务报表概述

一、财务报表的概念与分类

(一) 财务报表的概念

财务报表是对企业财务状况、经营成果和现金流量的结构性表述。

财务报表至少应当包括下列组成部分(四表一注):①资产负债表;②利润表;③现金流量表;④所有者权益变动表;⑤附注。财务报表的上述组成部分具有同等的重要程度。

(二) 财务报表的分类

表 10-2　财务会计报告的种类

分类标准	报表名称	报 表 内 容
编制时间	中期财务报表	短于一个完整会计年度的报告,包括月报、季报、年报等
	年度财务报表	一个完整会计年度的报告
编制单位	个别报表	企业在自身会计核算基础上对账簿记录进行加工而编制的会计报表
	合并报表	以母公司和子公司组成的企业集团为单位,以母、子公司编制的个别财务会计报告为基础,由母公司合并编制的财务会计报告

【互动 10-1】单选题·会计报表编制的根据是(　　)。

A. 账簿记录　B. 科目汇总表　C. 原始凭证　D. 记账凭证

【互动 10-2】多选题·下列属于企业财务报表的有(　　)。

A. 资产负债表　B. 利润表　C. 现金流量表　D. 附注

【互动 10-3】单选题·下列有关附注的说法中,不正确的是(　　)。

A. 附注是对在会计报表中列示项目的描述或明细资料

B. 附注不属于财务会计报表的组成部分

C. 附注是财务会计报告的组成部分

D. 附注是对未能在会计报表中列示项目的说明

二、财务报表编制的基本要求

（一）以持续经营为基础编制

企业应当以持续经营为基础，根据实际发生的交易和事项，按照《企业会计准则——基本准则》和其他各项会计准则的规定进行确认和计量，在此基础上编制财务报表。以持续经营为基础编制财务报表不再合理的，企业应当采用其他基础编制财务报表，并在附注中声明财务报表未以持续经营为基础编制的事实、披露未以持续经营为基础编制的原因和财务报表的编制基础。

（二）采用正确的会计基础

除现金流量表按照收付实现制原则编制外，企业应当按照权责发生制原则编制其他财务报表。

（三）至少按年编制财务报表

企业至少应当按年编制财务报表。年度财务报表涵盖的期间短于1年的，应当披露年度财务报表的涵盖期间、短于1年的原因以及报表数据不具可比性的事实。

（四）项目列报遵守的重要性原则

重要性是指在合理预期下，财务报表某项目的省略或错报会影响使用者据此作出经济决策的，该项目具有重要性。

重要性应当根据企业所处的具体环境，从项目的性质和金额两方面予以判断，且各项目重要性的判断标准一经确定，不得随意变更。判断项目性质的重要性，应当考虑该项目在性质上是否属于企业日常活动、是否显著影响企业的财务状况、经营成果和现金流量等因素；判断项目金额大小的重要性，应当考虑该项目金额占资产总额、负债总额、所有者权益总额、营业收入总额、营业成本总额、净利润、综合收益总额等直接相关项目金额的比重或所属报表单列项目金额的比重。

性质或功能不同的项目，应当在财务报表中单独列报，但不具有重要性的项目除外。性质或功能类似的项目，其所属类别具有重要性的，应当按其类别在财务报表中单独列报。

某些项目的重要性程度不足以在资产负债表、利润表、现金流量表或所有者权益变动表中单独列示，但对附注却具有重要性，则应当在附注中单独披露。

《企业会计准则第 30 号——财务报表列报》规定，在财务报表中单独列报的项目，应当单独列报。其他会计准则规定单独列报的项目，应当增加单独列报项目。

（五）保持各个会计期间财务报表项目列报的一致性

财务报表项目的列报应当在各个会计期间保持一致，除会计准则要求改变财务报表项目的列报或企业经营业务的性质发生重大变化后，变更财务报表项目的列报能够提供更可靠、更相关的会计信息外，不得随意变更。

（六）各项目之间的金额不得相互抵销

财务报表中的资产项目和负债项目的金额、收入项目和费用项目的金额、直接计入当期利润的利得项目和损失项目的金额不得相互抵销，但其他会计准则另有规定的除外。

一组类似交易形成的利得和损失应当以净额列示，但具有重要性的除外。

资产或负债项目按扣除备抵项目后的净额列示，不属于抵销。

非日常活动产生的利得和损失，以同一交易形成的收益扣减相关费用后的净额列示更能反映交易实质的，不属于抵销。

（七）至少应当提供所有列报项目上一个可比会计期间的比较数据

当期财务报表的列报，至少应当提供所有列报项目上一个可比会计期间的比较数据，以及与理解当期财务报表相关的说明，但其他会计准则另有规定的除外。

财务报表的列报项目发生变更的，应当至少对可比期间的数据按照当期的列报要求进行调整，并在附注中披露调整的原因和性质，以及调整的各项目金额。对可比数据进行调整不切实可行的，应当在附注中披露不能调整的原因。

（八）应当在财务报表的显著位置披露编报企业的名称等重要信息

企业应当在财务报表的显著位置（如表首）至少披露下列各项重要信息：①编报企业的名称；②资产负债表日或财务报表涵盖的会计期间；③人民币金额单位；④财务报表是合并财务报表的，应当予以标明。

【互动 10-4】判断题·会计报表对重要的经济业务应当单独反映。（　　）

【互动 10-5】判断题·会计报表应当清晰明了，这意味着应在报表中排除复杂的事项。（　　）

【互动 10-6】单选题·关于财务报告，以下论述中错误的是(　　)。

A. 财务报告能总括、综合、清晰明了地反映会计主体的经营状况

B. 财务报告的信息使用者包括上级主管机关、投资者、债权人和内部经营管理者等

C. 为加快会计报表的编制和报送进度，可以先编制会计报表，然后再进行账证、账账、账实核对，以保证会计信息的真实性

D. 会计报表可以按不同标准进行分类

三、财务报表编制前的准备工作

在编制财务报表前，需要完成下列工作：

(1) 严格审核会计账簿的记录和有关资料。

(2) 进行全面财产清查、核实债务，发现问题，应及时查明原因，按规定程序报批后，进行相应的会计处理。

(3) 按规定的结账日结账，结出有关会计账簿的余额和发生额，并核对各会计账簿之间的余额。

(4) 检查相关的会计核算是否按照国家统一的会计制度的规定进行。

(5) 检查是否存在因会计差错、会计政策变更等原因需要调整前期或本期相关项目的情况等。

☺ **测试 10.1**

第二节　资产负债表

一、资产负债表的概念与作用

资产负债表是反映企业在某一特定日期的财务状况的财务报表。

资产负债表的作用主要有：

(1) 可以提供某一日期资产的总额及其结构，表明企业拥有或控制的资源及其分布情况。

(2) 可以提供某一日期的负债总额及其结构，表明企业未来需要用多少资产或劳务清偿债务以及清偿时间。

(3) 可以反映所有者所拥有的权益，据以判断资本保值、增值的情况以及对负债的保障程度。

【互动 10-7】单选题·资产负债表的作用是（　　）。

A. 反映企业某一时期的经营成果

B. 反映企业某一时期的财务状况

C. 反映企业某一特定日期的经营成果

D. 反映企业某一特定日期的财务状况

【互动 10-8】单选题·资产负债表是将企业某一时期的全部资产、负债和所有者权益项目进行适当分类、汇总和排列后编制而成的。（　　）

【互动 10-9】单选题·资产负债表反映企业一定期间的财务状况。（　　）

二、资产负债表的列示要求

(一) 资产负债表列报总体要求

1. 分类别列报

资产负债表应当按照资产、负债和所有者权益三大类别分类列报。

2. 资产和负债按流动性列报

资产和负债应当按照流动性不同，分为流动资产和非流动资产、流动负债和非流动负债列示。

3. 列报相关的合计、总计项目

资产负债表中的资产类至少应当列示流动资产和非流动资产的合计项目；负债类至少应当列示流动负债、非流动负债以及负债的合计项目；所有者权益类应当列示所有者权益的合计项目。

资产负债表应当分别列示资产总计项目和负债与所有者权益之和的总计项目，并且这两者的金额应当相等。

(二) 资产的列报

资产负债表中的资产类单独列示反映下列信息的项目：

(1) 流动资产项目有货币资金、交易性金融资产、衍生金额资产、应收票据及应收账款、预付款项、其他应收款、存货、合同资产、持有待售资产、一年内到期的非流动资产等。

(2) 非流动资产项目有债权投资、其他债权投资、长期应收款、长期股权投资、其他权益工具投资、其他非流动金融资产、投资性房地产、固定资产、在建工程、生产性生物资产等。

(三) 负债的列报

资产负债表中的负债类单独列示反映下列信息的项目：

(1) 流动负债项目有短期借款、交易性金融负债、衍生金额负债、应付票据及应付账款、预收款项、合同负债、应付职工薪酬、应交税费、其他应付款、持有待售负债、一年内到期的非流动负债等。

(2) 非流动负债项目有长期借款、应付债券、长期应付款、预计负债、递延收益、递延所得税负债等。

(四) 所有者权益的列报

资产负债表中的所有者权益类单独列示反映下列信息的项目：实收资本(或股本)、其他权益工具、资本公积、(减)库存股、其他综合收益、盈余公积、未分配利润。

本书报表采用已执行新金融准则或新收入准则的非金融企业的报表格式，除涉及新金融准则或新收入准则的部分项目外，尚未执行新金融准则或新收入准则的非金融企业的报表格式其余项目大致相似，本书暂时不涉及相关金融项目的填列。

【互动 10-10】 单选题·资产负债表中所有者权益部分是按照(　　)顺序排列的。

A. 实收资本、盈余公积、资本公积、未分配利润

B. 资本公积、实收资本、盈余公积、未分配利润

C. 实收资本、资本公积、盈余公积、未分配利润

D. 资本公积、实收资本、未分配利润、盈余公积

【互动 10-11】 多选题·资产负债表的格式主要有(　　)。

A. 单步式　　B. 账户式　　C. 报告式　　D. 多步式

【互动 10-12】 判断题·我国的资产负债表采用账户式结构，左方为资产项目，一般按要求清偿时间的先后顺序排列，右方为负债和所有者权益项目，大体按照流动性大小排列。(　　)

三、我国企业资产负债表的一般格式

资产负债表主要有账户式和报告式两种。在我国,资产负债表采用账户式的格式,即左侧列示资产;右侧列示负债和所有者权益。

资产负债表由表头和表体两部分组成。表头部分应列明报表名称、编表单位名称、资产负债表日和人民币金额单位;表体部分反映资产、负债和所有者权益的内容。其中,表体部分是资产负债表的主体和核心,各项资产、负债和所有者权益按流动性排列,所有者权益项目按稳定性排列。我国企业资产负债表的格式,如表 10-3 所示。

表 10-3 资产负债表

会企 01 表

编制单位: ______年______月______日 单位:元

资产	期末余额	年初余额	负债和所有者权益（或股东权益）	期末余额	年初余额
流动资产:			流动负债:		
货币资金			短期借款		
交易性金融资产			交易性金融负债		
应收票据			应付票据		
应收账款			应付账款		
预付款项			预收款项		
其他应收款			合同负债		
存货			应付职工薪酬		
合同资产			应交税费		
持有待售资产			其他应付款		
一年内到期的非流动资产			持有待售负债		
其他流动资产			一年内到期的非流动负债		
流动资产合计			其他流动负债		
非流动资产:			流动负债合计		
债权投资			非流动负债:		
其他债权投资			长期借款		
长期应收款			应付债券		

（续表）

资产	期末余额	年初余额	负债和所有者权益（或股东权益）	期末余额	年初余额
长期股权投资			长期应付款		
其他权益工具投资			预计负债		
其他非流动金融资产			递延收益		
投资性房地产			递延所得税负债		
固定资产			其他非流动负债		
在建工程			非流动负债合计		
生产性生物资产			负债合计		
油气资产			所有者权益（或股东权益）		
无形资产			实收资本（或股本）		
开发支出			其他权益工具		
商誉			其中：优先股		
长期待摊费用			永续债		
递延所得税资产			资本公积		
其他非流动资产			减：库存股		
非流动资产合计			其他综合收益		
			盈余公积		
			未分配利润		
			所有者权益（或股东权益）合计		
资产总计			负债和所有者权益（或股东权益）总计		

【互动 10-13】 单选题 · 下列资产中，流动性最强的是（　　）。

A. 应收账款　　B. 应收票据　　C. 其他应收款　　D. 预付账款

【互动 10-14】单选题·关于资产负债表的格式，下列各项表述中不正确的是(　　)。
A. 我国企业的资产负债表采用报告式结构
B. 资产负债表左方为资产项目，按资产的流动性大小排列
C. 资产负债表右方为负债和所有者权益项目，按求偿权先后顺序排列
D. 资产负债表的平衡等式是："资产＝负债＋所有者权益"

【互动 10-15】单选题·在资产负债表中，资产按照其流动性排列时，下列排列顺序正确的是(　　)。
A. 交易性金融资产、存货、无形资产、货币资金
B. 货币资金、交易性金融资产、存货、无形资产
C. 存货、无形资产、货币资金、交易性金融资产
D. 无形资产、货币资金、交易性金融资产、存货

四、资产负债表编制的基本方法

资产负债表中的各项目均需填列"期末余额"和"期初余额"两栏。具体填列方法如下所述。

(一)"期末余额"栏的填列方法

如前所述，资产负债表是静态报表，表中数字的形成基础是资产、负债和所有者权益账户的期末余额。因此，"期末数"应根据本年度会计报告期末的有关账户余额直接或计算分析填列。

表 10-4　资产负债表项目数据填写方法

填列方式	项目举例
直接根据总账科目余额填列	"短期借款""资本公积"等
根据几个总账科目的期末余额相加计算填列	"货币资金""其他应付款""未分配利润"等(详细说明见例 10-1)
根据有关科目余额(有些项目需要由有关科目余额先相加)，减去其备抵科目余额后的净额填列	"固定资产""在建工程"" 无形资产""投资性房地产""长期股权投资"(详细说明见例 10-4)、"存货""其他应收款"(详细说明见例 10-5)等
根据明细账科目余额分析计算填列("应付账款"还要减去其备抵科目"坏账准备")	"应收账款""应付账款""预付账款""预收账款"(详细说明见例 10-2)、"开发支出""应付职工薪酬""一年内到期的非流动资产(负债)"等
根据总账科目和明细账科目余额分析计算填列	"长期借款""其他非流动资产""其他非流动负债"(详细说明见例 10-3)等

资产负债表附注的内容，根据实际需要结合有关备查账簿等的记录分析填列，如在或有负债披露方面，对“已贴现的商业承兑汇票”这一项目就应该按照备查簿中记录的商业承兑汇票贴现情况进行填列。

【例 10-1】长江公司 20×8 年 12 月 31 日结账后的“库存现金”科目余额为 2 000 元，“银行存款”科目余额为 1 325 800 元，“其他货币资金”科目余额为 73 000 元。

该公司 20×8 年 12 月 31 日资产负债表中的“货币资金”项目金额为

$$2\ 000+1\ 325\ 800+73\ 000=1\ 400\ 800(元)$$

“货币资金”项目，需要根据“库存现金”“银行存款”“其他货币资金”三个总账科目的期末余额的合计数填列。

“其他应付款”根据“应付利息”“应付股利”“其他应付款”科目的期末余额合计数填列。

“未分配利润”项目，根据“本年利润”与“利润分配”科目的余额计算填列。

【例 10-2】长江公司结账后“应收票据”“应付票据”期末余额均为 0，其余有关科目余额，如表 10-5 所示。

表 10-5 科目余额表 单位：元

总账科目名称	明细科目名称	借方余额	贷方余额
应收账款	A 公司	384 000	
	B 公司		24 000
预付账款	C 公司	192 000	
	D 公司		144 000
应付账款	E 公司	96 000	
	F 公司		432 000
预收账款	G 公司	144 000	
	H 公司		336 000

根据上述资料，该企业资产负债表中相关项目的期末金额为：

"应收账款"项目金额＝384 000＋144 000＝528 000(元)

"预付款项"项目金额＝192 000＋96 000＝288 000(元)

"应付账款"项目金额＝432 000＋14 400＝446 400(元)

"预收款项"项目金额＝336 000＋24 000＝360 000(元)

往来款项需要根据相应明细科目余额计算填列。

"预付款项"项目,需要根据"应付账款"和"预付账款"两个科目所属的相关明细科目的期末借方余额计算填列。

"预收款项"项目,需要根据"应收账款"和"预收账款"两个科目所属的相关明细科目的期末贷方余额计算填列。

"应付账款"项目,需要根据"应付账款"和"预付账款"两个科目所属的相关明细科目的期末贷方余额计算填列。

"应收账款"项目,需要根据"应收账款"和"预收账款"两个科目所属的相关明细科目的期末借方余额,减去相应的坏账准备计算填列。

大家可以通过"五言"口诀,帮助加深记忆:

两收合一收,借贷分开走。两付合一付,各走各的路。

相关需要根据明细科目余额计算填列的项目说明。

"开发支出"项目,需要根据"研发支出"科目中所属的"资本化支出"明细科目期末余额计算填列;

"应付职工薪酬"项目,需要根据"应付职工薪酬"科目的明细科目期末贷方余额计算填列;

"一年内到期的非流动资产""一年内到期的非流动负债"项目,需要根据有关非流动资产和非流动负债项目的明细科目余额计算填列。

【例 10-3】长江公司长期借款情况见表 10-6。

表 10-6　科目余额表　　单位:元

借款起始日期	借款期限(年)	金额(元)
20×8 年 1 月 1 日	3	400 000
20×7 年 1 月 1 日	4	4 600 000
20×6 年 7 月 1 日	3	300 000
合　计		1 160 000

该公司 20×8 年 12 月 31 日资产负债表中"长期借款"项目金额为:

1 160 000－300 000＝860 000(元)

"长期借款"项目，需要根据"长期借款"总账科目余额扣除"长期借款"科目所属的明细科目中将在1年内到期且企业不能自主地将清偿义务展期的长期借款后的金额计算填列。

"其他非流动资产"项目，应根据有关科目的期末余额减去将于一年内(含一年)收回数后的金额计算填列；

"其他非流动负债"项目，应根据有关科目的期末余额减去将于一年内(含一年)到期偿还数后的金额计算填列。

本例中，应当根据"长期借款"总账科目余额1 160 000元(400 000＋460 000＋300 000)，减去1年内到期的长期借款300 000元，作为资产负债表中"长期借款"项目的金额，即860 000元。将在1年内到期的长期借款300 000元，应当填列在流动负债下"一年内到期的非流动负债"项目中。

【例10-4】 大华股份有限公司20×8年12月31日结账后的"固定资产"科目余额为2 400 000元，"累计折旧"科目余额为370 000元，"固定资产清理"科目余额为0。

企业20×8年12月31日资产负债表中的"固定资产"项目金额为：

2 400 000－370 000＝2 030 000(元)

一些项目根据有关科目余额减去其备抵科目余额后的净额填列。

"应收账款"项目，需要先根据相关科目明细余额计算出金额，减去"环账准备"备抵科目余额后的净额填列。

"固定资产"项目，应当根据"固定资产"科目的期末余额，减去"累计折旧""固定资产减值准备"等备抵科目的期末余额，以及"固定资产清理"((借方余额＋，贷方余额－))科目期末余额后的净额填列；

"在建工程"等项目，应当根据"在建工程"和"工程物资"科目的期末余额合计数，减去"在建工程减值准备"备抵科目余额后的净额填列。

"无形资产"项目，应当根据"无形资产"科目的期末余额，减去"累计摊销""无形资产""减值准备"等备抵科目余额后的净额填列。

"投资性房地产"项目，应当根据"投资性房地产"科目的期末余额，减去"投资性房地产累计折日""投资性房地产减值准备"等备抵科目的期末余额后的净额填列：

"长期股权投资"项目，应当根据"长期股权投资"科目的期末余额，减去"长期股权投资减值准备"备抵科目余额后的净额填列。

【例 10-5】长江公司期末结账后有关科目余额，如表 10-7 所示。

表 10-7 科目余额表

单位：元

科目名称	借方余额	贷方余额
材料采购	120 400	
原材料	2 064 000	
材料成本差异		103 200
库存商品	1 376 000	
周转材料	1 548 000	
存货跌价准备		180 600
生产成本	516 000	

根据上述资料，该企业资产负债表中"存货"项目的期末余额为：

120 400＋2 064 000＋1 376 000＋1 548 000＋516 000－103 200－180 600 ＝ 5 340 600(元)

"存货"项目，需要根据"原材料""委托加工物资""周转材料""材料采购""在途物资""发出商品""材料成本差异"等总账科目期末余额的分析汇总数，再减去"存货跌价准备"科目余额后的净额填列，计划成本法下涉及"材料采购""材料成本差异"科目，实际成本法下，涉及"在途物资"科目。

"其他应收款"项目应根据"应收利息""应收股利"和"其他应收款"科目的期末余额合计数，减去"坏账准备"科目中相关坏账准备期末余额后的金额填列。

【互动 10-16】单选题·资产负债表中报表项目（　　）。

A. 都可以按账户余额直接填列

B. 必须对账户发生额进行分析计算才能填列

C. 大多数项目可以直接根据账户余额填列，少数报表项目需要根据账户发生额分析计算后才能填列

D. 大多数项目可以直接根据账户余额填列，少数报表项目需要根据账户余额分析计算后才能填列

【互动 10-17】 多选题·资产负债表中的“存货”项目根据（　　）账户的期末余额合计数填列。

A. “材料采购”　　B. “库存商品”　　C. “原材料”　　D. “生产成本”

【互动 10-18】 多选题·年内资产负债表中的未分配利润项目填制的依据是（　　）。

A. 实收资本　　B. 本年利润

C. 应付利润　　D. 利润分配

【互动 10-19】 单选题·资产负债表中，“应收账款”项目应根据（　　）填列。

A. 应收账款总分类账户期末余额加应收票据余额

B. 应收账款总分类账户所属各明细分类账户期末借方余额合计

C. 应收账款和应付账款总分类账所属各明细分类账的期末借方余额合计

D. 应收账款和预收账款总分类账所属各明细分类账的期末借方余额合计

【互动 10-20】 单选题·“预收账款”科目所属明细科目期末有借方余额，应在资产负债表（　　）项目内填列。

A. 预付款项　　B. 应付账款

C. 应收账款　　D. 预收款项

【互动 10-21】 单选题·红星公司 10 月末“应付账款”“预付账款”有关明细账余额情况：“应付账款——甲”贷方余额 20 000 元，“应付账款——乙”贷方余额 50 000 元，“应付账款——丙”借方余额 10 000 元，“预付账款——1＃客户”借方余额 30 000 元，“预付账款——2＃客户”贷方余额 5 000 元。该公司 10 月末资产负债表中“应收账款”项目应填列（　　）元。

A. 60 000　　B. 70 000

C. 75 000　　D. 40 000

【互动 10-22】 单选题·资产负债表中，根据有关总账期末余额直接填列的项目是（　　）。

A. 短期借款　　B. 应收账款

C. 货币资金　　D. 存货

【互动 10-23】 多选题·资产负债表中可以根据有关明细账的期末余额计算填列的项目有（　　）。

A. 应收账款　　B. 交易性金融资产

C. 应付账款　　D. 存货

【互动 10-24】 判断题·资产负债表中的“长期借款”项目应根据“长期借款”账户的余额直接填列。（　　）

(二)“年初余额”栏的填列方法

本表的“年初余额”栏通常根据上年年末有关项目的期末余额填列,且与上年末资产负债表“期末余额”栏一致。如果企业上年度资产负债表规定的项目名称和内容与本年度不一致,应对上年年末资产负债表相关项目的名称和数字按照本年度的规定进行调整,填入“年初余额”栏。

☺ 测试 10.2

第三节 利 润 表

一、利润表的概念与作用

利润表是反映企业在一定会计期间的经营成果的财务报表。

利润表的作用主要有:①反映一定会计期间收入的实现情况;②反映一定会计期间的费用耗费情况;③反映企业经济活动成果的实现情况,据以判断资本保值增值等情况。

【互动 10-25】单选题·企业编制的某年度 12 月利润表中“本期金额”一栏反映了( )。

A. 12 月 31 日利润或亏损的形成情况

B. 1～12 月累计利润或亏损的形成情况

C. 第 4 季度利润或亏损的形成情况

D. 12 月份利润或亏损的形成情况

二、利润表的列示要求

利润表列示的基本要求如下:

(1) 企业在利润表中应当对费用按照功能分类,分为从事经营业务发生的成本、管理费用、销售费用和财务费用等。

(2) 利润表涉及以下项目:①营业收入;②营业利润;③利润总额;④净利润;⑤其他综合收益的税后净额;⑥综合收益总额;⑦每股收益。

三、我国企业利润表的一般格式

在我国，企业应当采用多步式利润表，将不同性质的收入和费用分别进行对比，以便得出一些中间性的利润数据，帮助使用者理解企业经营成果的不同来源。

利润表通常包括表头和表体两部分。表头应列明报表名称、编表单位名称、财务报表涵盖的会计期间和人民币金额单位等内容；利润表的表体，反映形成经营成果的各个项目和计算过程。我国企业利润表的格式，如表 10-8 所示。

表 10-8 利 润 表

会企 02 表

编制单位：　　　　＿＿＿＿年＿＿＿＿月＿＿＿＿日　　　　单位：元

项 目	本期金额	上期金额
一、营业收入		
减：营业成本		
税金及附加		
销售费用		
管理费用		
研发费用		
财务费用		
其中：利息费用		
利息收入		
资产减值损失		
信用减值损失		
加：其他收益		
投资收益(损失以“一”号填列)		
其中：对联营企业和合营企业的投资收益		
净敞口套期收益(损失以“一”号填列)		
公允价值变动损益(损失以“一”号填列)		
资产处理收益(损失以“一”号填列)		
二、营业利润(亏损以“一”号填列)		
加：营业外收入		
减：营业外支出		
三、利润总额(亏损总额以“一”号填列)		

（续表）

项　目	本期金额	上期金额
减：所得税费用		
四、净利润（净亏损以"—"号填列）		
（一）持续经营净利润（净亏损以"—"号填列）		
（二）终止经营净利润（净亏损以"—"号填列）		
五、其他综合收益的税后净额		
（一）不能重分类进损益的其他综合收益		
1. 重新计量设定受益计划变动额		
2. 权益法下不能转损益的其他综合收益		
3. 其他权益工具投资公允价值变动		
4. 企业自身信用风险公允价值变动		
（二）将重分类进损益的其他综合收益		
1. 权益法下可转损益的其他综合收益		
2. 其他债权投资公允价值变动损		
3. 金融资产重分类计入其他综合收益的金额		
4. 其他债权投资信用减值准备		
5. 现金流量套期储备		
6. 外币财务报表折算差额		
……		
六、综合收益总额		
七、每股收益		
（一）基本每股收益		
（二）稀释每股收益		

我国企业的利润共分为七个层次：

第一层次，确定营业收入。

第二层次，以营业收入为基础，计算营业利润。

营业利润 = 营业收入 − 营业成本 − 税金及附加 − 销售费用 − 管理费用 − 研发费用 − 财务费用
− 资产减值损失 − 信用减值损失
＋其他收益＋投资收益（损失以"—"号填列）＋净敞口套期收益（损失以"—"号填列）
＋公允价值变动收益（损失以"—"号填列）＋资产处置收益（损失以"—"号填列）

“研发费用”项目反映企业进行研究与开发过程中发生的费用化支出，应根据“管理费用”科目下的“研发费用”明细科目的发生额分析填列。

利润表中“利息费用”项目反映企业为筹集生产经营所需资金等而发生的应予费用化的利息支出，该项目应根据“财务费用”科目的相关明细科目的发生额分析填列。

“利息收入”项目反映企业确认的利息收入，该项目应根据“财务费用”科目的相关明细科目的发生额分析填列。

“其他收益”项目反映计入其他收益的政府补助等，该项目应根据“其他收益”科目的发生额分析填列。

“资产处置收益”项目反映企业出售划分为持有待售的非流动资产(金融工具、长期股权投资和投资性房地产除外)或处置组(子公司和业务除外)时确认的处置利得或损失，以及处置未划分为持有待售的固定资产、在建工程、生产性生物资产及无形资产而产生的处置利得或损失。债务重组中因处置非流动资产产生的利得或损失和非货币性资产交换中换出非流动资产产生的利得或损失也包括在本项目内。该项目应根据“资产处置损益”科目的发生额分析填列；如为处置损失，以“—”号填列。

固定资产的毁损报废后，不再有使用价值，则记入“营业外支出”科目。若用固定资产抵债、投资、捐赠等，这些经营行为是为了换取对价，具有一定的商业价值，则应记入“资产处置损益”科目。固定资产的处置利得，放在“资产处置收益”中列报。固定资产的报废毁损，放在“营业外支出”中列报。

特别注意的是，资产处置收益项目不包括以下资产的处置：①存货、消耗性生物资产、应收账款等流动性资产处置。②金融工具、长期股权投资处置。③投资性房地产处置。④债务重组利得或损失和非货币性资产交换利得或损失。⑤子公司和业务的处置。

第三层次，以营业利润为基础，计算利润总额。

利润总额 ＝ 营业利润 ＋ 营业外收入 － 营业外支出

“营业外收入”项目反映企业发生的除营业利润以外的收益，主要包括债务重组利得、与企业日常活动无关的政府补助、盘盈利得(非存货、固定资产盘盈所得，因为存货盘盈入管理费用、固定资产盘盈入以前年度损益调整)、捐赠利得(企业接受股东或股东的子公司直接或间接的捐赠，经济实质属于股东对企业的资本性投入的除外)等。该项目应根据“营业外收入”科目的发生额分析填列。

“营业外支出”项目反映企业发生的除营业利润以外的支出，主要包括债务重组损失、公益性捐赠支出、非常损失、盘亏损失(非存货盘亏损失，因为存货盘亏损失入管理费用)、非流动资产毁损报废损失等。该项目应根据“营业外支出”科目的发生额分析填列。

第四层次，以利润总额为基础，计算净利润。

净利润 = 利润总额 − 所得税费用

📖"持续经营净利润"和"终止经营净利润"项目分别反映净利润中与持续经营相关的净利润和与终止经营相关的净利润；如为净亏损，以"−"号填列。该两个项目应按照《企业会计准则第 42 号——持有待售的非流动资产、处置组和终止经营》的相关规定分别列报。

第五层次，其他综合收益的税后净额。

其他综合收益是指企业根据企业会计准则规定未在损益中确认的各项利得和损失扣除所得税影响后的净额。

第六层次，综合收益总额。

综合收益总额 = 净利润 + 其他综合收益

第七层次，每股收益。

【互动 10-26】单选题 · 编制利润表主要是根据(　　)。

A. 资产、负债及所有者权益各账户的本期发生额

B. 资产、负债及所有者权益各账户的期末余额

C. 损益类各账户的期末余额

D. 损益类账账户的本期发生额

【互动 10-27】多选题 · 下列项目中，影响营业利润的有(　　)。

A. 营业收入　　B. 管理费用　　C. 营业外收入　　D. 营业税金及附加

【互动 10-28】判断题 · 所得税费用不会影响营业利润。(　　)

四、利润表编制的基本方法

(一)"本期金额"栏的填列方法

"本期金额"栏根据"主营业务收入""主营业务成本""税金及附加""销售费用""管理

费用”“财务费用”等科目的发生额分析填列。其中,“营业利润”“利润总额”“净利润”等项目根据该表中相关项目计算填列。

(1) “营业收入”项目,反映企业经营的主要业务和其他业务所取得的收入总额。根据“主营业务收入”和“其他业务收入”科目的本期发生额分析填列。

(2) “营业成本”项目,反映企业经营的主要业务和其他业务发生的实际成本。根据“主营业务成本”和“其他业务成本”科目的本期发生额分析填列。

(3) 以营业收入为基础,减去相关项目,计算出营业利润。

(4) 以营业利润为基础,加上营业外收入,减去营业外支出,计算出利润总额。

(5) 以利润总额为基础,减去所得税费用,计算出净利润(或净亏损)。

可以用负号列示的有公允价值变动收益、投资收益、营业利润、利润总额和净利润。

【例 10-6】长江公司 20×8 年度有关损益类科目本年累计发生净额,如表 10-9 所示。

表 10-9 长江公司损益类科目 20×8 年度累计发生净额 单位:元

科目名称	借方发生额	贷方发生额
主营业务收入		1 200 000
其他业务收入		100 000
主营业务成本	720 000	
其他业务成本	60 000	
税金及附加	2 000	
销售费用	30 000	
管理费用	154 800	
财务费用	42 500	
营业外收入		50 000
营业外支出	1 200	
所得税费用	80 900	

根据上述资料,编制长江公司 20×8 年度利润表,如表 10-10 所示。

表 10-10 利 润 表

会企 02 表

编制单位:长江公司　　20×8 年 12 月 31 日　　单位:元

项　目	本期金额	上期金额
一、营业收入	1 300 000①	
减:营业成本	780 000②	
税金及附加	2 000	
销售费用	30 000	
管理费用	154 800	
研发费用		
财务费用	42 500	
其中:利息费用		
利息收入		
资产减值损失		
信用减值损失		
加:其他收益		
投资收益(损失以"—"号填列)		
其中:对联营企业和合营企业的投资收益		
净敞口套期收益(损失以"—"号填列)		
公允价值变动损益(损失以"—"号填列)		
资产处理收益(损失以"—"号填列)		
二、营业利润(亏损以"—"号填列)	290 700③	
加:营业外收入	50 000	
减:营业外支出	17 200	
三、利润总额(亏损总额以"—"号填列)	323 500④	
减:所得税费用	80 875⑤	
四、净利润(净亏损以"—"号填列)	242 625	
(一) 持续经营净利润(净亏损以"—"号填列)		
(二) 终止经营净利润(净亏损以"—"号填列)		

（续表）

项　目	本期金额	上期金额
五、其他综合收益的税后净额		
（一）不能重分类进损益的其他综合收益		
1. 重新计量设定受益计划变动额		
2. 权益法下不能转损益的其他综合收益		
3. 其他权益工具投资公允价值变动		
4. 企业自身信用风险公允价值变动		
（二）将重分类进损益的其他综合收益		
1. 权益法下可转损益的其他综合收益		
2. 其他债权投资公允价值变动损		
3. 金融资产重分类计入其他综合收益的金额		
4. 其他债权投资信用减值准备		
5. 现金流量套期储备		
6. 外币财务报表折算差额		
……		
六、综合收益总额	242 625	
七、每股收益		
（一）基本每股收益		
（二）稀释每股收益		

① 营业收入＝主营业务收入＋其他业务收入
＝1 200 000＋100 000
＝1 300 000(元)

② 营业成本＝主营业务成本＋其他业务成本＝720 000＋60 000＝780 000(元)

③ 营业利润＝营业收入－营业成本－税金及附加－销售费用－管理费用－研发费用
－财务费用－资产减值损失－信用减值损失＋其他收益
＋投资收益(损失以“－”号填列)＋净敞口套期收益(损失以“－”号填列)
＋公允价值变动收益(损失以“－”号填列)＋资产处置收益(损失以“－”号填列)
＝1 300 000－780 000－2 000－30 000－154 800－42 500
＝190 700(元)

④ 利润总额＝营业利润＋营业外收入－营业外支出

＝190 700＋50 000－17 200

＝323 500(元)

⑤ 所得税费用＝利润总额×所得税税率

＝323 500×25%

＝80 875(元)

⑥ 净利润＝利润总额－所得税费用

＝323 500－80 875

＝242 625(元)

(二)“上期金额”栏的填列方法

“上期金额”栏应根据上年该期利润表“本期金额”栏内所列数字填列。如果上年该期利润表规定的各个项目的名称和内容同本期不一致,应对上年该期利润表各项目的名称和数字按本期的规定进行调整,填入利润表“上期金额”栏内。

【互动 10-29】 分析题·截至 20×8 年 12 月 31 日,某企业“主营业务收入”账户发生额为 2 000 000 元,“主营业务成本”账户发生额为 1 000 000 元,“其他业务收入”账户发生额为 510 000 元,“其他业务成本”账户发生额为 160 000 元,“税金及附加”账户发生额为 800 000 元,“销售费用”账户发生额为 62 000 元,“管理费用”账户发生额为 50 000 元,“财务费用”账户发生额为 180 000 元,“资产减值损失”账户发生额为 60 000 元,“公允价值变动损益”账户借方发生额为 460 000 元(无贷方发生额),“投资收益”账户贷方发生额为 850 000 元(无借方发生额),“营业外收入”账户发生额为 90 000 元,“营业外支出”账户发生额为 30 000 元,“所得税费用”账户发生额为 182 600 元。试分析利润表相关项目数额。

【互动 10-30】 多选题·利润表中需要自然计算填列的项目有(　　)。

A. 营业利润　　B. 所得税费用　　C. 营业成本　　D. 利润总额

【互动 10-31】 单选题·企业的净利润是企业一定期间的利润总额扣除(　　)后的余额。

A. 营业外收支净额　　B. 投资收益

C. 所得税费用　　D. 全对

☺ 测试 10.3

要点提示

(1) 财务报表的概念与组成(5 部分),财务报表的分类(2 类依据,期间及主体)。

(2) 财务报表编制的要点(8 点),编制前的准备工作(5 点)。

(3) 资产负债表的概念与作用(3 点),一般格式。

(4) 资产负债表编制的总体要求,编制方法(关注不能够直接填列的项目)。

(5) 利润表可以提供哪些会计信息。

(6) 利润表的概念与作用(3 点)。

(7) 利润表的一般格式与列示要求。

(8) 利润表编制的基本方法(层次与填列方法)。

主要参考文献

[1] 缪启军. 会计基础(第三版). 上海:立信会计出版社,2017

[2] 缪启军. 中级财务会计. 上海:立信会计出版社,2010

[3] 缪启军. 财务管理(第二版). 上海:立信会计出版社,2017

[4] 江苏省会计从业资格编审组. 会计基础. 北京:经济科学出版社,2013

[5] 中华会计网校. 会计基础——会计从业资格考试辅导教材. 北京:人民出版社,2012

[6] 管理教育在线(http://www.meduol.com)

[7] 江苏财经网(http://www.jscj.com)

[8] 相关院校精品课程网站

湖北经济学院基础会计精品课程(http://jpkc.hbue.edu.cn/sj/jckjx/index.html)

江苏财经职业技术学院精品课程(http://kjx.jscjxy.cn/kjjc/index.html)

辽宁信息职业学院基础会计精品课程(http://219.149.53.240/jckj/index.asp)

辽宁商贸职业学院基础会计精品课程(http://www.lnsmzy.edu.cn/jpk/2009/kj/kcxx_kcjj.html)

青岛职业技术学院基础会计精品课程(http://jpkc.qtc.edu.cn/)